高质量发展
评价方法及其应用研究

彭荣 著

中山大学出版社

·广州·

版权所有　翻印必究

图书在版编目（CIP）数据

高质量发展评价方法及其应用研究/彭荣著. —广州：中山大学出版社，2022.3

ISBN 978-7-306-07399-0

Ⅰ. ①高… Ⅱ. ①彭… Ⅲ. ①中国经济—经济发展—评价—研究 Ⅳ. ①F124

中国版本图书馆 CIP 数据核字（2022）第 022726 号

出 版 人：	王天琪
策划编辑：	金继伟
责任编辑：	杨文泉
封面设计：	曾　婷
责任校对：	邱紫妍
责任技编：	靳晓虹
出版发行：	中山大学出版社
电　　话：	编辑部 020-84110283，84113349，84111997，84110779，84110776
	发行部 020-84111998，84111981，84111160
地　　址：	广州市新港西路 135 号
邮　　编：	510275　　　传　真：020-84036565
网　　址：	http://www.zsup.com.cn　　E-mail:zdcbs@mail.sysu.edu.cn
印 刷 者：	广州市友盛彩印有限公司
规　　格：	787mm×1092mm　1/16　14.75 印张　265 千字
版次印次：	2022 年 3 月第 1 版　2022 年 3 月第 1 次印刷
定　　价：	68.00 元

如发现本书因印装质量影响阅读，请与出版社发行部联系调换

前　言

党的十九大报告指出，我国经济已由高速增长阶段转向高质量发展阶段，正处在转变发展方式、优化经济结构、转换增长动力的攻关期。推动高质量发展，必须加快形成推动高质量发展的指标体系、政策体系、标准体系、统计体系、绩效评价、政绩考核，创建和完善制度环境，推动我国经济在实现高质量发展上不断取得新进展。高质量发展评价是高质量发展研究的核心组成部分。综观国内研究，既有从理论角度对高质量发展内涵的深刻见解，也有针对高质量发展评价维度的概念性分析。通过构建符合我国国情和实际的指标体系，对我国高质量发展总体水平，对社会经济各个领域高质量发展水平和效率进行评价，有利于全面了解我国高质量发展实际，可以为制定高质量发展提升策略提供证据支持。利用恰当的统计方法评价高质量发展，能够保证评价过程的客观性和评价结果的可靠性，是高质量发展评价的关键技术环节。

本书介绍高质量发展评价的方法、技术及其适用性，包括多指标评价方法、系统学方法、投入产出方法、空间计量方法等。基于高质量发展内涵的复杂性，高质量发展评价指标体系通常涵盖多个目标层次、多个评价维度和众多具体指标。多指标综合评价方法正是适用于对多数指标的综合分析，通过将多个指标简化为少数几个指标，实现对多个指标的信息合并处理，得到对评价对象高质量发展水平的单一评价值，实现综合评价的目的。多指标综合评价方法还考虑了指标体系中具体指标的重要性的差异，通过赋权技术实现对评价指标的区别对待。因此，多指标综合评价方法是文献中最经常使用的高质量发展评价方法。从系统学视角来看，高质量发展是指经济系统、社会系统、生态系统的关系是协调的、耦合的、协同进化的。高质量发展既是新时代我国经济社会生态复杂系统运行的目标，也是实现系统功能的整体性要求。从投入产出视角来看，高质量发展评价不仅需要重视产出规模，还需要重视产出的质量和效率。高质量发展评价研究要将焦点放在发展质量以及投入要素的配置效率上。从发展的空间视角来看，高质量发展必须注重空间布局的科学性。因此，系统的科学方法、投入产出方法、空间统计方法均适用于高质量发展评价。

本书利用书中所介绍的高质量发展评价方法，收集翔实的数据，对我国经济社会高质量发展进行多维评价。具体内容包括八章。第一章是导论，第二章介绍高质量发展评价方法，第三至八章是案例分析，包括基于平衡包容可持续视角的高质量发展评价、基于系统学视角的高质量发展评价、基于平衡充分发展视角的高质量发展评价、基于五大发展理念的经济平衡充分发展动力指数研究、基于投入产出方法的广东经济高质量发展评价、基于空间错位修正的我国老龄事业高质量发展评价。各章内容既有关联，又相对独立，可以单独阅读，更方便读者学习。

在本书的写作过程中，广东财经大学统计学硕士研究生李昕、黄健航、王美芝参与撰写了第七章，贺佳鑫、刘慧敏参与了第六章、第八章的数据分析工作，李芳、蔡雪娜等同学参与了部分章节的审校工作。中山大学出版社对本书的出版给予了大量支持和帮助，出版社的编校人员在本书审校过程中付出了大量的时间和精力，在此对他们表示衷心的感谢！

本书的出版得到以下基金项目的支持：广东省普通高校创新团队项目"数字经济高质量发展研究团队"（2020WCXTD014）和广东省普通高校创新强校工程重点项目"人工智能和扩大开放背景下推动我国老龄事业和产业高质量发展研究"（2018WZDXM004）。由于编者能力水平有限，书中难免会存在错误，敬请广大读者批评指正！

目　　录

第一章　导论 …………………………………………………………… 1
  第一节　高质量发展的概念和内涵 ……………………………… 1
  第二节　高质量发展的理论基础 ………………………………… 3
  第三节　高质量发展的衡量与评价维度 ………………………… 7
  第四节　本书的研究内容 ………………………………………… 12

第二章　高质量发展评价方法 ……………………………………… 14
  第一节　多指标综合评价方法 …………………………………… 14
  第二节　系统科学方法 …………………………………………… 23
  第三节　投入产出方法 …………………………………………… 30
  第四节　空间统计方法 …………………………………………… 35
  第五节　各种评价方法的适用性 ………………………………… 41

第三章　基于平衡包容可持续视角的高质量发展评价 …………… 44
  第一节　基于平衡包容可持续视角的高质量发展内涵 ………… 44
  第二节　基于平衡包容可持续视角的高质量发展评价指标体系构建 … 52
  第三节　基于熵权 TOPSIS 法的高质量发展水平评价结果 …… 73

第四章　基于系统学视角的高质量发展评价 ……………………… 82
  第一节　高质量发展评价的系统学视角与测度指标 …………… 82
  第二节　我国经济社会生态复合系统的协调发展度 …………… 83
  第三节　我国经济社会生态复合系统的协同进化关系研究 …… 89
  第四节　我国经济社会生态高质量发展现状总结与问题分析 … 94

第五章 基于平衡充分发展视角的高质量发展评价 ··············· 98
   第一节 我国社会经济发展不平衡不充分现状 ··············· 98
   第二节 发展充分性的内涵及与发展平衡性的联系············ 102
   第三节 社会经济发展不平衡不充分的可测视角·············· 106
   第四节 社会经济发展充分性评价指标体系·················· 108
   第五节 基于平衡充分发展视角的高质量发展水平测度········ 112

第六章 基于五大发展理念的经济平衡充分发展动力指数研究······ 116
   第一节 五大发展理念推动经济平衡充分发展的理论逻辑······ 116
   第二节 五大发展理念下经济平衡充分发展动力测度·········· 118
   第三节 五大发展理念下经济平衡充分发展动力指数测算······ 124
   第四节 平衡充分发展指数与动力指数的耦合关系············ 129
   第五节 推动我国经济平衡充分发展的对策建议·············· 132

第七章 基于投入产出方法的广东经济高质量发展评价············ 139
   第一节 基于投入产出表的广东经济发展现状分析············ 139
   第二节 基于投入产出表的广东经济结构变迁分析············ 148
   第三节 基于DEA模型的广东经济高质量发展效率测度········ 156
   第四节 基于投入产出技术的广东经济增长动力转换分析······ 164
   第五节 广东经济高质量发展效率的提升路径················ 180

第八章 基于空间错位修正的我国老龄事业高质量发展评价········ 185
   第一节 老龄事业发展文献综述···························· 185
   第二节 我国老龄事业发展的社会经济背景·················· 189
   第三节 我国老龄事业发展现状分析························ 192
   第四节 老龄事业高质量发展内涵与测算方法················ 199
   第五节 老龄事业高质量发展水平测算结果分析·············· 204
   第六节 推动我国老龄事业高质量发展的对策建议············ 211

参考文献·· 219

第一章 导　　论

高质量发展是2017年中国共产党第十九次全国代表大会首次提出的全新表述，表明我国经济由高速增长阶段转向高质量发展阶段。习近平总书记指出：推动高质量发展是当前和今后一个时期确定发展思路、制定经济政策、实施宏观调控的根本要求，必须加快形成推动高质量发展的指标体系、政策体系、标准体系、统计体系、绩效评价、政绩考核，创建和完善制度环境，推动我国经济在实现高质量发展上不断取得新进展。在高质量发展成为总体战略和根本要求的背景下，构建符合我国国情的高质量发展指标体系，是跨越关口的迫切要求和我国发展的战略目标，具有重大而迫切的现实意义。理解高质量发展的内涵，是正确构建高质量发展指标体系的基础。

第一节　高质量发展的概念和内涵

高质量发展阶段提出的背景在于经过改革开放40年的经济增长与结构变革，中国成功地从一个封闭的农业国转变为全球最大的工业制造国，又从工业化迈入城市化。经过几十年的发展，中国特色社会主义进入了新时代。中国社会主要矛盾已经转化为人民日益增长的美好生活需要和不平衡不充分的发展之间的矛盾。这就要求，发展要着力满足人民在经济、政治、文化、社会、生态环境等方面日益增长的需要，要在幼有所育、学有所教、劳有所得、病有所医、老有所养、住有所居、弱有所扶上不断取得新进展，更好地推动人的全面发展和社会全面进步。

从经济学的视角来看，高质量发展是经济发展质量的高级状态和最优状态。高质量发展是经济的总量与规模增长到一定阶段后，经济结构优化、新旧动能转换、经济社会协同发展、人民生活水平显著提高的结果（任保平，

2018）。从供求和投入产出角度，高质量发展意味着高质量的供给、高质量的需求、高质量的配置、高质量的投入产出、高质量的收入分配和高质量的经济循环。结合发展的属性，发展质量的高低，最终是以经济发展能否满足人民日益增长的美好生活需要为判断准则；而美好生活需要绝不仅仅是单纯的物质性要求，而将越来越多地表现为人的全面发展的要求（金碚，2018）。从社会矛盾变化和新发展理念的角度，高质量发展就是能够很好地满足人民在经济、政治、文化、社会、生态等方面日益增长的美好生活需要的发展，包括人与人、人与自然、人与社会等社会经济生活全过程的发展，是更好地推动人的全面发展、社会全面进步的发展，体现在人民获得感、幸福感、安全感、价值感等诸多方面。从问题角度，高质量发展可以通过识别经济社会发展中突出的不平衡、不充分问题来界定。比如，城乡区域发展和收入分配差距较大、风险过度积聚、环境污染严重、创新能力不足都不是高质量发展；反之，促进共同富裕、防范化解风险、创新驱动和人与自然和谐共生的发展就是高质量发展（安淑新，2018）。

综合现有文献的观点，可以从系统平衡观、经济发展观、民生指向观三个视角来理解高质量的内涵（赵剑波等，2020）。系统平衡观认为，高质量发展是在新的发展环境、发展条件和发展阶段提出的新要求，由高速度转向高质量发展受到国际环境、经济新常态、社会主要矛盾、生产要素、资源环境等一系列重大变化的影响。因此，高质量发展具有系统性和全面性。经济发展观认为，经济建设既是推动高质量发展的重点领域也是重要支撑，高质量发展离不开经济建设。在经济发展观的视角下，高质量发展涉及发展过程、方式、动力、效果的全面提升，要求转变增长方式、切换增长动力、提升发展效率、分享发展成果。因此，高质量发展要求一个国家或地区经济总量提高、经济效益提升、经济结构优化、经济发展可持续和经济发展成果共享。民生指向观认为，经济高质量发展的微观基础是提供更高质量的产品和服务，经济生产的最终目的是满足人的实际生活需要。因此，高质量发展要提升质量的合意性，从更好地满足人民日益增长的美好生活需要的角度，提升产品和服务质量。

第二节 高质量发展的理论基础

发展观是指导发展的思想理论，是对发展规律的深刻认识和揭示。中国特色社会主义现代化的发展过程，是在不同发展阶段的发展观不断发展演变并与时俱进的过程（胡鞍钢等，2016），体现了中国共产党领导的社会主义事业发展的改革探索、创新实践和开放发展。从"发展才是硬道理""发展是执政兴国第一要务"，到超越GDP（国内生产总值）增长的可持续发展，是发展导向的第一个重大转变。从转变经济发展方式到科学发展观的提出，强调发展的第一要义是以人为本，是发展导向的第二个重要转变。从科学发展观到"五大发展理念"的全新发展观，进一步拓展了发展维度、领域与内涵，是发展的第三个重大转变。从"五大发展理念"到"高质量发展观"，是发展的第四个阶段，突出"以人民为中心"的高质量发展，体现了发展追求、发展方式、发展理念的革命性转变。其中，可持续发展观、科学发展观、五大发展理念是形成高质量发展观的重要理论基础。

一、可持续发展观

1987年，联合国世界环境与发展委员会在《我们共同的未来》（*Our Common Future*）中提出了"可持续发展"的概念，认为可持续发展是"既能满足当代人的需求又不危及后代人的需求的一种发展模式"（Brundland，1987），其核心是经济、社会、人口、环境、资源以及科技各个方面相互协调，共同发展。20世纪90年代，中国因应当时党长期执政压力与国内改革发展的新要求，对发展理论适时地修正完善，形成了可持续发展理论（赵东喜等，2021）。可持续发展包含了三个方面的发展，即经济发展的可持续、社会发展的可持续和生态发展的可持续，只有实现三个领域的协调统一，才有可能实现可持续发展。

程恩富（2008）较为全面系统地研究了可持续发展理论。他阐述道，可持续发展应是满足当代人需求又不损害子孙后代满足其需求能力的，满足一个群体、地区或国家需求又未损害别的群体、地区或国家人群满足其需求能力的，人与自然、人与人、人与社会、社会与自然和谐的发展。实现可持续发展，必须保护和满足所有人的基本需要，普遍提供可持续生存的基本条件，如食物、卫生和教育，以保证人们不会为了短期生存需要而被迫耗尽自然资源。同时，人口发展要与生态系统的生产潜力相协调，对可再生资源的利用率必须控制在可再生率之下，对不可再生资源的利用率不能超过替代能源的开发利用率，对环境污染和生态的破坏不能超过环境和生态的净化能力。通过转变价值观念和改变生活方式，建立一个不被利润和国内生产总值所支配的社会主义市场体系和生产关系，向真正实现人的全面、自由和协调发展的方向挺进。牛文元（2012）在提炼可持续发展内涵的基础上，对可持续发展理论的三维解释、可持续发展的临界阈值、可持续发展的数学模型、可持续能力建设方程、可持续发展下的绿色GDP度量，以及中国可持续发展战略的实践和行动，进行了综合性归纳，提出有效协同"人与自然"的关系，是保障可持续发展的基础。

目前被广泛接受的评价可持续发展的指标体系主要有以下三种：一是联合国可持续发展委员会基于《21世纪议程》确定的可持续发展内容提出的指标体系，该指标体系在"经济、社会、环境和机构四大系统"的基础上提出了"驱动力状态响应"的概念模型（DSR），构建了由130个指标组成的指标体系。这一指标体系试图表征经济、社会、环境发展的相关性和协调性，但是由于指标过多，在使用过程中缺乏可操作性。二是联合国环境问题科学委员会（SCOPE）提出的包括经济、社会、环境共12项指标的可持续发展指标体系。这一指标体系表明可持续发展关注的核心是人，通过经济发展和环境保护实现社会公平和生活条件改善。三是世界银行根据可持续发展的四组要素提出的指标体系，包括土地和水等自然资源，公路基础设施和机器设备等生产资源，教育医疗等人力资源，以及社会资本。这一指标体系把四组资源的拥有程度作为衡量一个国家和地区的可持续发展水平的标准。世界银行的指标体系重点强调了可持续发展要高度关注资源的利用，并对资源进行了分类，这意味着可持续发展不仅应当关注自然资源和生产资源，还应当关注人力资源和社会资本。我国学者基于本土实际构建了可持续发展评价指标体系，如朱启贵（1999）根据可持续发展理论和《中国21世纪议程》设计了7个方面的指标体系，包括经济、社会、人口、资源、环境、科技和制度等。牛文元（1997）提出了由社会发展、经济、资源与环境污染、制度问题四大类指标组成的指标体系。上述可持续发展指标体系的建立和应用从一个侧面反映了可持续发展理论的不断深化，揭示了社会经济活动同资源环境之间的关系，对于促进各个学科领域和各个行业可持续发展的研究具有重要的指导作用。

二、科学发展观

2003年，胡锦涛总书记在党的十六届三中全会上作《中共中央关于完善社会主义市场经济体制若干问题的决定》的重要讲话，第一次明确提出了发展观的概念，并在党的十七大上把科学发展观概括为："科学发展观，第一要义是发展，核心是以人为本，基本要求是全面协调可持续，根本方法是统筹兼顾。"科学发展观阐明了科学发展的根本方法是统筹兼顾，为新阶段中国特色社会主义现代化建设提供了方法论，是贯彻落实科学发展观的操作工具。科学发展观创造性地回答了如何解决中国发展不平衡、不协调的一系列问题，上升到一个新的理论高度，指导中国经济发展方式快速转变，产业结构升级优化，实现又快又好的发展（赵东喜等，2021）。

20世纪90年代以来，我国经济体制改革进入全面建设社会主义市场经济体制阶段，此时，制度创新就成了社会发展的重点和动力。20世纪初期，随着各项制度的建立健全，以人为本的发展具有了重要保障和现实依据，于是，以人为本的发展就成了发展的核心，实现以人为本也就成为首要的发展任务。以人为本的科学发展观对马克思社会整体发展论进行了系统总结和进一步发展。科学发展观的内涵是以人为本，全面、协调、可持续发展，核心理念就是坚持以人为本（李炳炎，2011）。这里的以人为本，实际上是以认识到人民群众在社会发展中的主体动力作用为前提的。随着我国经济社会发展进入新常态，经济、社会和生态的非平衡性、非包容性、非可持续性发展已经越来越严峻，导致了产业结构失衡、贫富差距过大、生态环境严重恶化等诸多问题，制约了我国经济社会的进一步发展。科学发展观提出的平衡性、包容性、可持续性发展理念，正是希望通过分享改革成果充分调动广大人民群众的参与社会整体发展的积极性和主动性，实现平衡包容可持续的整体发展。

马克思主义人的全面发展理论是科学发展观的重要理论基础。卫兴华（2009）就我国发展问题，强调应通过落实科学发展观，不断解决经济社会发展中碰到的障碍。首先，要重视解决社会公平问题，特别是弱势群体的利益保障和民生问题，使改革与发展的成果真正惠及广大人民群众，扭转前一时期"重资轻劳"的倾向。其次，积极转变经济增长方式，由高投入、高消耗、高污染，低产出、低质量、低效益的粗放型增长方式，转变为低成本、低消耗、低污染，高产出、高质量、高效益的增长方式。最后，要真正和有效地转向科学发展，实现以人为本，全面、协调、可持续发展，统筹城乡、区域、经济社会的协调发展。刘世锦（2010）认为，当前发展方式转变突破口的选择，应着眼于拓展发展空间，用增量的创新带动存量的调整和改革，形成转变的激励机制，合理调整利益关系，尽可能调动各方面的积极性、主动性和创造性。张宇（2011）从探索中国模式入手，客观地研究了中国经济的发展动力与科学发展观。他认为，中国经济模式的最重要成果和最宝贵经验就在于，它从中国的实际出发，探索并形成了符合中国特色的发展理论、发展战略和发展道路。

三、新发展理念

党的十八大以来，习近平总书记站在历史与时代的高度，回答了关于新时代中国发展的内涵、目的、动力、方式、路径等理论与实践问题，提出了新发展理念，形成了一个从发展动力到发展目的的系统的发展理论体系。新发展理念提出的发展最新要求，构建的战略发展格局，尤其是提升发展平衡性、包容性和可持续性的战略部署，是对科学发展观的升华和提升。

新发展理念科学概括了发展的内涵，认为发展应该是"真发展"和"高质量"的科学发展，是经济发展从"有没有"转向"好不好"，体现新发展理念的发展，是以创新为第一动力、协调为内生特点、以绿色为底线的开放发展。新发展理念深化了发展动力理论。创新处于新发展理念之首，是引领发展的第一动力。以创新为发展基点，形成促进创新的体制机制，才能塑造更多依靠创新驱动的发展，探索出更多具有中国特色的新的发展模式与经验。新发展理念把实现共享发展作为发展的目的和归宿，并提出更高的发展目标促进共享发展目的的实现，体现了"以人民为中心"的发展原则。

李鸿忠（2015）对新发展理念进行了系统阐述。他强调，创新、协调、绿色、开放、共享发展理念集中体现了以习近平同志为核心的党中央对我国新的发展阶段性特征的深远洞识和发展规律的深刻把握，是习近平总书记系列重要讲话发展篇章的集大成理论成果，是当代中国的马克思主义发展理论。我们必须深刻把握五大发展理念的科学内涵及其创新价值，深学笃行、全面贯彻，推动中国特色社会主义道路越走越宽广。贯彻落实五大发展理念，已经成为适应经济新常态、引领经济新常态的必然要求。郝立新（2015）深入研究了中国特色社会主义发展的内在逻辑，认为其决定了全面的战略思维和综合的发展理念的形成和发展。他认为，五大发展理念的重大意义在于能够指导我们"破解发展难题、增强发展动力、厚植发展优势"。五大发展理念立足于国家的整体利益、根本利益、长远利益，以重大问题为导向，聚焦突出问题和明显短板，回应群众的强烈诉求和热切期盼，体现了党和国家战略意图的基本理念，是我国发展思路、发展方向、发展着力点的集中体现，也是改革开放30多年来我国发展经验的集中体现，是对我国发展规律的新认识。

第三节 高质量发展的衡量与评价维度

一、发展质量的内涵与评价

党的十八大报告指出，要适应国内外经济形势新变化，加快形成新的经济发展方式，把推动发展的立足点转到提高质量和效益上来。从经济发展的根本目标看，经济发展质量的内涵体现了以人为本的基本理念；从经济发展的过程看，经济发展质量的内涵体现了经济系统的投入产出效率和运行稳定性；从经济发展各方面的关系看，经济发展质量的内涵体现了经济系统内部结构的协调发展，以及经济系统与社会系统、资源环境系统之间的协调发展；从可持续发展的角度考虑，高质量的经济发展应该是可持续的经济发展（姚升保，2015）。

近几年来，不少学者关注发展质量评价指标体系的研究。罗序斌（2009）通过构建经济发展质量指标评价体系，将生产率质量、经济结构、技术进步、人力资源开发设为二级指标，通过这些维度来对经济发展质量进行测度。魏博通（2012）提出从经济发展、居民生活水平、教育、技术创新、环境保护五个维度对中部六省的发展质量进行评价。姚升保（2015）根据经济发展质量的内涵，从经济效率、经济运行稳定性、经济结构、人民生活、社会进步和资源环境代价六个维度，构建了包含30个基础指标的经济发展质量评价指标体系。詹秋泉（2017）在五大发展理念的基础上，提出从创新发展、协调发展、绿色发展、开放发展、贡献发展五个维度研究产业发展对中国经济质量发展的影响。张红（2015）从经济发展有效性、协调性、分享性、创新性、持续性五个维度构建了测度经济发展质量的指标体系。陈文峰（2016）构建了5个一级指标（产业导向性、产业带动性、产业市场化、产业创新性、产业效益性）和17个二级指标的战略性新兴产业发展质量评价指标体系，对全国28个省份新一代信息技术产业发展质量进行了评价。这些发展质量研究具有较好的系统性和完整性，对后续研究具有重要的借鉴意义。

二、高质量发展的评价维度

高质量发展是一个复杂的多维度概念，它是衡量一定时期经济发展优劣程度的重要指标，不仅表现为经济总量和物质财富数量的增加，而且是一种水平高低的价值判断，若想对高质量发展作出科学的评判，从单一维度来分析显然缺乏说服力。师博（2018）从增长的基本面和社会成果两个维度对高质量进行分析，将基本面分解为增长的强度、稳定性、合理性、外向性四个方面，社会成果则分解为人力资本和生态资本等两个方面。该研究测度了1992—2016年中国省级经济增长质量指数，并结合2017年前三个季度的宏观数据进行预测，认为未来中国经济增长质量将进入较长的上升通道，但东、中、西部经济增长质量分布并不均衡，难以在短期内弥合。

赵昌文（2017）从长期与短期、宏观与微观、总量与结构、全局与局部四个维度探讨高质量发展指标体系的构建。该研究认为，从长期看，高质量发展要求能够适应发展阶段的转换，抓住科技革命和产业变革的机遇。从宏观看，高质量发展要求经济运行不存在重大结构性失衡，整体风险可控。从总量看，高质量发展意味着经济增长保持持续健康稳定，没有明显偏离潜在增长率。从全局看，高质量发展要求经济发展与民主、文明、和谐、美丽基本协调。

殷醒民（2018）在现代化经济体系的基本框架下，提出高质量发展指标体系可以扩展为五个维度：全要素生产率、科技创新能力、人力资源质量、市场配置资源机制、金融体系效率。这一视角有着深厚的经济学理论基础：全要素生产率是测定发展质量的核心，全要素生产率能有一个看得见的提高在很大程度上将始终依靠科技创新。而经济的稳定增长和高质量发展离不开科技创新的强力支撑，要使科技与经济深度融合，就应该把科技发明创造新技术产业的能力作为最主要的科技质量指标。在科技创新的过程中，人力资源质量占据着首要地位，这也符合我国的"人才兴国"战略。资金配置效率涉及现代金融体系的基本功能，为具有更高生产率的部门和科技创新领域提供资金是金融体系的"天职"。金融深化要提高中国的储蓄和投资水平，以及资本生产率和产出的增长，高质量发展的内涵自然要从中体现出来。

盛朝迅（2018）从马克思辩证统一的视角入手，将高质量发展划分为宏观和微观相结合、供给和需求相结合、公平和效率相结合、目标和过程相统一、质量和数量相统一五个维度。一是宏观和微观相结合的维度：高质量发展是一个既包括宏观经济发展质量，也包括微观经济活动中产品质量、工程质量、服务质量的"大质量"的概念。二是供给和需求相结合的维度：高质量发展首先要解决供给问题，包括产业供给、产品供给、企业供给和要素供给、质量提升等方面。与此同时，高质量发展也是顺应需求升级的必然结果，是高品质、高性价比的产品满足消费者高品位需求的过程。三是公平和效率相结合的维度：高质量发展是高效率、高附加值和更具有可持续性、包容性的结合。从公平的角度看，高质量发展意味着要从不平衡不充分发展转向共享发展、充分发展和协同发展。从效率角度看，高质量发展要求以最少的要素投入获得最大的产出，实现资源配置优化。四是目标和过程相统一的维度：高质量发展还是发展目标与发展过程的统一。从发展目标看，高质量发展有助于满足人民群众日益增长的多样化、多层次、多方面的需求。从发展过程看，通过创新引领高质量发展是推动我国经济质量变革、效率变革和动力变革的根本途径，是发展动力由要素驱动向创新驱动转变，发展模式由粗放发展向集约发展、绿色发展和可持续发展更替的过程。五是质量和数量相统一的维度：推动实现高质量发展必须牢固树立"质量第一、效率优先"的理念，将以往主要依靠增加物质资源消耗实现的粗放型高速增长，转变为主要依靠技术进步、改善管理和提高劳动者素质实现的集约型增长，提高发展"质"的含金量。同时，高质量发展是质和量的结合，量是质的基础，质是量比较的结果，数量和质量两者应该兼顾。

三、高质量发展的衡量及指标体系研究

2017年中央经济工作会议指出，推动高质量发展必须加快形成推动高质量发展的指标体系、政策体系、标准体系、统计体系、绩效评价、政绩考核，创建和完善制度环境。我国政府和学术界均认为，有必要构建一套科学的指标体系评价和推动高质量发展的进程，通过以高质量的考评顺应高质量发展，切

实增强各级干部推动实现经济高质量发展的驱动力和自觉性（胡敏，2018）。

构建一套社会认可的高质量发展评价体系，对于我国经济理论界和实际工作部门来说是一项具有挑战性、开创性的工作。安淑新（2018）提出，构建高质量发展评价的指标体系，目前存在以下四个主要问题：一是评价指标体系缺乏顶层设计，各地围绕贯彻落实党的十九大精神和中央经济工作会议部署，纷纷提出了本地推动高质量发展的目标任务和具体举措，并积极研究制定评价指标体系。但各地在探索过程中，存在范围不同、标准不一、指标各异等问题。加快完善高质量发展评价指标体系的顶层设计，对引导各地科学地推动高质量发展具有重要意义（徐莹，2018）。二是现有指标体系不能体现高质量发展的内在要求。现有的指标体系难以满足推动高质量发展的要求，存在"四多四少"的问题，表现在反映速度、总量的指标多，体现质量、效益的指标少；反映发展水平的指标多，体现人民群众可观可感的指标少；反映经济建设的指标多，体现其他领域建设的指标少；反映传统发展方式路径的指标多，体现新发展方式路径的指标少，所以高质量发展指标需加快构建完善（徐莹，2018）。三是反映高发展质量的主观性指标不可计量。所谓发展质量，本质上就是一个综合性概念，有其客观性，也有主观性，即关于质量的某些判定取决于其同相关人的关系以及相关人对其的关切程度。而所谓相关人又是一个复杂的群体，个体关切性和群体关切性又可能是有很大差别的，就像很难精确判定不同人或者一群人的素质谁高谁低一样，也难以精确判定发展质量的高低。所以，对于质量的高低，不同人的感受往往是很不相同的。当涉及经济社会问题时，不同人对于质量的主观判断标准就更可能大相径庭了（金碚，2018）。四是一些指标数据的测算差异较大。在设计指标体系时，存在一些反映高质量发展的指标数据缺失，或者数据不稳定、波动大、质量不高、口径变化多等问题（潘建成，2017）。比如，全要素生产率作为高质量发展的核心指标，是科学系统展现高质量发展成效的重要综合性指标，但由于"全要素生产率"涉及面广、涵盖内容多、行业领域跨度大等，全国尚未有统一的测算方法和标准，导致各地测算方法不一、结果差距较大，不太具有可比性（徐莹，2018）。

在关注以上问题的基础上，安淑新（2018）提出高质量发展指标体系的构建思路如下：首先，广泛借鉴已有成果，在构建指标体系的过程中，要广泛借鉴国内外比较成熟和广为接受的经济社会发展测评体系和最新研究成果，包括我国及许多发达国家学者在内研究和评价国家现代化进程中创设的一系列指标体系、方法和逻辑等，比如欧洲2020战略、日本新增长战略、韩国绿色增长战略、我国五年规划等指标体系,都是构建高质量发展评价体系重要的参照系,可以广为借鉴(胡敏,2018)。其次,指标体系需要多维度,高质量发展的一个根本性特征就是多维性,表现在战略方向上就是政策目标多元化。高质量发展的经济社会质态,不仅体现在经济领域,而且体现在更广泛的社会、政治和文化等领域,发展质量目标呈现多元化(金碚,2018)。再次,指标体系要体现动态性,高质量的发展从根本上说是为了满足人的能力全面发展的需要和要求,人对美好生活的需要是不断增长的和变化的,人的一些需要满足了,又必然会有新的更高的需要产生,永远不会达到完全满足的终点,因此,必须有更高质量的发展,而这也正是高质量发展永无止境的动因(金碚,2018)。所以,高质量发展指标体系要适应现代化发展进程,要能在创新发展中对评价指标予以不断调整、不断修正(胡敏,2018)。复次,注重淡化经济增速指标,高质量发展作为未来我国经济发展的根本要求,一定程度上意味着要淡化经济增长的数量要求,或者说速度要求,经济发展目标主要考量质量、效益是否能够提升,而不是达到什么速度(潘建成,2017)。高质量发展的指标体系要更加注重反映发展的质量、结构和效益,更加注重反映经济、政治、文化、社会、生态发展变化情况,更加注重反映人民群众多样化的美好生活需求,彻底从 GDP 挂帅转为高质量发展挂帅,充分发挥指标体系的导向作用(徐莹,2018)。最后,注重关注长远发展目标,从制定经济政策和实施宏观调控方面来看,将高质量发展作为根本要求,意味着将更多地从长远发展目标的实现、从建设现代化经济体系的角度,综合地、系统地制定政策,实施调控,而不必过度关注经济增长数量的短期波动。也就是说,经济运行的国内外环境是错综复杂的,对经济运行的短期影响是多方面的,需要关注的只是本质的、趋势性的因素,而不要过度关注偶然的、暂时的因素,即便这些因素带来的短期影响可能会比较明显(潘建成,2017)。

还有部分学者将高质量发展的衡量与评价研究与五大发展理念紧密联系起来。张占斌(2018)认为,高质量发展的核心在于"质量"二字,总体目标是满足人民日益增长的美好生活需要。赵昌文(2017)提出,应综合两个视角来对高质量发展的核心内涵进行把握:一是通过识别经济社会发展中突出的不平衡、不充分问题,来界定高质量发展;二是坚持以人民为中心,以是否有利于解决新时代我国社会主要矛盾,是否有利于解决发展不平衡不充分问题,是否有利于满足人民日益增长的美好生活需要为根本标准,来判断是不是高质量发展。郭春丽(2018)提出,从更好地满足居民日益增长的美好生活需要出发，产品和服务质量高是经济发展质量高的核心，而投入高质量生产要素则是产品和服务质量提高的基础。因此，可以从投入和产出角度考察经济发展质量。金碚（2018）通过经济学研究，指出新发展观，即创新、协调、绿色、开放、共享的五大发展发展理念，成为对新时代高质量发展的新要求，也是对是否实现了高质量发展的评价准则。任保平（2018）提出，新时代中国高质量发展的决定因素包括：人口的质量与结构、资源环境的质量、资本积累的质量、技术进步质量、对外贸易质量、制度因素。同时谈道，一个国家或地区的经济发展质量可以用投入产出效率的高低、结构的合理性、经济发展的潜力、可持续发展的程度、经济增长成果的分享程度等指标来综合衡量。

第四节　本书的研究内容

本书写作围绕"高质量发展评价方法及其应用研究"展开，可以分为两个模块。模块一是高质量发展理论基础和评价方法，包括第一章和第二章两章。模块二是高质量发展评价方法的应用研究案例，利用模块一介绍的高质量发展评价方法，收集翔实的数据，对我国经济社会高质量发展的多个维度进行综合评价。模块二包含六章，分别为本书第三章至第八章。

第一章介绍高质量发展的概念和内涵、理论基础、衡量和评价维度，介绍本书的主要研究内容。

第二章介绍高质量发展评价方法和技术，包括多指标综合评价方法、系统科学方法、投入产出方法、空间统计方法等。本章还阐述了利用上述方法评价高质量发展的适用性。

第三章基于经济平衡发展、社会包容发展、生态可持续发展视角，紧扣高质量发展的核心要义，构建高质量发展评价指标体系，利用熵权 TOPSIS 法（优劣解距离法）对我国高质量发展水平进行综合评价。

第四章在第三章数据分析的基础上，基于系统科学视角，构建系统演化模型，对经济社会生态复杂系统的发展协调性、协同演化关系进行分析，总结我国高质量发展现状及存在的问题。

第五章阐述发展充分性的内涵，提出发展不平衡不充分的可测维度，构建充分发展测度指标体系。结合第三章构建的经济发展平衡性测度指标体系，从平衡充分发展的视角，对经济社会高质量发展水平进行评价。

第六章基于五大发展理念，阐述推动我国经济平衡充分发展的动力来源，构建经济平衡充分发展的动力评估指标体系，测算动力指数，验证经济平衡充分发展与动力指数的耦合关系，提出推动我国经济社会平衡充分发展的对策及建议。

第七章利用投入产出表等数据，综合使用DEA（数据包络分析）效率评价模型等投入产出技术，分析广东经济结构变迁和增长动力转换，对广东经济高质量发展效率进行评价，对广东经济高质量发展路径提出建议。

第八章阐述我国老龄事业高质量发展的内涵，提出基于空间错位修正的老龄事业高质量发展测算方法。本章构建了老龄事业发展质量指标体系，测算我国老龄事业高质量发展水平，对如何推进我国老龄事业高质量发展提出对策及建议。

第二章 高质量发展评价方法

高质量发展评价是高质量发展研究的核心组成部分。综观国内研究,既有从理论角度对高质量发展内涵所做出的深刻见解,也有针对高质量发展评价维度所做出的概念性分析。构建符合我国国情和实际的指标体系,对我国高质量发展总体水平,对社会经济各个领域的高质量发展水平进行评价,有利于全面了解我国高质量发展实际,可以为研究高质量发展策略提供证据支持。利用恰当的统计方法测度高质量发展水平,可以为保证评价的客观性提供关键技术支持,是高质量发展评价的重要环节。限于篇幅,本章仅介绍本书使用的高质量发展评价方法。本章还对各种评价方法的适用性进行了说明。

第一节 多指标综合评价方法

多指标综合评价是指使用比较系统的、规范的方法对多个指标、多个单位同时进行评价的方法。它不只是一种方法,而是一个方法系统,是指对多个指标进行综合评价的一系列有效方法的总称。综合评价是针对研究的对象,建立一个进行测评的指标体系,利用一定的方法或模型,对搜集的资料进行分析,对被评价的事物做出定量化的总体判断。

多指标综合评价的基本过程主要包括以下步骤:首先,评估并构建指标体系;其次,确定指标权重、对多指标进行降维处理;再次,得到将被评价对象的优劣排序;最后,对排序结果进行解释,阐述排序结果的合理性。其中,确定指标权重和降维处理是最核心、变化最多的环节,直接影响排序的结果。这一步骤既可以采用主观赋权法(比如菲尔德法),又可以采用客观赋权法。常用的客观赋权方法有主成分分析法、因子分析法等多元统计方法,有层次分析法、数据包络法、熵权法等运筹学方法,还有变异系数法、模糊评判法、灰色评价法、信息熵评价法、神经网络评价法、遗传算法等其他方法。这些方法既具有独特优势，又存在不足之处。比如，主观赋权法操作简单，但主观性较强、可比性较弱。多元统计方法具有可比性较强、客观性较强等优点，但是加权函数的意义可能不明确。神经网络评价法能够处理非线性复杂系统，但是需要大量的训练样本，评价结果的精度难以保证。

以下将介绍高质量发展评价文献常用的多指标综合评价方法。

一、主成分分析法

（一）基本思想

主成分分析（principal components analysis，PCA）也称主分量分析，是一种降维技术，旨在把多数指标转化为少数几个综合指标。主成分分析试图寻找原有变量的一个线性组合，这个组合的方差要大，携带原有变量的绝大多数信息。因此，主成分分析实质上是一种线性变换。

假定有 n 个样本，每个样本有 p 个可观测变量，记为 X_1，X_2，$\cdots$，X_p，构成一个 $n \times p$ 阶的数据矩阵 X。

$$X = \begin{bmatrix} x_{11} & x_{12} & \cdots & x_{1p} \\ x_{21} & x_{22} & \cdots & x_{2p} \\ \vdots & \vdots & & \vdots \\ x_{n1} & x_{n2} & \cdots & x_{np} \end{bmatrix}$$

将 X_1，X_2，$\cdots$，X_p 降维处理后的综合指标记为 Z_1，Z_2，$\cdots$，Z_m（$m \leqslant p$），称为原变量指标 X_1，X_2，$\cdots$，X_p 的第 1，第 2，$\cdots$，第 m 主成分。

$$\begin{cases} Z_1 = l_{11}X_1 + l_{12}X_2 + \cdots + l_{1p}X_p \\ Z_2 = l_{21}X_2 + l_{22}X_2 + \cdots + l_{2p}X_p \\ \cdots\cdots\cdots\cdots \\ Z_m = l_{m1}X_1 + l_{m2}X_2 + \cdots + l_{mp}X_p \end{cases}$$

其中，Z_i 与 Z_j（$i \neq j$；$i, j = 1, 2, \cdots, m$）相互无关；Z_1 是 X_1，X_2，$\cdots$，X_p 的一切线性组合中方差最大者，Z_2 是与 Z_1 不相关的 X_1，X_2，$\cdots$，X_p 的所有

线性组合中方差最大者;依次类推。

可以看出,主成分分析的实质就是确定原来变量 X_j ($j=1,2,\cdots,p$) 在诸主成分 Z_i ($i=1,2,\cdots,m$) 上的载荷 l_{ij} ($i=1,2,\cdots,m$; $j=1,2,\cdots,p$)。

(二) 基本步骤

第一步,计算相关系数矩阵。

$$R = \begin{bmatrix} r_{11} & r_{12} & \cdots & r_{1p} \\ r_{21} & r_{22} & \cdots & r_{2p} \\ \vdots & \vdots & & \vdots \\ r_{p1} & r_{p2} & \cdots & r_{pp} \end{bmatrix}$$

r_{ij} ($i,j=1,2,\cdots,p$) 为原变量 X_i 与 X_j 的相关系数,$r_{ij}=r_{ji}$,其计算公式为:

$$r_{ij} = \frac{\sum_{k=1}^{p}(x_{ki}-\bar{x}_i)(x_{kj}-\bar{x}_j)}{\sqrt{\sum_{k=1}^{p}(x_{ki}-\bar{x}_i)^2 \sum_{k=1}^{p}(x_{kj}-\bar{x}_j)^2}}$$

第二步,计算特征值与特征向量。

解特征方程 $|\lambda I - R| = 0$,常用雅可比法 (Jacobi) 求出特征值,并使其按大小顺序排列 $\lambda_1 \geq \lambda_2 \geq \cdots \geq \lambda_p \geq 0$。

分别求出对应于特征值 λ_i 的特征向量 e_i ($i=1,2,\cdots,p$),要求 $\|e_i\|=1$,即 $\sum_{j=1}^{p} e_{ij}^2 = 1$,其中 e_{ij} 表示向量 e_i 的第 j 个分量。

第三步,计算主成分贡献率及累计贡献率。

贡献率:$\dfrac{\lambda_i}{\sum_{k=1}^{p}\lambda_k}$ ($i=1,2,\cdots,p$)

累计贡献率:$\dfrac{\sum_{k=1}^{i}\lambda_k}{\sum_{k=1}^{p}\lambda_k}$ ($i=1,2,\cdots,p$)

一般取累计贡献率为 85%~95% 的特征值,$\lambda_1,\lambda_2,\cdots,\lambda_m$ 所对应的第1,第2,$\cdots$,第 m ($m \leq p$) 个主成分。

第四步,计算主成分载荷。

$$l_{ij} = p(Z_i, X_j) = \sqrt{\lambda_i} e_{ij} (i,j = 1,2,\cdots,p)$$

第五步，计算各主成分得分，对样品进行推断和评价。

二、因子分析法

（一）基本思想

因子分析是指研究从变量群中提取共性因子的统计技术，探讨在存在相关关系的变量之间，是否存在不能观察到但对可观测变量的变化起支配作用的潜在共因子的分析方法。因子分析法从研究指标相关矩阵内部的依赖关系出发，根据相关性大小把变量分组，使得同组内的变量之间相关性较高，但不同组的变量不相关或相关性较低。将相同本质的变量归入一个因子，从而减少变量的数目。因此，因子分析的主要目的是在许多变量中找出隐藏的具有代表性的公因子，用少数的几个因子去描述多个变量之间的关系，以达到降维的目的。

设 $X = (X_1, X_2, \cdots, X_p)^T$ 是可观测的随机向量，且向量均值 $E(X) = 0$，协方差阵 $cov(X) = \Sigma$，相关矩阵为 R；设 $F = (F_1, F_2, \cdots, F_m)^T$，$m < p$，是不可测的向量，其向量均值 $E(F) = 0$，协方差矩阵 $cov(F) = I$，即向量 F 的各分量是相互独立的；$\varepsilon = (\varepsilon_1, \varepsilon_2, \cdots, \varepsilon_p)^T$ 与 F 相互独立，且 $E(\varepsilon) = 0$，ε 协方差阵 Σ_ε 是对角阵，说明 ε 各分量之间也是相互独立的。则下列模型被称为因子模型：

$$X_1 = a_{11}F_1 + a_{12}F_2 + \cdots + a_{1m}F_m + \varepsilon_1$$
$$X_2 = a_{21}F_1 + a_{22}F_2 + \cdots + a_{2m}F_m + \varepsilon_2$$
$$\cdots\cdots\cdots\cdots$$
$$X_p = a_{p1}F_1 + a_{p2}F_2 + \cdots + a_{pm}F_m + \varepsilon_p$$

$F_1, F_2, \cdots, F_m$ 被称作公因子（也称主因子），在各个原观测变量的表达式中都有出现，是相互独立的不可观测的理论变量。$\varepsilon_1, \varepsilon_2, \cdots, \varepsilon_p$ 被称作特殊因子，是向量 X 的分量 X_i（$i=1, 2, \cdots, n$）所特有的因子。a_{ij} 称作因子载荷，它的统计意义是第 i 个变量与第 j 个公因子的相关系数。a_{ij} 的绝对值越大，表明 X_i 与 F_j 的相依程度越大。

因子分析是主成分分析的进一步发展。当主成分 Z_1, Z_2, $\cdots$, Z_m 难以给出具体实际意义的解释时，通常将主成分 Z_1, Z_2, $\cdots$, Z_m 作为初始因子进行一定规则的坐标旋转，从而获得较理想的公因子，实现对原始指标的较为合理的解释。

（二）基本步骤

第一步，对变量 X_1, X_2, $\cdots$, X_p 进行标准化处理，记为 X_1', X_2', $\cdots$, X_p'。因此，标准化处理后的变量均值为0，方差为1。

第二步，计算 X_1', X_2', $\cdots$, X_p' 的相关矩阵 R。

第三步，求相关矩阵 R 的特征根和特征向量。解特征方程 $|\lambda I - R| = 0$，求出特征值 λ_i，并使其按大小顺序排列 $\lambda_1 \geq \lambda_2 \geq \cdots \geq \lambda_p \geq 0$；分别求出对应于特征值的特征向量 e_i（$i = 1, 2, \cdots, p$），且 $\sum_{j=1}^{p} e_{ij}^2 = 1$，其中 e_{ij} 表示向量 e_i 的第 j 个分量。

第四步，根据系统要求的累积贡献率确定主因子的个数 m，将主成分 Z_1, Z_2, $\cdots$, Z_m 作为初始因子，计算关于 Z_1, Z_2, $\cdots$, Z_m 的因子载荷矩阵。

$$\begin{cases} Z_1 = l_{11}X_1 + l_{12}X_2 + \cdots + l_{1p}X_p \\ Z_2 = l_{21}X_2 + l_{22}X_2 + \cdots + l_{2p}X_p \\ \cdots\cdots\cdots\cdots \\ Z_m = l_{m1}X_1 + l_{m2}X_2 + \cdots + l_{mp}X_p \end{cases}$$

其中，l_{ij} 是第 i 个主成分在第 j 个变量上的主成分载荷。

第五步，根据需要进行正交旋转或斜交旋转，得到较为合理的因子载荷阵 A。要解释公因子所具有的实际意义并不是很容易。如果通过第四步得到的初始公因子不易解释，则可以对初始公因子进行旋转，从而得到一组新的公因子。所谓旋转，实际上是一种坐标变换。在旋转后的新坐标系中，因子载荷得以中心分配，使公因子载荷系数向更大或更小的方向变化，从而使对公因子的命名和解释变得更加容易。对初始因子进行旋转的方法很多，通常分为两类。一类是能保证旋转后的公因子仍然正交的正交旋转，一类是旋转后不保证公因子之间正交关系的斜交旋转（卢纹岱、朱红兵，2015）。

第六步，计算因子得分，对样品进行推断和评价。

三、熵权法

（一）基本思想

熵权法的基本思想是根据指标变异性的大小来确定客观权重。在信息论中，信息是系统有序程度的一个度量，熵是对不确定性的一种度量。信息量越大，不确定性就越小，熵也就越小；信息量越小，不确定性越大，熵也越大。根据熵的特性，我们可以通过计算熵值来判断一个事件的随机性及无序程度，也可以用熵值来判断某个指标的离散程度，指标的离散程度越大，该指标对综合评价的影响也越大。因此，可根据各项指标的变异程度，利用信息熵这个工具，计算出各个指标的权重，为多指标综合评价提供依据。

（二）基本步骤

第一步，对各个指标的数据进行标准化处理。

假设给定了 k 个指标 X_1，X_2，$\cdots$，X_k，其中

$$X_i = \{x_{i1}, x_{i2}, \cdots, x_{in}\}$$

假设对各指标数据标准化后的值为 Y_1，Y_2，$\cdots$，Y_k，$Y_i = \{y_{i1}, y_{i2}, \cdots, y_{in}\}$，那么

$$Y_i = \frac{X_i - \min(X_i)}{\max(X_i) - \min(X_i)}$$

第二步，求各指标的信息熵。

根据信息论中信息熵的定义，一组数据的信息熵为：

$$E_i = -\frac{1}{\ln n} \sum_{i=1}^{n} p_{ij} \ln p_{ij}$$

其中，$p_{ij} = y_{ij} / \sum_{i=1}^{n} Y_i$，如果 $p_{ij} = 0$，则定义 $p_{ij} \ln p_{ij} = 0$。

第三步，确定各指标权重。

根据信息熵的计算公式，计算出各个指标的信息熵为 E_1，E_2，$\cdots$，E_K，

通过信息熵计算各指标的权重:

$$W_i = \frac{1-E_i}{k-\sum E_i}, i=1,2,\cdots,k$$

四、熵权 TOPSIS 分析法

(一) 基本思想

TOPSIS 法是一种常用的组内综合评价方法,能充分利用原始数据的信息,其结果能精确地反映各评价方案之间的差距。基本过程为基于归一化后的原始数据矩阵,采用余弦法找出有限方案中的最优方案和最劣方案,然后分别计算各评价对象与最优方案和最劣方案间的距离,获得各评价对象与最优方案的相对接近程度,以此作为评价优劣的依据。该方法对数据分布及样本含量没有严格限制,数据计算简单易行。

熵权 TOPSIS 法结合熵权法和 TOPSIS 法的优势,首先通过熵权法从数据中获取信息得到各指标的权重,然后利用 TOPSIS 法比较高质量发展水平与最优方案之间的接近程度,并进行排序。

(二) 基本步骤

设有 n 个评价单元,每个单元有 p 个评价指标,则评价矩阵为 $X = (X_{ij})_{n \times p}$ ($i = 1, 2, 3, \cdots, n$; $j = 1, 2, 3, \cdots, p$),X_{ij} 指标表示第 i 个评价单元中的第 j 项指标值。熵权 TOPSIS 法计算步骤如下。

第一步,对 X 进行无量纲化处理,记为 x'_{ij}。无量纲化处理后的数据用熵值赋权法来确定评价指标的权重,具有客观性,能有效避免主观权重的影响。

对正向指标,$x'_{ij} = \frac{X_{ij} - \min X_{ij}}{\max X_{ij} - \min X_{ij}}$;对逆向指标,$x'_{ij} = \frac{\max X_{ij} - X_{ij}}{\max X_{ij} - \min X_{ij}}$。无量纲化处理后,得到规范评价矩阵记为 $X' = (X'_{ij})_{n \times p}$。

第二步,计算第 j 个评价指标 X_j 的熵值 E_j 和熵权 W_j。如果某个指标的信息熵越小,表明其指标值的变异程度越大,提供的信息量越大,在综合评价中的作用就越大,其权重就越大;反之越小。

$$E_j = -k\sum_{i=1}^{n} f_{ij}\ln f_{ij}\left(f_{ij} = \frac{x'_{ij}}{\sum_{i=1}^{n} x'_{ij}}, k = \frac{1}{\ln n}\right)$$，若$f_{ij} = 0$时，则$f_{ij}\ln f_{ij} = 0$。

$$W_j = \frac{1-E_j}{p-\sum_{i=1}^{n} E_j}(0 \leq W_j \leq 1)。$$

第三步，计算相对接近度。相对接近度的值越大，该评价单元的综合评价水平越高，反之，综合评价水平就越低。

根据第二步得到的权重，构造加权的规范评价矩阵$Z = (Z_{ij})_{n \times p}$，其中$Z_{ij} = x'_{ij}W_j$。其次，确定矩阵$Z$的正理想解向量$Z^+$和负理想解向量$Z^-$，$Z^+ = \max\{Z_{i1}, Z_{i2}, Z_{i3}, \cdots, Z_{ip}\}$，$Z^- = \min\{Z_{i1}, Z_{i2}, Z_{i3}, \cdots, Z_{ip}\}$。再次，计算各个评价单元与正理想解和负理想解的距离D_i^+和D_i^-，$D_i^+ = \sqrt{\sum_{j=1}^{p}(Z_{ij}-Z^+)^2}$，$D_i^- = \sqrt{\sum_{j=1}^{p}(Z_{ij}-Z^-)^2}$。最后，计算各个评价单元与最优值的相对接近度$C_i$，$C_i = \frac{D_i^-}{D_i^+ + D_i^-} \times 100\%$。

五、数据包络分析法

数据包络分析（data envelopment analysis，DEA）是由著名运筹学家Charnes、Cooper和Rhodes于1978年提出的，以相对效率概念为基础，以凸分析和线性规划为工具，计算比较具有相同类型的决策单元（decision making unit，DMU）之间的相对效率，依此对评价对象做出评价（Charnes等，1978）的非参数研究方法。DEA方法使用数学规划模型从投入、产出角度对具有多个投入、产出的决策单元进行评价。一方面，DEA法无须对生产函数进行限制，并且可避免主观判断和客观要素的量纲、单位对评价结果产生影响；另一方面，DEA评价方法在对各DMU的相对生产效率做出衡量的同时，可指出其无效的原因和程度，为提高决策单元生产效率提供调控依据。因此，DEA方法已成为解决以多投入、多产出、复杂巨系统为特征的综合评价问题的有效方法，被广泛应用于可持续发展评价中（唐德才、李智江，2019）。

（一）基本原理

设有n个决策单元DMU_j（$j=1, 2, \cdots, n$），它们的投入、产出向量分别为：$X_j = (x_{1j}, x_{2j}, \cdots, x_{mj})^T$, $Y_j = (y_{1j}, y_{2j}, \cdots, y_{sj})^T > 0$, $j = 1, 2, \cdots, n$。由于在生产过程中，各种投入和产出的地位与作用各不相同，因此，要对 DMU 进行评价，必须对它的投入和产出进行"综合"，即把它们看作只有一个投入总体和一个产出总体的生产过程，这样就需要赋予每个投入和产出恰当的权重。假设投入、产出的权向量分别为 $v = (v_1, v_2, \cdots, v_m)^T$ 和 $u = (u_1, u_2, \cdots, u_s)^T$, 称 $\theta_j = \frac{u^T Y_j}{v^T X_j} = \frac{\sum_{r=1}^{s} u_r y_{rj}}{\sum_{i=1}^{m} v_i x_{ij}}$ $(j=1, 2, \cdots, n)$ 为第 j 个决策单元 DMU_j 的效率评价指数。

（二）DEA-BCC 模型

DEA 方法发明至今已经发展出各种模型，其中 CCR 与 BCC 两种模型是最常用的 DEA 模型，还有近年被广泛使用的 DEA-Malmquist 指数模型。DEA 模型中，CCR 模型是最早也是最基本的模型，是 Chames、Cooper 和 Rodes 在 1978 年提出 DEA 方法时采用的模型，CCR 模型的假设是规模报酬不变，但是这个前提只适用于理想状态，而在实际情况中资金成本、信息不对称、不完全竞争等因素使得这个假设前提难以达成。因此，在 1984 年，Bamker、Chames 和 Cooper 提出了 BBC 模型，BBC 模型的假设前提不需要规模报酬不变，因此，这个模型可以用于测算规模报酬可变的情况，这与实际情况更相符，并且运用该模型可以对决策单元的效率进行分解，测算其纯技术效率与规模效率。

设决策单元的数量为 n, 每个决策单位的投入要素种类数量为 m, 产出要素种类数量为 s, 记 X_{ij} 表示第 j 个决策单元的第 i 种投入要素（种类数量为 m），Y_{ij} 表示第 j 个决策单元的第 i 种产出要素（种类总数量为 s）。那么，BCC 模型如下：

$$\text{Min}\theta - \varepsilon \left(\sum_{j=1}^{m} S_j^- + \sum_{i=1}^{s} S_i^+ \right)$$

$$\sum_{j=1}^{n} X_{ij} \lambda_j + S_i^+ = \theta X_{i,j_0}, i = 1,2,3,\cdots,m$$

$$\sum_{j=1}^{n} Y_{ij} \lambda_j - S_j^- = Y_{i,j_0}, j = 1,2,3,\cdots,s$$

$$\sum_{j=1}^{n} \lambda_j = 1$$

$$\lambda_j, S_i^+, S_i^-, \geq 0, \theta \text{ 没有限制}$$

BCC 模型可以评价第 j_0 个决策单元的投入产出效率,上述公式中,S_j^- 表示松弛变量,S_i^+ 表示剩余变量,而 λ 表示决策单元组合系数。而且,为了避免因为出现多个最优解而无法检验的情况,将引入一个"抽象数"ε,ε 被定义为无限接近零却大于零的数。

假设该模型的最优解为 θ^*、λ^*、S_j^{-*}、S_i^{+*},其含义为:① 当 $\theta*=1$,$S_j^-=0$,$S_i^+=0$ 时,则 DEA 为纯技术有效;② 当 $\theta*=1$,S_j^-,S_i^+ 至少有一个不为 0 时,则 DEA 为弱技术有效;③ 当 $\theta*<1$ 时,则 DEA 为纯技术非有效。

BCC 具有 CCR 模型不具有的优势,它可以在测算出决策单元的综合效率(也称为技术效率 TE)后,进一步将其分解为纯技术效率(PTE)与规模效率(SE),三者的关系为,综合效率(TE)等于纯技术效率(PTE)与规模效率(SE)的乘积。也就是说,BCC 模型将企业的效率分解成规模效率与纯技术效率两个方面,如果企业没有处于有效率的状态,那么主要原因在于两个方面,就是生产规模无效率或者生产技术的缺陷导致的无效率。因此,BCC 所测算出来的纯技术效率,比 CCR 测出来的技术效率更加准确,也更能准确反映企业在生产经营上的缺陷。

第二节 系统科学方法

一、系统科学概述

(一) 系统的概念与基本特性

系统论的创始人贝塔朗菲认为:"系统是相互作用的要素的综合体。"要素是指构成系统的必要组成部分。我国著名科学家钱学森认为,系统是由相互作用和相互依赖的若干组成部分结合而成的具有特定功能的有机整体,而且这个有机整体又是它从属的更大系统的组成部分。因此,系统是由相互联系、相互依赖、相互制约、相互作用的若干组成部分,按照一定的方式,为了一定的目的组合而成,存在于特定环境中具有一定功能的有机整体,这个整体本身又是它所从属的更大系统的组成部分。

从系统的定义看,系统具有整体性、关联性、目的性、环境适应性、层次性五个基本特性。

一是整体性。系统的整体性是系统最基本的特征,指系统的要素组成系统后,由于彼此相互联系和作用产生的新的性质和特点。这些性质和特点,不是它的各个组成部分的性质和特点的简单相加,而是由于它们彼此相互联系和作用新产生出来的。贝塔朗菲把系统的整体性表述为"整体大于它的各个孤立部分之和",并把它作为一般系统论的一个定律,即"贝塔朗菲定律"。

二是关联性。系统的关联性是指系统各组成部分之间相互联系、相互依赖、相互制约、相互作用的性质。正是由于系统的关联性,系统才表现出整体性,才揭示出整体与部分的关系。

三是目的性。系统的目的性是指系统的组成部分按一定的目的组合在一起的性质。系统的目标指向性、针对性或者方向性,就是系统在发展过程中,走向最终状态的针对性。按照贝塔朗菲的说法,系统的目的性也叫"果决性",即结果决定原因。

四是环境适应性。系统的环境适应性指系统随着环境的变化而存在的性质。任何系统都处在特定的环境之中,并与环境不断地进行物质、能量、信息的交换,系统离不开环境,而且必须适应环境的变化,否则系统将不复存在。

五是层次性。系统的层次性是指系统内部各个要素之间相互联系和相互作用的方式或秩序,也就是系统要素的组织方式。系统是由要素组成的,要素在系统里是有次序、分层次排列的。每一层要素又组成子系统。子系统也是有次序、分层次的。系统本身又是更大系统的要素和层次。

(二) 系统科学方法的产生与发展

系统科学方法是在古代系统思想的启迪下产生和发展起来的。从时间的维度,我们可把系统科学方法的发展过程划分为三个阶段(徐贵恒,2006)。

第一阶段是20世纪四五十年代。这一时期产生了一系列以研究抽象结构、功能关系及其信息流动和控制为对象的科学。主要包括奥地利理论生物学家贝塔朗菲的"一般系统论"、美国数学家维纳的"控制论"和美国数学家申农的"信息论"。与此同时,也诞生了系统方法、信息方法、控制论方法。这一时期出现的系统工程、系统分析、管理科学则是系统科学方法的具体应用。

第二阶段是20世纪六七十年代自20世纪六七十年代开始,系统科学方法又获得了新的发展，涌现出一系列新的学科。包括比利时物理学家普利高津的"耗散结构论"、德国物理学家哈肯的"协同学"、法国数学家托姆的"突变论"、德国化学家艾根的"超循环论"。它们研究的对象尽管不同，但是都具有共同特征，那就是它们都是非线性的复杂系统，或非线性的复杂的自组织形成过程。这些学科比较集中地探讨了系统的演化问题，建立了系统的组织理论。

第三阶段是20世纪八九十年代。从20世纪八九十年代到现在，混沌理论和分形理论等新兴学科的产生，带动了非线性科学和复杂性科学的兴起，对系统科学方法的发展起到了很大的推动作用，产生了复杂性科学方法。复杂性科学方法提供了一种发现秩序和结构的新方法，使系统科学方法进入了第三个阶段，即复杂性科学方法阶段。

我国对系统科学的研究则始于第三个阶段。目前在我国，系统科学方法领域的学术理论的研究比较多，在系统科学方法应用方面的研究还比较少。当前，国内的应用研究使用的方法主要以第一阶段形成的科学方法为主。

（三）系统科学方法的主要内容

所谓系统科学方法是指把对象作为系统进行专门研究，对需要改进的现代系统或准备创建的新系统使用具体的科学方法和工具，对系统目标、功能、环境、投入、效益等进行调查研究，并收集、分析和处理有关资料和数据，据此建立若干备用的方案和必要的模型，进行模拟、仿真试验、分析、计算，对各种结果进行比较和评价，并对系统的环境和发展做出预测，在若干选定的目标和准则下，为选择对系统整体效益最佳的决策提供理论和试验的各项目标（徐贵恒，2006）。具体包括系统分析法、系统模型法、系统决策法、功能模拟法、黑箱方法、反馈控制方法、系统动力学方法等。

系统方法具有整体性、综合性、最优化等优点。整体性是系统方法的出发点，它把整体作为研究对象，认为世界上各种对象、事件、过程都不是杂乱无章的偶然堆积，而是合乎规律的由各要素组成的有机整体。整体的性质和规律只存在于组成其各要素的相互联系、相互作用之中。各组成部分孤立的特征和活动的总和，不能反映整体的特征和活动方式。它不要求事先把对象分成部分然后再综合，而是把对象作为整体对待，从整体与部分相互依存、相互结合、相互制约的关系中揭示系统的特征和规律。

最佳化是运用系统方法能达到的目标，这是任何传统方法所不能做到的。

它可以根据需要和可能为系统定量地确定出最优目标，并运用最新技术手段和处理方法把整个系统逐阶分级，分成不同等级、层次结构，在动态中协调整体与部分的关系，使部分的功能和目标服从系统总体的最佳目标，以达到总体最佳。

二、常用系统关系测度模型

（一）耦合协调度模型

1. 系统耦合与耦合系统

耦合是一个物理学概念，指两个或两个以上的体系或运动形式之间通过各种相互作用而彼此影响以至联合起来的现象，或者是通过各种内在机制互为作用，形成一体化的现象。系统耦合指两个或两个以上性质相近似的系统具有互相亲合的趋势，当条件成熟时它们可以结合为一个新的、高一级的结构功能体。研究耦合系统关系的协调、反馈和发展的机理、机制，称之为系统耦合理论。它以系统论、控制论、耗散结构理论、协同学、系统动力学等系统科学理论作为基础。

耦合系统指当条件、参量适当时，它联通两个或两个以上的系统发生系统耦合，系统势能延伸可使不同系统实现结构功能的结合，从而在原来基础上产生新的高一层的系统，产生新的功能，它不是原系统量的增大，而是具有新质的较高层次的系统。两个或两个以上独立同等级的子系统交互部分发生耦合作用，系统耦合可能会使原来的系统产生进化，变成耦合系统，最终成为一个新系统，即复合系统。

2. 系统耦合协调度及其模型

在耦合系统内，耦合度是描述系统或要素相互影响的程度，指两个或两个以上的系统相互作用、影响，实现协调发展的动态关联关系，可以反映系统之间的相互依赖和相互制约程度。从协同学角度，耦合作用及其协调程度决定系统在达到临界区域时走向何种序与结构，即决定了系统由无序走向有序的趋势。协调指各要素或主体和谐一致，配合得当。耦合是协调的前提。

耦合协调度模型用于分析事物的协调发展水平，指耦合相互作用关系中良性耦合程度的大小，它可体现出协调状况的好坏。耦合协调度模型共涉及三个指标值的计算，分别是耦合度 C 值，协调指数 T 值，耦合协调度 D 值。并且

结合耦合协调度 D 值和协调等级划分标准,最终得出各项的耦合协调程度。

(1) 功效函数。

设变量 u_i($i=1, 2, \cdots, m$)是系统序参量,即为耦合系统中第 i 个子系统的综合序参量。第 i 个子系统的综合序参量的第 j 个指标,其值为 X_{ij}($j=1, 2, \cdots, n$),α_{ij}、β_{ij} 是系统稳定临界点序参量的上、下限值。因而"科技创新—科技金融"系统对系统有序的功效系数 u_{ij} 可表示为:

$$u_{ij} = \begin{cases} \dfrac{X_{ij} - \beta_{ij}}{\alpha_{ij} - \beta_{ij}}, & u_{ij} \text{ 具有正功效} \\ \dfrac{\alpha_{ij} - X_{ij}}{\alpha_{ij} - \beta_{ij}}, & u_{ij} \text{ 具有负功效} \end{cases}$$

式中,u_{ij} 表示变量 X_{ij} 对系统的功效贡献大小。功效系数 u_{ij} 反映各指标达到目标值的满意程度,u_{ij} 趋近于 0 为最不满意,趋近于 1 为最满意,所以取值范围为 [0, 1]。

子系统内各个序参量对子系统的有序程度的总贡献,采用线性加权和法来测度:

$$u_i = \sum_{j=1}^{n} \lambda_{ij} \mu_{ij}$$

$$\sum_{j=1}^{n} \lambda_{ij} = 1$$

式中,u_i 为 i 个子系统的综合序参量,λ_{ij} 为各个序参量的权重。可以利用熵值法等对各个指标进行赋权。

(2) 耦合度函数。

为测度系统之间的耦合关系,借鉴物理学中的容量耦合系统模型,构建耦合度函数 C:

$$C = n \sqrt{\dfrac{\prod_{i}^{n} u_i}{(\sum_{i} u_i / n)^n}}$$

其中，u_i 为 i 个子系统的综合序参量。耦合度值 $C \in [0, 1]$。当 $C=1$ 时，耦合度最大，说明两个系统之间处于有序运行状态，达到良性共振耦合；当 $C=0$ 时，耦合度最小，说明系统处于无序状态。

（3）耦合协调度。

耦合度在判别耦合作用的强度以及作用的时序区间，预警二者的发展秩序等具有十分重要的意义。但在计算过程中，由于研究的两个系统各自发展水平存在差异，会出现两个系统的发展水平都较低、耦合度却较高的结果，这与两个系统的发展水平都较高、耦合度也较高的内涵并不一样。为避免这一情形，引入耦合协调度模型，公式如下：

$$\begin{cases} D = (C \times T)^{\frac{1}{2}} \\ T = \sum_i \gamma_i u_i \end{cases}$$

其中，C 为耦合度；D 为耦合协调度，也称协调发展度或修正后的耦合度；T 为综合调和指数，它反映两个子系统之间的整体协同效应；γ_i 为待定系数，根据实际情况决定。

实际应用中，通常耦合协调度划分为五个层次：当 $0 < D \leq 0.2$ 时，表示系统处于失调耦合阶段；当 $0.2 < D \leq 0.4$ 时，表示系统处于初级协调耦合阶段；当 $0.4 < D \leq 0.6$ 时，表示系统处于中级协调耦合阶段；当 $0.6 < D \leq 0.8$ 时，表示系统处于高级协调耦合阶段；当 $0.8 < D \leq 1.0$ 时，表示系统处于深度协调耦合阶段，是最佳状态，系统之间达到良性共振耦合。

（二）复合系统的协同演化模型

1. 协同理论

协同理论由联邦德国理论物理学家哈肯于 20 世纪 70 年代初创立，该理论运用分析类比手段来描述各种系统和运动现象中从无序到有序转变的共同规律，研究系统由无序状态到有序状态的演化过程和演化规律。所谓协同，是指为了实现复合系统的总目标，系统内部各个子系统之间的相互协作、相互作用的现象。协同理论认为，各自系统千差万别，但它们从无序向有序转变的机制是类似的，甚至是相同的，遵循共同的规律。协同理论的核心是自组织理论，这种自组织随协同作用而进行。协同作用是协同理论的基本概念，实际上就是系统内部各要素或各子系统相互作用和有机整合的过程。在此过程中，强调系统内部各个要素（或子系统）之间的差异与协同，强调差异与协同的辩证统一必须达到的整体效应。

最早研究并系统地将协同演化概念运用到社会文化、生态经济领域的学者 Norgaard（1985）认为，协同演化不仅是"协同"的，更是"演化"的，是"相互影响的各种因素之间的演化关系"。Jouhtio（2006）认为，协同演化是发生在两个或多个相互依赖的物种上的持续变化，它们的演化轨迹相互交织、相互适应。物种的相互依赖关系是指共生关系、共栖关系和竞争关系。无论怎样去定义，协同演化的本质是确定的，即指两个或两个以上的主体持续地互动与演变，且演化路径互相纠结的现象。

2. 协同理论的应用

协同理论运用到经济、社会与生态环境领域在于它的协同效应和自组织原理。哈肯的协同论认为，一个协同系统可以有多个序参量，序参量之间相互竞争、合作。当众多子系统构成的系统处于无序的初始状态时，各子系统独立运动，各行其是，不存在合作关系，不能形成序参量；当外部环境达到一定水平时，子系统之间就会产生协同作用。而当系统运行接近临界点时，子系统间便产生关联，形成协同关系，促使序参量形成。在经济、社会、生态环境三个子系统构成的复合系统中，各子系统既相互独立，又相互合作，当外部环境达到一定水平时，子系统之间就会产生协同作用。这种协同作用能使系统在临界点发生质变产生协同效应，使系统从无序变为有序。协同效应使各子系统之间能够按照某种规则自动形成一定的结构或功能，具有内在性和自生性特点。经济、社会、生态环境实现协同发展的过程，就是使这三个子系统在整体发展运行过程中实现协调与合作的过程，每个子系统内的各个要素都要为赢得组织整体目标而努力，这种协同合作的作用将超越每一个子系统自身的独立作用，在协同发展过程中发生质的飞跃，形成拉动效应，从而促使系统整体效应得到最大的提升。

3. 协同演化模型

复合系统的协同进化过程是指复合系统与环境产生物质、能量和信息的交流，历经诞生、成长、成熟、衰退、死亡的进化过程，最终形成某种发展水平的均衡状态。其演化轨迹符合型曲线可以利用 logistic 增长模型来描述复合系统的协同进化过程：

$$\frac{dX}{dt} = aX(1 - X)$$

设 X 为复合系统的发展水平，a 为复合系统的增殖系数方程，右边随着时间 t 增长的因子 X 称为动态因子，$1-X$ 称为减速因子，它的量随着时间的推移而减少，说明复合系统的发展进化机制是非线性的，存在正负反馈机制。

在 logistic 模型基础上，提出的描述物种在寻求自身进化的过程中损害其它个体而产生的种间竞争模型，称为协同演化模型，公式如下：

$$\frac{dX_i}{dt} = f_i(X_1, X_2, \cdots, X_i, \cdots, X_n) = Y_i = \alpha_i X_i (1 - \beta_{1i} X_1 - \cdots - X_i - \cdots \beta_{ni} X_n)$$

式中，X_i 为第 i 个子系统的发展水平，a_i 为子系统 i 的增值系数，反映子系统在整个大系统中的发展程度；β_{ij} 为系统 i 和系统 j 相互作用系数。若 $a_i > 0$，说明系统自身在整体上处于进化的状态；当 $a_i < 0$，则说明系统自身在整体上处于退化状态。若 $\beta_{ij} > 0$，说明系统 i 与系统 j 之间是一种竞争关系，系统 j 自身的进化反而不利于 i 系统的发展；若 $\beta_{ij} < 0$，则说明系统 i 与系统 j 之间是一种合作关系，系统 j 的进化有利于 i 系统的发展，这是一种相互促进的协同作用。

第三节 投入产出方法

投入产出分析理论属于经济学的一个分支，是综合了经济学、统计学和数学的应用经济学的一个分支。投入产出分析是从生产技术的角度出发，揭示一个经济系统各部门（产品）相互联系、相互依存的数量关系的理论体系。它包括与编制投入产出表有关的统计研究，以及以上述工作为基础，从部门之间生产技术的相互依存的关系出发，说明、预测和规划国民经济运行的有关数量分析技术的理论研究。

一、投入产出分析的定义

投入产出分析是研究经济系统中各部分之间在投入与产出方面相互依存的经济数量分析方法。所谓投入，是指产品生产所需的原材料、辅助材料、燃料、动力，以及劳动力和固定资产的投入。所谓产出，是指产品生产总量及其分配使用的方向和数量。这里的"经济系统"，可以是整个国民经济，也可以是地区、部门和企业，还可以是多个地区、多个部门、多个国家。所谓"部分"，是指所研究的经济系统的组成部分。一般地，这个组成部分或者是指组成经济系统的各个部门，或者是指组成经济系统的各种产品和服务。

投入产出分析本质上是一种结构的分析方法，这种分析方法侧重于关注行业之间的联系，以及某一个行业对经济全局的影响，即行业波及效果分析。所谓行业波及，是指国民经济行业体系中，当某一个行业部门发生变化，这一变化会沿着不同的行业关联方式，引起与其直接相关的行业部门的变化，并且这些相关部门的变化会导致与其直接相关的其他行业部门的变化，依次传递，影响力逐渐减弱，这一过程就是波及；而这种波及对国民经济行业体系的影响，就是行业波及效果。而行业波及效果分析，就是分析某一行业发展变化会导致其他行业部门发生怎样的变化与影响，这种变化与影响主要是通过投入产出表来考察。

二、投入产出分析的发展历程

在经济学的发展历程中，法国重农经济学家魁奈（1758）发明的经济表是世界上第一个以国民经济各部门间的关系为中心的模型。从现代经济分析和投入产出分析的观点来看，魁奈经济表是不完善的，因为该表没有区分生产和消费，无法抽象成可操作的数学模型，但它是人类第一次描绘国民经济运行体系的尝试，具有极大的史学意义。马克思（1870）建立了著名的社会再生产公式。社会再生产公式为投入产出分析中产品与部门间的划分奠定了基础，但主要还是社会再生产理论的定性说明。19世纪法国经济学家、瑞士洛桑大学教授里昂·瓦尔拉斯的全部均衡模型是用于反映完全竞争经济市场下的经济均衡关系的，反映整个国民经济的循环机制。投入产出法在投入产出表的基础上，利用现代数学，建立数学模型，并利用软件运算求解，其应用具有很大的灵活性。

三、投入产出分析的结构概述

（一）投入产出表

投入产出分析法中最基础的模型就是投入产出表。投入产出表，也称为列昂惕夫表或行业联系表,是投入产出经济模型的一种实现形式。投入产出表以矩阵的形式,记录和反映了一个经济系统在一定时期内各个行业部门之间发生的产品以及服务流量和交换关系的工具。根据计量标准的不同,投入产出表分为实物型投入产出模型和价值型投入产出模型;而我们一般使用的为价值型投入产出模型。投入产出表不仅能够直观系统地描述社会再生产的全过程,同时还能体现国内生产总值从生产、收入与支出三种角度的计算方法,在展现国民经济各部门之间的数量关系的同时,还是重要的宏观经济运行情况的分析工具。

从1987年起,我国每五年国家统计局会发布新的投入产出表。迄今为止,我国已收集并编制了1987年、1992年、1997年、2002年、2007年、2012年、2017年共七次的投入产出表。

(二)投入产出模型

投入产出表行平衡关系:中间使用 + 最终使用 = 总产出,能够反映各产品部门之间的供给与需求平衡关系。

数学公式为:

$$\sum_{j=1}^{n} x_{ij} + y_i = X_i, i = 1, 2, \cdots, n \qquad (2-1)$$

投入产出表列平衡关系:中间投入 + 最初投入 = 总投入,能够反映各产品部门之间收入与支出平衡的关系。

数学公式为:

$$\sum_{j=1}^{n} x_{ij} + G_j = X_j, j = 1, 2, \cdots, n \qquad (2-2)$$

行列平衡关系:增加值之和 = 最终产品之和
数学公式为:

$$\sum_{i=1}^{n} y_i = \sum_{j=1}^{n} x_{ij} G_j \qquad (2-3)$$

(三)投入系数

直接消耗系数,也称中间产品的投入系数。

$$a_{ij} = \frac{x_{ij}}{X_j}, i,j = 1,2,\cdots,n \tag{2-4}$$

a_{ij} 表示 j 部门生产单位产品所投入的 i 产品部门产品量。

列昂惕夫逆系数,将列昂惕夫逆矩阵 $(I-A)^{-1}$ 列成表格即称为列昂惕夫逆系数表,由 b_{ij} 表示。

接下来是完全消耗系数,表示为 b'_{ij},表示某部门增加单位产品时消耗各产品部门的产出量。

公式为:

$$b'_{ij} = a_{ij} + \sum_{k=1}^{n} b'_{ik} a_{kj}, i,j = 1,2,\cdots,n \tag{2-5}$$

(四)分配方程组和按行建立的模型

将式(2-4)代入行平衡公式(2-1)

$$\sum_{j=1}^{n} a_{ij} X_j + y_i = X_i, i = 1,2,\cdots,n \tag{2-6}$$

式(2-6)是分配方程组,反映国民经济中各个部门总产出的分配与使用。

写成矩阵得:

$$\begin{aligned} AX + Y &= X \\ (I-A)X &= Y \end{aligned} \tag{2-7}$$

其中,

$$A = \begin{pmatrix} a_{11} & \cdots & a_{1n} \\ \vdots & \ddots & \vdots \\ a_{n1} & \cdots & a_{nn} \end{pmatrix}$$

$$Y = \begin{pmatrix} y_1 \\ \cdots \\ y_n \end{pmatrix} \qquad X = \begin{pmatrix} X_1 \\ \cdots \\ X_n \end{pmatrix}$$

因为最终使用是外生决定，经求解得式（2-8）是按行建立的投入产出模型：

$$X = (I - A)^{-1}Y \qquad (2-8)$$

（五）生产方程组和按列建立的模型

将式（2-4）代入行平衡公式（2-2）

$$\sum_{i=1}^{n} a_{ij}X_j + G_j = X_i, j = 1, 2, \cdots, n \qquad (2-9)$$

以上是生产方程组，它表示每个部门的总产出的形成。

写成矩阵如下：

$$A_C X + G = X \qquad (2-10)$$

其中，

$$A_C = \begin{pmatrix} \sum_{i=1}^{n} a_{i1} & & \\ & \ddots & \\ & & \sum_{i=1}^{n} a_{in} \end{pmatrix}$$

$$G = \begin{pmatrix} G_1 \\ \cdots \\ G_n \end{pmatrix}$$

得式（2-11），它是按列建立的投入产出模型：

$$X = (I - A_C)^{-1}G \qquad (2-11)$$

第四节 空间统计方法

空间统计分析,即空间数据的统计分析,是现代计量地理学中一个快速发展的方向和领域。空间数据指有空间坐标或相对位置的数据,具有空间、时间和专题属性。空间统计分析以地理实体为研究对象,以空间统计模型为工具,以地理实体空间相关性和空间变异性为出发点,分析与地理位置相关的数据间的空间格局、空间关联、时空变化规律,进而揭示其成因。与经典统计学分析要求变量具有独立性不同,空间统计学的变量是在不同空间位置上的抽样,临近样本之间通常不独立,存在某种程度的空间相关性。

一、空间统计分析主要方法

(一) 点模式分析方法

空间点模式分析方法是一类根据现实世界中的实体或事件发生的空间位置分析其分布模式的重要空间分析方法。一般将点模式区分为 3 种基本类型:聚集分布、随机分布、均匀分布。地理学家发展了两类点模式分析方法,一种是以聚集性为基础的基于密度的方法,包括样方计数法和核密度估计法两种;另一种是以分散性为基础的基于距离的方法,它通过测度最邻近点的距离来分析数据点的空间分布,主要包括最邻近指数、G-函数、F 函数和 K-函数方法等。

(二) 面状数据空间模式

面状数据通过各面积单元上变量的数值描述地理现象的分布特征,变量的值描述这个空间单元的总体特征,与面积单元内的空间位置无关。为研究面积单元的空间模式,首先需要定义空间接近性,这是测度空间模式的基础。空间接近性度量了面积单元之间的距离关系,根据地理学第一定律,空间接近性描述了不同距离关系下的空间相互作用。一般使用空间权重矩阵描述空间接近性。对空间邻居 (spatial neighborhood) 或邻接关系的描述,通常定义一个二元对称空间权重矩阵 W，来表达 n 个位置的空间区域的邻近关系。测度任意两个面积单元之间的距离有两种方法，一是按照面积单元之间是否有邻接关系的邻接法，一是基于面积单元中心之间距离重心的距离法。空间权重矩阵给出了面积单元受临近空间单元影响的可量化测度。

（三）空间回归分析

经典的回归分析要求独立、随机，而空间上的东西是有空间自相关的，那么经典回归就不适用了。空间回归在经典的统计回归分析中考虑了空间的自相关性，这种模型在 20 世纪 70 年代后期开始出现并逐步成熟。由于在经典回归中加入了空间关系，通过空间关系把属性数据与空间位置的关系结合起来，空间回归可更好地解释地理事物的空间关系。

空间加权回归就是把经典的回归分析中的假设（独立性、随机性）弱化，然后进行求解。加入空间距离，根据空间距离来加权，距离越近权重越高；原来的常数项变为函数项。空间加权回归（GWR）模型减少了统计回归方程中同方差的假设，即误差项可以有不同的方差。

空间自回归模型（SAR）是最基本的空间回归模型。考虑到空间相关性，提出两种假设。y 是空间自相关的，模型形式变化为空间滞后模型，误差是空间自相关的，模型的形式变化为空间误差模型。

二、常用空间统计模型

（一）重力模型

假定分析范围是由 n 个次级区域组成，第 i（$i=1,2,\cdots,n$）个次级区域存在一个质点，其属性值为 m_i，那么关于这一属性的重心坐标（X_i，Y_i）的计算公式如下：

$$X_i = \frac{\sum m_i x_i}{\sum m_i}, Y_i = \frac{\sum m_i y_i}{\sum m_i}$$

其中，X_i，Y_i 分别表示重心坐标的经度和纬度，（X_i，Y_i）表示第 i 个次级区域的地理坐标，x_i 和 y_i 分别代表经度和纬度。

空间重力模型可以被用来衡量空间错位现象。空间错位现象表示空间中两个密切相关的属性的几何重心产生分离的情况。例如，运用空间重心模型来衡量旅游资源与旅游经济的空间匹配状况，设 R_i 和 V_i 分别表示第 i 个地区（$i = 1, 2, \cdots, n$）的旅游资源指数和旅游经济指数，用 (X_R, Y_R) 表示旅游资源重心，用 (X_V, Y_V) 表示旅游经济重心。X_i，Y_i 分别表示第 i 个城市市中心的经度和纬度。

$$X_R = \frac{\sum_{i=1}^{n} R_i \times X_i}{\sum_{i=1}^{n} R_i}, Y_R = \frac{\sum_{i=1}^{n} R_i \times Y_i}{\sum_{i=1}^{n} R_i}$$

若 (X_R, Y_R) 和 (X_V, Y_V) 两个重心重合，则表明这 n 个城市的旅游资源丰富程度和旅游经济水平相匹配，有助于旅游业的发展；若两个重心不重合，即发生重心偏离，则表明这 n 个城市的旅游资源丰富程度和旅游经济水平出现空间错位现象，需要对错位原因进行分析，进而对空间错位进行矫正。

（二）空间错位指数模型

空间错位（spatial mismatch）理论是 20 世纪 60 年代由约翰·凯恩（J. Kain）所提出，最初用于揭示城市空间重构背景下弱势群体居住和就业空间机会的差异，比如低收入者的就业机会远离他们居住的地区等（Kain, 1968）。近年来，空间错位分析已经被广泛应用于社会科学领域，如社会福利、城市住房、工作机会、环境污染、城市发展、规模匹配、资源经济等。

通常用空间错位指数（SMI）度量空间错位关系。假定分析范围是由 n 个次级区域组成，X_i、Y_i 分别代表第 i（$i = 1, 2, \cdots, n$）个次级区域的两种属性值，X_i、Y_i 的和分别记为 X 和 Y。SMI_i 表示第 i 个次级区域的两种属性值间的错位程度，其计算公式如下：

$$SMI_i = \left(\frac{Y_i}{Y} - \frac{X_i}{X} \right) * 100\%$$

若 $SMI = 0$，则表示两种属性间不存在错位关系；若 $SMI > 0$，则表示两种属性间存在负向错位关系；若 $SMI < 0$，则表示两种属性间存在正向错位关系。SMI 的绝对值越大，表示两种属性间的错位关系越明显。

(三) 空间自相关模型

1. 全局空间自相关

全局空间自相关主要描述整个研究区域上空间对象之间的关联程度, 以表明空间对象之间是否存在显著的空间分布模式。全局空间自相关分析主要采用全局空间自相关统计量 (如 Moran's I、Geary's C、General G) 进行度量。

Moran's I 统计量是一种应用非常广泛的空间自相关统计量, 它的具体形式如下 (Cliff and Ord, 1981):

$$I = \frac{n}{S_0} \cdot \frac{\sum_{i}^{n}\sum_{j=1}^{n} w_{ij}(x_i - \bar{x})(x_j - \bar{x})}{\sum_{i}^{n}(x_i - \bar{x})^2}$$

其中, X_i 表示第 i 个空间位置上的观测值, $\bar{x} = \frac{1}{n}\sum_{i=1}^{n} x_i$, w_{ij} 是空间权重矩阵 $w_{(n \times n)}$ 的元素, 表示了空间单元之间的拓扑关系, S_0 是空间权重矩阵 W 的所有元素之和。

通常将 Moran's I 解释为一个相关系数, 反映的是空间邻接或空间邻近的区域单元属性值的相似程度。Moran's I 取值范围从 -1 到 +1。当 Moran's I 显著为正时, 存在显著的正相关, 相似的观测值 (高值或低值) 趋于空间集聚。当 Moran's I 为显著的负值时, 存在显著的负相关, 相似的观测值趋于分散分布。当 Moran's I 接近期望值 [-1/(n-1), 随着样本数量的增大, 该值趋于 0] 时, 表明不存在空间自相关, 观测值在空间上随机排列, 满足经典统计分析所要求的独立、随机分布假设。

2. 局部空间自相关

全局空间自相关统计量建立在空间平稳性这一假设基础之上, 即所有位置上的观测值的期望值和方差是常数。然而, 空间过程很可能是不平稳的, 特别是当数据量非常庞大时, 空间平稳性的假设就变得非常不现实 (Ord and Getis, 1992; Anselin, 1995)。

局部空间自相关统计量可以用来识别不同空间位置上可能存在的不同空间关联模式 (或空间集聚模式), 从而允许我们观察不同空间位置上的局部不平稳性, 发现数据之间的空间异质性, 为分类或区划提供依据 (Getis and Ord, 1992、1996; Ord and Getis, 1995; Anselin, 1994、1995)。

Getis 和 Ord（1992）提出了度量每一个观测值与周围邻居之间是否存在局部空间关联的 G 统计量。该统计量是某一给定距离范围内邻居位置上的观测值之和与所有位置上的观测值之和的比值，能够用来识别位置 i 和周围邻居之间是高值还是低值的集聚。若不包括 i 位置上的观测值，则为 G_i 统计量；若包括 i 位置上的观测值，则为 $G_i \times$ 统计量。

$$G_i(d) = \frac{\sum_j w_{ij}(d) x_j}{\sum_j x_j}(j \neq i)$$

$$G_i \times (d) = \frac{\sum_j w_{ij}(d) x_j}{\sum_j x_j}$$

局部空间关联指标（local indicators of spatial association，LISA）并不是特指某一个统计量，所有同时满足下面两个条件的统计量都可以被认为是局部空间关联指标（Anselin，1995）。一是每一个观测值的 LISA 表示该值周围相似观测值在空间上的集聚程度，二是所有观测值的 LISA 之和与全局空间关联度量指标之间成比例。

LISA 可以表达某个位置 i 上的观测值与周围邻居观测值之间的关系。具体表示如下：

$$L_i = f(y_i, y_{Ji})$$

其中，L_i 表示位置 i 上的统计量，f 是一个函数形式，y_i 是位置 i 上的观测值，Ji 表示位置 i 周围的所有邻居集合，y_{Ji} 是邻居 Ji 上的观测值。

位置 i 上的所有邻居通过空间权重矩阵（W）表示，如 W 中第 i 行上所有非 0 元素对应的列，即构成位置 i 的邻居集合 J_i。

LISA 主要有两个目的：一是识别局部的空间集聚（spatial clusters）或热点（hot spot），二是识别局部的非平稳性。若某个位置上的 LISA 非常显著，则可将该位置看作热点。若某个位置上的 LISA 与均值之间的差距非常大，即该位置对全局统计量的贡献超过了它的预期份额，则可将该位置看作异常点或强影响点（如与均值之差超过 2 个标准差）。

（四）空间自回归模型

1. 空间自回归模型的一般形式

Cliff 和 Ord（1981）将空间效应融入普通线性回归模型，形成空间自回归模型，并对该空间自回归模型研究的一般模型、参数估计、假设检验进行了开拓性研究。Anlelin（1988），提出了空间回归模型的一般形式。空间回归模型的一般形式如下：

$$y = \rho W_1 y + X\beta + \varepsilon$$
$$\varepsilon = \lambda W_2 \varepsilon + \mu$$
$$\mu \sim N(0, \sigma^2 I)$$

其中，y 为因变量；X 是自变量（含常数）；β 为自变量的空间回归系数；ε 为随机误差项向量；ρ、λ 为反映 y 空间相关性的参数，ρ 为空间滞后项系数，λ 为空间误差系数；μ 为服从正态分布的随机误差向量；I 为单位矩阵；W_1、W_2 为空间权重矩阵。空间权重矩阵的生成没有固定的模式，需要考虑数据的具体内容和性质。通常使用二值矩阵为空间权重矩阵，定义如下：

$$w_{ij} = \begin{cases} 1, & i = j \text{ 或 } i \neq j \text{ 且 } i \text{ 与 } j \text{ 不相邻} \\ 0, & i \neq j \text{ 且 } i \text{ 与 } j \text{ 相邻} \end{cases}$$

空间滞后模型（SLM）、空间误差模型（SEM）都是基于空间自相关的一般形式得出的，通过对模型参数不同的限制形成了不同的空间自回归模型。

2. 空间滞后模型

所谓空间滞后，就是被解释变量（Y）受到本区域解释变量（X）外，还受其他相邻区域被解释变量（$W_1 y$）的影响，即为来自外延的影响，空间滞后模型是考虑因变量的空间相关性，结合一般形式不难得出，$\rho \neq 0$，$\lambda = 0$，方程如下：

$$y = \rho W_1 y + X\beta + \varepsilon$$
$$\varepsilon \sim N(0, \sigma^2 I)$$

即，某一空间对象上的因变量不仅与同一对象上的自变量有关，还与相邻对象的因变量有关，其中 ρ 是自回归系数，$W_1 y$ 为空间滞后相关变量。

3. 空间误差模型

空间误差模型，考虑随机干扰项在空间上相关，$\rho=0$，$\lambda \neq 0$，方程如下：

$$y = X\beta + \varepsilon$$
$$\varepsilon = \lambda W_2 \varepsilon + \mu$$
$$\mu \sim N(0, \sigma^2 I)$$

其中，λ 是空间残差项的自回归系数，$W_2\varepsilon$ 表示误差项的空间相关变量。这个模型也可以改写为：

$$(I_n - \lambda W_2)y = (I_n - \lambda W_2)X\beta + \mu$$

即所研究区域的被解释变量（Y）不仅与本区域的解释变量（X）有关，还与相邻区域的被解释变量（W_2X）以及解释变量（W_2Y）有关。

第五节 各种评价方法的适用性

一、应用多指标综合法评价高质量发展的适用性

高质量发展内涵的复杂性，是构建高质量发展评价指标体系面临的主要困难。已有文献通常首先界定高质量发展评价对象和评价目标，分析当前我国现实语境下高质量发展的内涵，然后基于高质量发展的几个内涵，构建基于我国国情的高质量发展指标体系。在实证研究阶段，文献通常利用构建的指标体系，选择合适的统计分析工具和方法，对高质量发展水平进行评价。

为了涵盖高质量发展的主要内涵，高质量发展评价指标体系通常涵盖多个目标层次、多个评价维度和众多具体指标。多指标综合评价方法是针对多个指标的综合分析，可以将多个指标简化为少数几个甚至一个指标，实现对多个指标信息的合并处理，得到对评价对象高质量发展水平的整体性评价值，从而实现综合评价的目的。比如，主成分分析法和因子分析法，它们是常用的统计降维技术，可以将多个具有相关关系的指标进行降维处理，集成为互相独立的少

数几个主成分或主因子，还可以计算评价对象的综合得分。多指标综合法评价方法还考虑了指标体系中具体指标重要性的差异，利用赋权算法，赋予不同层级指标以不同权重，实现对评价指标的区别对待。

二、应用系统科学方法评价高质量发展的适用性

高质量发展本质上是一种发展观。高质量发展必然要求科学发展，科学发展必须遵循发展规律，且更加注重经济结构的合理性、城乡区域发展的融合性、人与自然的和谐性、经济体系的完备性，更加注重经济发展的全面性、均衡性、协调性、联动性、充分性、整体性。也就是说，高质量发展不简单要求各地区在经济发展上达到同一水平，而是要根据各地区的条件，走合理分工、优化发展的路子。习近平总书记要求，各地各部门要运用系统论的方法，正确把握自身发展和协同发展的关系，按照客观经济规律调整完善区域政策体系，发挥各地区比较优势，促进各类要素合理流动和高效集聚，加快构建高质量发展的动力系统，积极探索富有地域特色的高质量发展新路子。

应用系统科学方法评价高质量发展，就是基于高质量发展的整体性、协调性等内涵，将科学发展视为经济社会环境复合系统的综合发展。系统思想认为，复杂系统是具有一定结构和功能的自适应反馈系统，具有整体性、关联性、目的性、环境适应性、层次性等特性。基于高质量发展的内涵，高质量发展既是对新时代我国经济社会生态复杂系统所需具备的基本属性的界定，也是对这一复杂系统的目标和功能的整体性要求。复杂系统中的要素或子系统之间具有非线性关联。构建系统模型可以测度系统要素之间、子系统之间的非线性关系，分析子系统协同发展程度，识别影响系统协同发展的因素。研究复杂系统在一段时期的发展演化趋势及其影响因素可以探索提升系统发展质量的路径。

三、应用投入产出方法评价高质量发展的适用性

高质量发展把质量取向上升为发展的一种理念，是基于我国经济发展的新变化、新要求，对我国经济发展的价值取向、原则遵循、目标追求做出的重大调整和提升，是创新、协调、绿色、开放、共享新发展理念的高度聚合和集中体现。它要求以质量为核心，坚持"质量第一、效率优先"的原则，确定发

展思路、制定经济政策、实施宏观调控都要更好地服务于质量和效益（田秋生，2020）。也就是说，高质量发展作为一种新的发展方式，不再是简单的生产函数或投入产出问题，它在注重提高产出效率的同时，更加注重产出内涵和质量。

高质量发展评价不仅需要重视产出规模，而且需要重视产出的质量和效率。高质量发展评价研究要将焦点放在发展质量以及对投入要素的配置效率上。现代投入产出技术使用数学规划模型从投入、产出角度对多个投入、产出的决策单元的效率进行评价，可以测度综合技术效率，还可以将其分解为纯技术效率和规模技术效率，观察规模报酬所处的状态。利用部门投入产出表数据，可以对经济发展投入、产出要素构成进行描述，对国家或地区经济结构变动、对生产部门间的技术经济联系进行分析，反映国民经济各产业、各行业之间相互联系、相互依赖和相互制约的关系，探索经济增长的动力转换机制与驱动因素。

四、应用空间统计方法评价高质量发展的适用性

高质量发展注重空间布局的科学性。面对新的形势和挑战，以习近平同志为核心的党中央顺应新时代高质量发展要求，洞悉新时代区域发展的规律，抓住新的发展格局中的关键地域，先后部署实施了京津冀协同发展、长江经济带发展、粤港澳大湾区建设、长三角一体化发展等新的区域发展战略。高质量发展要求按照客观经济规律，调整完善区域政策体系，发挥地区比较优势，促进各类要素合理流动和高效集聚，形成优势互补、高质量发展的区域经济布局。

应用空间统计方法评价高质量发展，就是基于高质量发展对空间布局科学性的要求，注重测度高质量发展的区域异质性、协调性、整体性等属性。空间统计分析技术以地理实体空间相关性和空间变异性为出发点，分析与地理位置相关的数据间的空间格局和关联，可以用于测度高质量发展的空间布局、空间结构、空间要素的相关性、空间协同效应和空间溢出效应，能够揭示高质量发展的现状和成因。

第三章 基于平衡包容可持续视角的高质量发展评价

本章围绕经济发展平衡性、社会发展包容性和生态发展可持续性的发展核心要义，依托联合国提出的最新可持续发展目标，根据《中共中央关于制定国民经济和社会发展第十三个五年规划的建议》纲领性文件和全面建成小康社会目标，参照党的十八届五中全会确定的新发展理念，结合提升发展质量的任务要求，构建基于平衡包容可持续视角的高质量发展评价指标体系，包括3个一级指标、10个二级指标、28个三级指标、82个四级指标。利用2003—2015年时间序列数据和熵权TOPSIS法对我国高质量发展水平进行综合评价。结果表明，2003—2015年间我国高质量发展水平相对接近度值介于34.68至59.35之间，经历了先降后升的过程，总体处于比较低的水平。

第一节 基于平衡包容可持续视角的高质量发展内涵

一、经济发展平衡性的内涵

经济发展平衡性主要关注经济领域的平衡发展，是以承认经济发展差异客观绝对性为前提的相对意义上的均衡发展，是一种动态和谐的发展观。不平衡是我国经济发展过程中不容忽略的现实问题。经济发展不平衡主要体现在总量不平衡和结构不平衡量两个方面。从发展总量角度来看，我国经济失衡问题主要表现为总供给与总需求失衡、外需与内需失衡、投资与消费失衡、实体经济与虚拟经济失衡。从发展过程的角度来看，李宝瑜（2009）认为我国经济失衡问题主要是结构失衡的问题，主要包括区域经济失衡、投资消费失衡、产业结构失衡、国际收支失衡等方面。姜欣欣（2013）认为，经济失衡最重要的根源在于收入差距扩大导致了居民消费率低、储蓄率高，产业结构中传统工业比重较大、服务业发展相对滞后。

平衡发展是指人口、资源、环境、经济和社会系统中的诸多要素和谐共生、合理布局、均衡优化，是一个多维度全方位的综合概念（魏后凯、高春亮，2012）。提高中国经济发展的平衡性，就是以实现共同富裕为目标，提高东、中、西三大区域，第一、第二、第三产业，国内外经济，总需求与总供给等各个子系统间相互耦合均衡度，使经济运行呈良性均衡、高质量发展的态势。

（一）平衡发展坚持以人民为中心，以实现共同富裕为发展目标

共同富裕是中国特色社会主义发展的根本目标，是中国特色社会主义新时代的鲜明特征。共同富裕是指在消除贫穷、消除贫富两极分化、消除收入和财富分配不公基础上的普遍富裕，具体内涵包括：

第一，共同富裕是国民财富丰盈"总量"与人均收入普高"个量"的统一。共同富裕首先是一个"总量"目标，即经济总量大，国内生产总值位居世界前列；同时，它又是一个"个量"目标，即人均国民生产总值至少达到中等发达国家水平，高收入群体比例明显提高，人民生活宽裕。只有总量与个量都达到了要求，才能说是实现了共同富裕。

第二，共同富裕是社会成员物质生活与精神生活普遍富裕的统一。共同富裕反映了社会每一个成员对物质财富、精神财富的共同拥有，即社会每一个成员既过上了美好富裕的物质生活，又享受了民主、公平、正义、安全的精神生活。

第三，共同富裕是阶段性静态目标与长远性动态目标的统一。人类对美好生活的向往是无限的，因此，共同富裕的实现过程是永无止境的动态历史过程，会经历一个由初级共同富裕到中级共同富裕再到高级共同富裕的历史过程（卫兴华，2013）。

实现共同富裕目标的提出，既是为了解决当前经济、社会、生态发展不充分的问题，更是为了解决经济发展不平衡的问题。经济发展的平衡性要求协调推进区域平衡、产业平衡、内外平衡、供需总量平衡等。

（二）坚持协调协同发展，推动区域经济平衡发展

基于我国长期处于社会主义初级阶段的基本国情及非均衡发展理论的影

响，中国改革开放路径的初始选择，实施了不平衡发展战略，即先让东部沿海地区通过出口贸易、吸引外资等开放经济的发展率先富裕起来，然后通过产业转移、技术溢出等路径实现中西部地区崛起。在不平衡发展的过程中，东、中、西部三大区域的经济差距呈不断扩大的趋势，发展的区域差距日益凸显。根据2018年《中国统计年鉴》数据测算，2017年我国四大区域东部、东北、中部和西部的人均国民生产总值依次达到8.39万元、4.99万元、4.78万元和4.47万元。从收入差的绝对值来看，2017年东部地区与东北、中部和西部地区的差距接近甚至超过万元。但是，2000年上述收入差绝对值分别为2336.05元、5840.03元和6791.30元。

缓解东中西部三大区域经济差距不断扩大的趋势，必须推动区域经济平衡发展。区域经济平衡发展其实就是区域经济协调发展，协调发展要坚持陆海协调、城乡协调、东中西部协调等原则，以推动京津冀协同发展、长江经济带创新发展为重要抓手，发挥粤港澳大湾区区位发展优势，统筹东中西部发展战略，在全国范围内形成东中西部区域经济、陆海经济、城乡经济齐头并进的发展局面。

（三）加快转型升级，推进产业高质量平衡发展

中国产业结构在发展演进中，出现了传统产业比重过高与高新技术新兴产业发展不足的结构失衡现象。客观上需要借助内外力共同进行产业结构的调整，通过供给侧结构性改革与"一带一路"倡议的实施，驱动产业结构创新升级，实现产业高质量均衡发展。

产业结构平衡主要是三次产业之间的平衡发展，也包括三次产业内部结构的均衡发展。从产业发展的时间顺序来看，不仅包括传统产业与新兴产业之间的平衡，而且还包括传统产业内部、新兴产业内部的平衡；从产业全球价值链来看，不仅包括研发、设计、生产、包装和存储、加工、营销和分销等各个价值链之间的平衡，还包括投入—产出结构、地理范围、治理结构、升级、本地制度背景、产业利益攸关方6个维度的平衡。本章界定产业结构平衡主要包括三大产业的均衡和传统产业与新兴产业间的均衡。

（四）坚持内外联动开放发展，实现内外经济均衡

内外经济均衡最早由英国学者James Meade在《国际收支》一书中提出，并被后来的学者借鉴、继承和发展。他假设将一国的经济部门划分为进出口贸

易部门和非贸易部门,在开放经济下,国民经济处于无加速通货膨胀状态。Meade 将内部均衡定义为非贸易品货物与服务市场供求的均衡状态,主要均衡途径是通过调整国内商品和劳务的需求。外部均衡是指国家经常项目和资本项目之间的长期动态均衡。在开放经济下内外失衡是常态,要解决失衡,必须运用财政政策与货币政策等。当内部供求失衡时,一般采取财政政策来调控,而外部经济失衡时,则一般采取货币政策来矫正,这也被称为"蒙代尔分配法则"(Mundell,1962)。

当前,我国经济内外均出现失衡,具体表现为储蓄—消费比例失衡、实体经济与虚拟经济失衡、部分行业产能严重过剩、经常账户和资本账户的双顺差等,内外失衡对经济持续增长和高质量发展带来了巨大挑战。要实现内外经济均衡,需要打破宏观经济政策调控的传统固化模式,跳出需求侧治标思维,寻求从经济发展方式转变、经济结构优化、增长动力转换上取得突破。

(五)深化供给侧改革发展,实现更高水平和质量的供需平衡

按照现代西方宏观经济学的分析,在开放经济中,供需平衡就是指总需求等于总供给,也就是投资、政府支出及出口之和应等于储蓄、政府税收及进口之和。供求均衡,是经济发展的内核,任何形式的供求失衡都有碍生产与消费的统一、经济发展速度与发展质量的统一,供不应求反映供给不足,形成短缺经济,从而制约着消费,反过来又会抑制生产进一步扩大;供过于求意味着有效需求不足与有效供给不足并存,导致产品积压严重,生产过剩,企业无利润甚至倒闭,员工失业严重,未来消费能力降低。可见,供需失衡必然造成经济发展的停滞甚至倒退。因而,要实现充分就业,达到经济的持续增长,实现供求双方的当前利益和长远利益的最佳组合,必然要追求供需平衡。

二、社会发展包容性的内涵

包容性增长是机会平等的增长(Asian Development Bank,2007),包容性发展主张在实现经济增长的同时取得社会进步与人的全面发展,确保经济增长成果为大众广泛共享(World Bank,2008)。根据联合国在 2015 年发布的研究报告《2015 年联合国全球可持续发展报告》,"包容性"一词被提及了 52 次,凸显了对社会目标、环境目标和经济目标之间的权衡,不让任何方面掉队。包容性发展理念受到世界银行、世界贸易组织、联合国等国际组织的广泛关注。

Nicky Pouw 和 Joyeeta Gupta（2016）认为，包容性发展存在四个不同方面的争议：一是决策者是否选择包容性发展、包容性增长或包容性财富。二是包容性的内容，包容性强调处境不利和边缘化人群的需要：参与政治、教育、医疗、资源、基础设施的权力与权利。三是发展的内容，对许多人来说，发展相当于增加国内生产总值；对于其他人来说，包容性发展是一个不断发展的概念，包括满足基本的社会和经济人权，减少贫困，增进福祉；实现经济包容性，尽量减少外部环境因素的影响；注重农村发展，以平衡城市发展；需要纳入社会运动的思想，鼓励参与性发展；最终目的是提高人民的能力和自由，使不平等得到纠正，人类进步是全人类的共同进步。四是包容性发展的内容存在争议，一些政策决策者或者学者只关注社会和经济包容性，另一些政策决策者或者学者则只注重社会关系和政治包容性。

唐鑫（2015）认为，包容性发展涉及经济、社会、环境、技术等众多方面，它既关注经济增长又关注社会公平，既关注消除短期贫困又关注贫困地区的长期发展，是具有丰富内涵、全球视野、重要意义的概念。由于全球经济发展的多样性、社会价值的多元化，迄今为止尚未就包容性发展的内涵形成非常明确的、统一的定义。

借鉴文献的成果，本章将包容性发展界定为：包容性发展是指在经济持续增长中，以推进社会公平正义、实现发展成果由民众共享为目标，通过倡导机会平等、收入公平分配、提高生产性就业等途径来实现的可持续发展。包容性发展主要包括经济持续增长、机会平等、收入公平分配、生产性就业、可持续发展五个维度。

（一）包容性发展是经济持续增长的发展

尽管经济持续增长不再是包容性发展的唯一重要目标，但是经济持续增长仍然是实现包容性发展的前提与基础。只有实现经济持续增长，才有物质基础为低收入群体、贫困人口提供基本生活保障，为贫困地区提供均等的公共服务设施；只有实现经济持续增长，才能使社会每一个成员都能享有公平而有质量的经济增长成果和发展机会。

（二）包容性发展是促进机会平等的发展

机会平等和社会公平是包容性发展的重要要义。机会不平等将导致不公平竞争，使得市场配置效率受损与社会分配不公，从而增加社会冲突，引发社会动荡。因此，包容性发展不仅要促进机会的平等，也要增加获取机会的途径。如在市场准入机会方面，包容性发展就是要给予民间资本、中小企业资本、外资、国有资本等同等的准入机会，让民间资本、中小企业等相对弱势群体积极地参与发展并从中获益。在享有教育机会方面，要给予城市外来人口、贫困人口、少数民族、偏远部落、妇女等同等的受教育机会。

（三）包容性发展是促进社会收入分配公平的发展

包容性发展的核心领域是社会领域，核心内涵是社会公平，尤其是指社会分配公平。社会分配公平的前提是分配制度公平，它是每个社会成员均参与分享经济发展成果的根本保证。因此，包容性发展是对低收入者包容的社会发展，它通过收入分配制度调节社会财富，调节财富向极少数人集中的极端趋势，对低收入者给予适当补偿，缩小不同能力人群的收入差距。包容性发展是在经济增长的同时实现居民收入增长的发展，是在劳动生产率提高的同时提高劳动报酬的发展。

（四）包容性发展是提高生产性就业的发展

生产性就业是生产效率较高的就业。包容性发展就是让社会每个劳动者都有均等机会进入市场就业和获取资源，行使他们参与经济社会发展的权利。世界银行将生产性就业作为包容性发展的重要因素，因为只要提高了生产性就业，劳动生产率就会增长，低收入群体由此能获得更高的劳动收入并提高生活质量、摆脱贫困。能否提高生产性就业，取决于劳动力的供需情况。从供给来说，就要通过培训、教育等机会提高劳动者的就业能力；从需求来说，就要通过发展新产业、新产品、扩大生产规模为生产性就业提供新的机会。

（五）包容性发展是可持续的发展

包容性发展中的"包容"是个综合概念，关注人、社会、自然之间的协调发展，最终必然实现经济发展、社会发展、生态环境健康发展的全面可持续发展。包容性发展强调把保护自然生态环境置于发展的首位，强调人与生态环境、自然资源的协调发展，强调人类代际传承、共享属于全体人类的自然资源。遵循比较优势战略是实现包容性发展的关键，一个国家能够充分利用其自然资源、人力资源，充分利用劳动力技术，这种发展过程有利于减少贫困、缓解发展中出现的不平等问题、资源衰竭问题，最终实现可持续发展。

包容性发展的五个维度之间存在紧密的相互作用关系，这种关系的健康发展终将形成经济持续增长—机会均等—提高生产性就业—收入公平分配—可持续发展的良性循环，有利于推动经济社会的不断进步。实现包容性发展的关键在于充分利用一个国家的内外部资源，协调经济社会生态发展的关系，提高发展融合度，完善市场机制，防止和消除极端贫困。

三、生态发展可持续性的内涵

理解生态可持续发展的内涵必须先理解可持续发展的内涵，它是一个比生态可持续发展更为宽泛的概念。可持续发展定义至少包括了两层含义：一是需要能力，即人类生存的基本需要，这是首要考虑因素。二是限制的概念，受到技术和其他客观因素的制约，为满足当前发展的需要，而不对未来发展的需要产生负面影响。可持续发展概念一经提出，就得到世界各国的广泛认同，被认为是创新的科学观点（王军等，2017；Joyeeta Gupta 等，2016）。

可持续发展概念的提出首先充满创新意味，标志着人类首次向传统生产方式、价值观和科学观发起挑战。可持续发展的内涵非常丰富，不仅包括了对经济持续增长的要求、对自然资源永续利用的需要，还包括对体制公平、社会和谐的维护。必须注意到的是，经济发展与自然承载能力相匹配，是经济可持续发展的必要条件。全面可持续发展观要求在经济发展的同时，合理开发和利用自然资源，对资源再生产能力进行保护；创新资源管理方式方法，维护和加强自然环境的自净能力。全面可持续发展通过保护生态环境和自然资源，将经济发展对资源的影响控制在自然可承受的范围内，并将经济发展对环境的污染控制在自然可吸纳的能力范围内，从而寻找到经济发展与环境保护之间的平衡点。

生态可持续发展是对自然环境的保护，在满足当代人发展的同时，对满足后代人发展需求的能力不构成危害的发展。两者之间紧密联系，在发展经济的同时，对大气、淡水、海洋、土地和森林等人类赖以生存的自然资源和环境进行有效的保护，为后代保护好生存和发展的自然条件。具体包括公平性原则、可持续性原则和共同性原则（江林，2015）。生态可持续发展是关注资源约束和环境承载能力限制的发展，是关注资源持续供给与代际公平的发展、强调可持续发展均衡性的发展。

（一）生态可持续发展关注发展的资源约束和环境承载能力限制

可持续发展概念提出的背景是人类生产活动对自然环境带来了极大伤害。全球土地利用发生巨大改变，城市化迅速发展，人类活动强度的非线性增大，全球气候变暖等自然资源和环境的负面影响引起了各国政府和学者的重视。可持续发展关注发展的资源约束，寻求一种最佳的生态系统，考虑环境承载能力限制，使人类的生存环境得以维持。

（二）生态可持续发展关注资源持续供给与代际公平

可持续发展内涵中的公平正义、共同富裕理念，要求人类发展不断克服贫富差异、区域差异、代际差异、人际差异，包括人口再生产与物质再生产的匹配、社会财富分配的人际公平、资源共享的代际公平。生态可持续发展要解答如何可持续发展地使用和开发生态环境和自然资源，给子孙后代与当代相等甚至更多的机会，如何既满足当代人的需要，又不对后代人满足其需要的能力构成危害。

生态可持续发展关注资源的可持续供给。从气候变暖到资源短缺，从人口膨胀到环境污染，从热带雨林被破坏到珍稀物种灭绝，生态可持续发展面临的威胁种类多、范围广。21世纪，人类发展面临着自然生态退化和资源短缺的挑战，关注资源持续供给能力、保持生物多样性、开发新能源、开拓人类生存空间，是生态可持续发展的重要内容。

生态可持续发展关注资源的代际公平。可持续发展是关注公平、共享、长期效用的发展。人类繁衍规律决定了生态可持续发展的代际属性。人口老龄化时代已经全面到来，人口红利解读方式发生改变。以能源消耗推动的世界经济发展方式必须随之改变，从而规避生态可持续发展的代际不公。

（三）生态可持续发展强调可持续发展的均衡性

可持续发展是谋求在经济发展、环境保护和生活质量的提高之间实现有机平衡的一种发展。可持续发展目标是一个由经济可持续发展、社会可持续发展、生态可持续发展组成的多维发展目标，以可持续发展的形势和要求为依据，制定一段时期内全球或区域可持续发展所需要达到的总目标，然后在经济、社会、环境、资源等维度层层落实。

（四）生态可持续发展的核心追求是人与自然和谐发展

和谐是可持续发展的特征向量和本质属性，是对自然—经济—社会复合系统运行状态的一种理想描述和表达，包括人与自然和谐、人与人关系和谐、人的身心和谐，三者相互依存、相互影响。人类是自然界的一部分，人又以自然界为基础进行一系列活动，可持续性发展要求人类珍惜自然资源，与自然界的一切物种和平共处、和谐共存。自然的和谐是生态可持续发展的核心追求，人与自然的关系不和谐，往往会影响人与人关系的和谐。推动生态发展的可持续性，即以实现人与自然和谐共生为价值取向，积极推动低碳经济、循环经济的发展，促进资源利用的可持续性，并为生态树立安全屏障。

21世纪以来，人类在认识可持续发展挑战的同时，也迎来了可持续发展的新机遇。创新引领发展动力升级，世界治理体系不断调整和完善，为生态可持续发展创造出新的发展动力和空间。2013年5月，习近平总书记在中共中央政治局第六次集体学习的会议上，特别强调了保护生态环境的重要性，提出保护生态环境就是保护生产力，改善生态环境就是发展生产力。践行社会主义新发展理念，必须积极主动地推行绿色发展、循环发展和低碳发展，不以牺牲环境为代价。党的十八届五中全会再次重申，绿色发展是人与自然和谐发展的必由之路。生态文明建设和生态可持续发展关系到全人类的福祉和未来，全球可持续发展目标为生态可持续发展注入了全新活力。

第二节　基于平衡包容可持续视角的高质量发展评价指标体系构建

按照系统学理论和方法，本节将高质量发展评价指标体系设计成五级叠加、互相嵌套的系统。该系统具体又可分为总目标层、系统层、状态层、变量层和指标层五个层级。其中，总目标层表示高质量发展的总体态势和总体效果，系统层则代表经济、社会和生态三个子系统发展平衡性、包容性、可持续性的实现水平，状态层从本质上反映经济、社会和生态三个子系统的行为、关系、变化等的原因和动力，变量层反映状态层的核心内容，指标层是具体指标。具体指标的选取特别关注基于发展平衡性、包容性和可持续性视角的发展质量,强调经济、社会、生态三个系统的全面发展和协调发展。

一、指标体系构建的基本原则与步骤

（一）指标体系构建的基本原则

1. **导向性原则：立足现实，对标要求**

发展平衡性、包容性和可持续性的综合发展力评价，主要目的是了解国家或地区发展的平衡性、包容性和可持续性程度，判断发展是否体现最新发展理念，是否落实高质量发展要求，是否实现了整体发展。因此，指标体系设计要突出反映经济发展平衡性、社会发展包容性和生态发展可持续性的核心要义，要立足现实问题，即长期高速度、大规模发展积累的发展不平衡、不包容和不可持续问题，充分对照中央"十三五"规划、全面建设小康社会、党的十八届五中全会新发展理念的发展要求，创新发展平衡性、包容性和可持续性的体制机制，促进平衡发展、包容发展和可持续发展的科学发展进程，提升发展的综合能力和整体水平，不断提高发展质量。

2. **科学性原则：稳定相关，动态开放**

坚持指标选择的科学性首先要保证指标的真实性和规范性，要选取稳定性强、相关性好，能够较好地反映经济发展平衡性、社会发展包容性和生态发展可持续性的综合发展力指标。同时，在建立发展平衡性、包容性和可持续性的综合发展力指标体系的过程中，始终保持指标体系的动态性、开放性，同时根据发展实践中出现的新情况、新特征，及时反映中国发展阶段的变化，逐步完善指标体系，使其内涵丰富、表达准确、简明适用。本章最终选定的所有四级指标均有权威的指标定义和计算方法，数据来源权威、可循，包括政府和机构公开发布的各级统计年鉴、监测系统或专项调查，数据收集和分析均有据可查。

3. **可比性原则：口径相同，前后一致**

经济发展平衡性、社会发展包容性和生态发展可持续性的发展，需要一个持续的规划、管理、评估、适应和问责流程，本章研究需要用指标体系进行趋势研究和剖面研究，基于定期的信息流（Dalal-Clayton and Bass，2002），这就要求设计指标体系时必须体现可比性原则。换言之，所建构的指标体系在各个时期或者是同一时期的各个剖面都是具备可比性的，并且指标意义也一样。一旦所选择的指标在各个时期或同一时期不同的剖面所代表的意义不同，这个指标就会失去可比性，进而严重影响研究结论。

4. 可操作性原则：信息准确，容易获得

指标选择要具有代表性，同时兼顾统计数据的可获得性，使指标可采集、可量化。为了观察研究对象的发展趋势，指标体系中的具体指标应该在一段相对较长的时间段内获得准确的数据信息。

5. 敏感性原则：聚焦目标，权衡取舍

在评价时间段内，指标在时间维度上存在差异性，能用于纵向比较，发现发展水平随时间变化的趋势。在设计指标体系的过程中，部分相关性和重要性较高的指标，由于全国已普遍达到很高的水平，在观察时间段内变动极小，因而最终未被列入指标体系。

6. 普遍认同原则：合理通用，衔接一致

本章选取的指标适用国内外各地区普遍使用的标准，相关文献对该指标的合理性普遍认可。同时，为了增强指标体系的政策导向与实践意义，本章广泛参考国民经济和社会发展规划等，在设置指标体系时力求与中央"十三五"规划衔接。

（二）指标体系构建的程序

1. 理论遴选

依据对概念的界定设计出理论上的指标，并对指标体系进行理论遴选，从而为测度指标的确定奠定基础。这一过程的关键，在于对概念的清晰界定。理论遴选的主要任务是初步筛选各测度因素涵盖的指标，摒弃不具有代表性的指标。考虑到总量指标的局限性，为了便于比较，本章主要选择相对数指标和平均指标作为测度指标。

理论遴选的方法很多，最基本的包括理论分析法、文献统计法、专家调研法、头脑风暴法等。本章研究为保证关键指标不遗漏，采用理论分析法、文献统计法、头脑风暴法等方法结合的方式，对指标体系进行理论遴选。

2. 评估指标体系

通过理论遴选获得的备选指标较为庞杂，有时可能还会因缺乏内在逻辑关联而不能直接进行使用，需要进一步加工和处理。这项工作对文献掌握和数据敏感度要求较高，通过整理文献中使用的指标体系，加以适当归纳总结，进行鉴别和论证。通常的做法是对指标进行排序和归纳，必要时结合专家意见，在同类指标中选出最合适的指标。

对初步选取的经济发展平衡性、社会发展包容性和生态发展可持续性评价指标,通过修正的德尔菲法,初步形成评价指标体系。将指标体系设计成调查问卷,采用李克特量表,请专家对指标的重要性进行评价,对指标体系进行信度、效度和相关性分析。如果指标体系的信度和效度能达到设定的标准,则予以采用,否则需要进行修改并重复上述过程。

3. 确定指标体系

对指标体系经过理论遴选和评估后,得到由若干指标构成的一个初步的备用指标体系框,但是指标涉及的评价内容繁杂,需要针对评价目的,综合考虑指标的代表性、独立性、可比性和数据可获得性,从指标体系框中进一步筛选出恰当的指标进行比较,最终确定测度指标。由于测度对象具有高度的复杂性,对其定量评价十分困难,只能力求在总体上判断评价对象的特征。在指标体系设计的过程中,本章研究发现,绝大部分拟采用的测度指标可以获得在评价时段(2003—2015年)内的时间序列数据,但仍有个别指标在评价时段内存在少量数据缺失,考虑其重要性纳入指标体系,同时利用统计学缺失数据处理方法进行处理。

二、经济平衡发展变量设计与指标选择

经济发展平衡性的主旨,是提升经济均衡发展质量,缩小日益扩大的发展差距,为全国各地同步建成小康社会奠定更加坚实的发展基础,为全面提升发展质量打下扎实基础。因此,经济平衡发展必然强调区域发展的平衡性、城乡发展的平衡性、产业发展的平衡性、内外供求的平衡性。

经济发展平衡性评价指标体系由四层组成:第一层是目标层,要求全面正确地反映发展平衡性的综合总水平;第二层是反映经济发展平衡性的主要维度,包括区域发展平衡、城乡发展平衡、产业发展平衡、内外供求发展平衡4个状态;第三层是变量层,反映上述4个维度的平衡发展水平指数;第四层是具体指标。具体指标的选取在现有文献的基础上,紧扣中央"十三五"规划建议和党的十八届五中全会新发展理念要求,反映发展的核心要义。

(一)区域发展平衡测度指标体系

区域经济是在一定区域内经济发展的内部因素与外部条件相互作用而产生

的生产综合体。根据中国地理位置区划和行政经济管理办法，形成多种区域划分，最常见的为省级区域，东部、中部、西部、东北四大区域，城市群区域三个维度。省级行政区是中国最高级别的行政区。本章以中国内地的31个省区市为研究对象，将我国经济区域划分为东部、中部、西部和东北四大地区。

考虑到城市群的影响力和数据的可得性，本研究以长江三角洲城市群和珠江三角洲城市群为研究对象。根据《中国区域统计年鉴》的划分办法，长江三角洲经济区包括上海市，江苏省的南京、苏州、无锡、常州、镇江、南通、扬州和泰州，以及浙江省的杭州、宁波、嘉兴、湖州、绍兴、舟山和台州市16个地级以上城市。珠江三角洲经济区包括广州市、深圳市、珠海市、佛山市、江门市、东莞市、中山市、惠州市区、惠东县、博罗县、肇庆市区、四会市12个市县区。

区域发展平衡性的变量层包括省际发展平衡、东中西东北四大区域发展平衡和城市群发展平衡。表3-1列出了2005年以来研究区域经济发展指标体系的主要文献。可以看出，文献中有多种对区域经济发展的评价维度和视角，最主要的考量是经济规模、产业结构、投资和消费、就业、对外贸易等。常用的区域经济发展指标有：地区生产总值、三次产业结构、固定资产投资、进出口总额、财政收支、就业率、社会消费品零售总额、消费物价指数、城镇居民人均可支配收入、农村居民人均纯收入、外商直接投资等。

表3-1 相关文献中的区域经济发展指标

文献来源	指标体系
蔡国梁、廖为鲲、涂文涛（2005）	基本情况（总人口、土地面积、从业人员）、综合经济（国内生产总值、人均国内生产总值、第三产业增加值、工业总产值、利税总额、固定资产投资）、财政金融（财政总收入、金融机构存款余额、金融机构贷款余额）、对外开放（港澳台及外商投资企业总产值、进出口总额、实际利用外资）、生活水平（在岗职工平均工资、农民人均年收入、社会消费日售额）、基础设施（公路里程、邮电业务总量、各类专业技术人员、卫生机构数）
马力、史锦凤（2006）	人均GDP、人均农业总产值、人均工业总产值、人均第三产业总产值、固定资产投资总额、社会消费品零售总额、地方财政一般预算收入、城乡居民储蓄年末余额、第一产业人员的比重

续表 3-1

文献来源	指标体系
张欣莉（2006）	人均 GDP、人均消费品零售额、人均固定资产投资、人均农业产值、人均工业产值、人均第三产业产值、人均城乡居民储蓄、农业人口比重
徐新、相丽君（2008）	人均 GDP、人均第三产业产值、人均财政支出、居民消费水平、职工平均工资、人均外商直接投资、人力资源水平、城市设施水平
李答民（2008）	经济增长（GDP 增长指数、人均投资额、旅游外汇收入增长率、财政收入增长率、营业盈余占 GDP 比重）、经济结构（三产比重、农村居民消费比重、消费倾向）、经济关系（价格指数、贸易额的增长率）、经济制度（基尼系数、政府消费占 GDP 比重）、经济协调和可持续发展（人均耕地面积、技术成交额增长率、更新改造资金投资增长率）
李刚、张辽、姜林（2010）	生产系统（GDP 总量、全部国有及规模以上非国有工业企业单位数、人均 GDP、人均投资额等）、消费系统（人均商品零售额、居民消费物价指数、城镇居民人均消费性支出等）、政府系统（财政收入占 GDP 比率、人均财政收入、人均财政支出等）
徐健（2014）	GDP，GDP 增长率，固定资产投资额，第一、第二、第三产业固定资产投资，农村经济总收入，第一、二、三产业对 GDP 的贡献率，实际利用外资额，货物和服务净出口
徐勇、樊杰（2014）	经济总量（GDP，人均 GDP，第一、第二、第三产业增加值）、收入（人均收入、城镇人均可支配收入、农村人均纯收入、地方财政收入）、支出（人均支出、恩格尔系数、人均社会商品零售总额）、投资（人均全社会固定资产投资、人均外资利用累积额）、就业（非农产业就业比重、农林牧渔业就业比重、城镇失业率）、产业构成（第一、第二、第三产业占 GDP 的比重）
汪潘义、汪文忠（2015）	经济规模（人均国内生产总值、人均财政收入、人均外贸总额、人均国内贸易总额、城镇居民人均可支配收入和农民人均纯收入）、经济结构（第一产业产值比率、第二产业产值比率、第三产业产值比率、非农劳动力比率和城镇化率）、经济发展速度（人均国内生产总值增长速度、人均财政收入增长速度、人均外贸总额增长速度和人均国内贸易总额增长速度）、经济发展质量（实际利用外资额与 GDP 比值、进出口商品总值与 GDP 比值、失业率和劳动生产率）

采用专家评分法，在上述指标中进一步选取核心指标，用于反映区域经济总量人均水平、产业发展水平、投资和消费水平、居民生活水平等主要经济发展内涵。最终确定如下具体指标：人均国内生产总值、第三产业产值比重、固定资产投资占 GDP 比重、进出口总额占 GDP 比重、社会消费品零售总额与 GDP 比值、城镇居民人均可支配收入、农村居民人均纯收入。

省级平衡发展变量层和东部、中部、西部、东北四大区域平衡发展变量层包含上述全部七个具体指标。基于统计资料的可得性，城市群平衡发展变量层包含除城镇居民人均可支配收入和农村居民人均纯收入以外的五个指标。在综合评价模型中，采用上述指标的标准差来度量省级间、区域间、城市群间的内部发展差异。标准差越大，区域经济发展越不平衡。

（二）城乡发展平衡测度指标体系

中国城乡发展失衡表现是多方面的，不仅有收入水平之间的差距，也有教育、医疗、社会保障等社会发展方面的差距。城乡收入差距是推动城乡发展不平衡的首要因素。城乡发展失衡在经济领域的表现主要体现为收入差距、消费差距、就业差距、政府公共投入差距（Gideon Sjoberg，2005）。某些领域的差距尚无度量指标，比如就业差距，城市劳动力人口仅有登记失业率，该指标与实际失业率之间的偏差无法衡量，农村劳动人口的失业率更是没有统计数据。

表 3-2 列出了 2005 年以来研究城乡经济发展指标体系的主要文献。可以看出，文献用于衡量城乡经济发展的指标并不完全一致，主要原因可能是各项研究的具体研究目的不同。文献关于城乡经济发展的主要评价维度有：城乡经济发展水平、城乡产业结构、城乡就业结构、城乡收入差距、城乡消费差距、城乡社会保障差异、城乡各项社会事业投入差异等。文献中出现频率较高的城乡经济发展指标有：城乡二元对比系数、城乡居民人均收入、城乡居民人均消费、恩格尔系数、非农产业占 GDP 比重等。

在借鉴文献的基础上，本研究确定的城乡发展平衡性变量层包括城乡经济发展水平差异、城乡居民生活水平差异、城乡基础设施建设差异三个层次。城乡经济发展水平差异反映城乡二元经济产出、城乡就业结构、城乡财政与投资等方面的差异，具体度量指标为城乡二元对比系数、城乡就业人员比值、财政支农比等指标。城乡基础设施建设差异反映城乡居民生活条件硬件设施的差异，具体度量指标包括城乡用水普及率差值和城乡燃气普及率差值。

表3-2 文献中的城乡经济发展指标

文献来源	指标体系
姚耀军（2005）	城市居民实际可支配收入与农村居民实际人均纯收入的比值、城镇人口占总人口的比重
邓玲、王彬彬（2008）	城乡居民人均收入比、城乡居民人均可支配收入、农民人均纯收入、城市居民恩格尔系数、农村居民恩格尔系数、城乡居民文化娱乐消费比支出、城乡居民人均医疗保健支出比、城镇化率、城乡生活垃圾无害化处理率
王阳、岳正华（2010）	城乡人均居民收入比，第二、第三产业从业人数与第一产业从业人数比，城乡人均教育文化娱乐服务费用比，第二、第三产业产值与第一产业产值比，城乡恩格尔系数比，城乡百户家电拥有数比，城乡百户拥有电话机数比，城乡消费品零售总额比，城乡人均医疗保健费用比，城乡居民消费水平比，城乡年末储蓄存款余额比
曾福生、吴雄周（2011）	城乡二元劳动生产率之比、城乡恩格尔系数之比、支农支出占预算总支出的比重、城乡居民人均收入之比、城乡居民人均居住面积之比
周江燕、白永秀（2014）	城乡经济总量（人均GDP、非农业与农业产值比），城乡产业结构（二元对比系数、二元反差系数），城乡金融、财政与投资（非农业与农业贷款比、财政支农比、城乡全社会固定资产投资比），城乡就业（全社会非农产业从业人员与农业从业人员比重比、农村从业人员非农比例），城乡居民收入（城乡居民人均收入比、城乡居民人均工资收入比），城乡居民消费（城乡居民家庭人均消费比、城乡恩格尔系数比），城乡技术进步（城乡产业技术人员数比、农业机械化水平）
崔晓、程丹、李富忠（2015）	基础设施（城乡标准化公路通行比、城乡公交频率比、城乡居民年均出行次数比、城乡绿地覆盖比、城乡水电煤暖人均使用量比）、财政支持（单位产值税收减免额比、城乡年财政拨付金额比）
胡银根、廖成泉、章晓曼、王聪（2016）	投入指标（教育、科学技术、文化体育与传媒、社会保障和就业、医疗卫生、节能环保、城乡社区事务、农林水事务）、产出指标（每千人口卫生技术人员增量、农林牧渔业增加值、城乡人均可支配收入比、单位GDP能耗、人均公园绿地面积增量、农村卫生厕所普及率、人均城市道路面积增量）

续表 3-2

文献来源	指标体系
张海鹏、朱钢（2017）	经济发展（人均 GDP、人口城镇化率）、产业协调（二元对比系数、第一产业劳动生产率、农业综合机械化率）、要素配置（非农产业劳动力比重、农业贷款相对强度、财政支农相对程度、土地相对利用率）、生活水平（城乡居民收入比、城乡居民生活消费支出比、农村自来水普及率、农村无害化卫生厕所普及率）

（三）产业发展平衡测度指标体系

产业发展平衡性的度量标准是动态的，应该由产业结构优化程度决定（Zeng，2010）。产业结构越优化，产业发展平衡性越高。随着我国经济发展阶段的转换，产业结构优化呈现出三个特征：一是服务业增加值占比超过第二产业，二是高新技术产业和装备制造业增速高于工业平均增速，三是消费对经济增长的贡献率超过投资。因此，产业发展平衡指标的设计主要考虑三次产业发展差异、高新产业发展活力两个层次。

产业发展平衡性的变量层包括三次产业发展差异、高新产业发展活力。三次产业发展差异度量指标包括第一产业比较劳动生产率、第三产业产值比重。高新产业发展活力度量指标包括高新技术从业人员人均利润、高技术产业出口额占出口总额比重。

（四）内外供求平衡测度指标体系

内外供求平衡性的变量层包括内部总量平衡、对外贸易平衡、国际收支平衡。内部总量平衡从发展总量的角度，观察我国经济供给和需求、投资与消费之间的平衡。内部总量平衡度量指标包括投资率和消费率。长期以来，高投资、低消费是我国经济运行过程的主要特征，这导致投资消费结构失衡（李宝瑜，2009）。只有通过降低储蓄率，提升消费率才能降低投资率，转变中国经济结构。因此，在当前经济发展阶段可以将高投资率、低消费率看作内部总量不平衡的表现。对外贸易平衡和国际收支平衡是反映外部平衡的两个方面。政府在对外贸易中应设法保持进出口基本平衡，略有结余，以利于国民经济健康发展。

表 3-3 是本研究最终确定的经济发展平衡性评价指标体系，包括 38 个具

体指标。经济平衡发展是经济系统的发展目标。指标体系从区域平衡发展、城乡均衡发展、产业平衡发展、内外供求平衡四个方面评价经济发展平衡。区域发展指标层用各指标的标准差表示省际间差异、四大区域间差异、城市群差异，标准差数值越大，区域发展越不平衡。城乡发展指标均为城镇和农村的比值或差值。比值与1的差值的绝对值越大，表示城乡差异越大，城乡发展越不平衡。差值越大，城乡发展越不平衡。产业发展和内外供求发展变量对应指标的指标值越接近目标值，表示发展越平衡，反之越不平衡。

表3-3 经济平衡发展评价指标体系（指标数：38）

系统层（发展目标）	状态层	变量层	指标层	计算公式
A 经济系统（平衡）	A1 区域发展	A11 省际发展	A111 人均GDP A112 第三产业产值比重 A113 固定资产投资占GDP比重 A114 进出口总额占GDP比重 A115 社会消费品零售总额与GDP比值 A116 城镇居民人均可支配收入 A117 农村居民人均纯收入	省GDP/省人口数 省第三产业产值/省GDP 省固定资产投资额/省GDP 省进出口总额/省GDP 省社会消费品零售总额/省GDP
		A12 东、中、西、东北四大区域发展	A121 人均GDP A122 第三产业产值比重 A123 固定资产投资占GDP比重 A124 进出口总额占GDP比重 A125 社会消费品零售总额与GDP比值 A126 城镇居民人均可支配收入 A127 农村居民人均纯收入	区域GDP/区域人口数 区域第三产业产值/区域GDP 区域固定资产投资额/区域GDP 区域进出口总额/区域GDP 区域社会消费品零售总额/区域GDP
		A13 城市群发展	A131 人均GDP A132 第三产业产值比重 A133 固定资产投资占GDP比重 A134 进出口总额占GDP比重 A135 社会消费品零售总额与GDP比值	城市群GDP/城市群人口数 城市群第三产业产值/城市群GDP 城市群固定资产投资额/城市群GDP 城市群进出口总额/城市群GDP 城市群社会消费品零售总额/城市群GDP

续表 3-3

系统层（发展目标）	状态层	变量层	指标层	计算公式
A 经济系统（平衡）	A2 城乡发展	A21 城乡经济发展水平差异	A211 城乡就业人员比值	城镇就业人员数/乡村就业人员数 − 1
			A212 城乡固定资产投资差值	城镇固定资产投资额 − 农村固定资产投资额
			A213 城乡二元对比系数	（第一产业占 GDP 比重/第一产业从业人员比重）/（非第一产业占 GDP 比重/非第一产业从业人员比重）
			A214 财政支农比	财政用于农业的支出/财政总支出
		A22 城乡居民生活水平差异	A221 城乡居民人均收入比值	城镇居民人均可支配收入/农村居民人均纯收入 − 1
			A222 城乡居民恩格尔系数比值	城镇居家庭恩格尔系数/农村居民家庭恩格尔系数 − 1
			A223 城乡居民人均消费比值	城镇居民人均消费/农村居民人均消费 − 1
		A23 城乡基础设施建设差异	A231 城乡用水普及率差值	城市用水普及率 − 农村用水普及率
			A232 城乡燃气普及率差值	城市燃气普及率 − 农村燃气普及率
	A3 产业发展	A31 三次产业发展平衡	A311 第一产业比较劳动生产率	第一产业产值比重/第一产业就业劳动力比重
			A312 第三产业产值比重	第三产业产值/GDP
		A32 高新产业发展活力	A321 高新技术从业人员人均利润	高新技术产业利润额/高新技术产业从业人员数
			A322 高技术产业出口占出口额比重	高技术产业出口额/总出口额

续表 3-3

系统层（发展目标）	状态层	变量层	指标层	计算公式
A 经济系统（平衡）	A4 内外供求	A41 内部总量平衡	A411 投资率 A412 消费率	总投资/GDP （居民个人消费额 + 社会消费额）/GDP
		A42 对外贸易平衡	A421 进出口总额占 GDP 比重	进出口总额/GDP
		A43 国际收支平衡	A431 经常项目差额占 GDP 比重 A432 外汇储备余额占 M2 比重 A433 短期外债比重	经常项目差额/GDP 外汇储备余额/M2 国家外债余额中短期债务额/国家外债余额

注：A11 各指标测度范围为 31 个省、自治区、市，计算公式均为 31 个地区之间的标准差；A12 各指标测度范围为东、中、西、东北 4 个区域，计算公式均为 4 个区域之间的标准差；A13 各指标测度范围为长江三角洲城市群和珠江三角洲城市群两个城市群，计算公式均为两个城市群之间的标准差。

三、社会发展包容性评价指标体系

社会发展包容性的主旨是提升公平发展质量，实现发展过程的协调一致，其基本内涵是社会融合、社会参与及社会共享。包容性发展评价指标体系由四层组成：第一层是子系统目标层，要求全面正确地反映社会包容性发展的总水平；第二层是社会发展包容性的主要状态，包括社会融合、社会参与、社会共享三个平行状态；第三层是反映各状态的主要变量；第四层是具体指标，分别设置了描述性指标和评价性指标。通过阐释社会融合、社会参与、社会共享、包容性发展的内涵，根据第一节指标体系构建的基本指导原则，选择变量和具体指标。

（一）社会融合变量设计与指标选择

欧盟是最早提出社会融合概念并对其进行定量测度的地区（Mosher，2003）。欧盟将社会融合界定为一个过程，这个过程确保社会生活的各个群体，特别是相对风险弱势群体，获得必要的话语权和机会资源，能够平等参与经济、社会活动，获得基本的、正常的社会福利。社会融合强调保护合法人权，是关于社会各阶层参与基本社会权利的融合，是一个积极的人类社会福利发展的方式。

表3-4总结了国内外文献中关于社会融合的测度维度、使用的主要指标。从文献综述的结果来看，目前国内文献关于社会融合指标体系的研究主要以流动人口为研究对象，虽然提出了指标体系，但是由于数据的可得性障碍，尚未见基于具体数据的实证研究和测算结果。

表3-4　国内外文献中关于社会融合的测度指标

文献来源	测度维度	指标体系
Commission of the European Communities（2001）	主要指标	共10个指标：低收入率、收入的分布、低收入的持续、相对中低收入差、地区凝聚、长期失业率、失业人数、辍学人数、预期寿命、健康状态
	次要指标	共8个指标：低收入的养老金、某一时期的低收入率、迁移前的低收入率、基尼系数、低收入的持续、长期失业率、非长期失业率、低教育人数
Commission of the European Communities（2006）	总体指标	由14个主要指标和11个背景指标组成
	社会融合	由11个主要指标、3个二级指标和11个背景指标组成
	养老金	由11个主要指标、11个二级指标和5个背景指标组成
	健康与长期护理	由10个主要指标、1个二级指标和8个背景指标组成

续表 3-4

文献来源	测度维度	指标体系
黄匡时 (2011)	经济融合	劳动力市场融合、劳动保护、住房融合
	制度融合	户籍融合、子女教育融合
	社区融合	获取服务、自我管理、参与社区、服务和管理
	社会保护	城市居民最低生活费保障覆盖率、社会救助、慈善救助
	社会接纳	本地人对流动人口的友好程度和总体评价
杨文杰、 秦加加 (2016)	社会保障	养老、医疗、失业、工伤四险
	经济融合	收入水平、劳动时间、劳动合同签订情况、就业领域
	社区融合	融入意愿、社区活动参与
	心理融合	身份认同、文化认同

参考文献中指标设计的主要维度，本研究设计的社会融合指标体系包括三个维度，依次为经济融合、制度融合、文化融合。经济融合主要反映我国城乡流动人口，特别是农村流动人口的劳动保护、劳动收入等方面的融合情况。在空间流动过程中，流动人口面临着许多风险和不确定因素，流动人口能否在流入地享有基本的社会保险待遇，映射出社会资源再分配过程中，公平与公正原则的落实情况（杨文杰、秦加加，2016）。结合数据的可得性，本章设计的经济融合指标包括农民工失业保险参保率、农民工养老保险参保率、农民工医疗保险参保率、城镇最高和最低收入组收入差值、农村最高和最低收入组收入差值，参保率越高表示经济融合性越好，差值越小表示经济融合越好；制度融合指标为城镇化率，其值越大，表示制度融合越好；文化融合指标为流动人口子女在现居住地出生率，该值越大表示文化融合越好。

（二）社会参与变量设计与指标选择

社会参与是指全体社会成员以某种方式参与社会活动和公共事务，比如各级政治活动、经济发展和社会生活活动、文化体育活动、社区居委会等，可分为政治参与、文化参与、经济参与等属性的社会参与。

对社会参与的衡量和测度，可以细分为社会参与的形式、社会参与的程度两个维度。社会参与的主要形式有意见表达型、行动组织型、权利维护型、网络参与型等。意见表达型是指采用旁听、公示、民意调查等形式的社会参与。行动组织型是指居民通过组织居民自治组织参与社会活动，比如职工代表大会等。权利维护型是指居民通过各种社会参与维护公民权利，包括公民投诉或申诉、检举与控告、公益诉讼等。网络参与渠道越来越受公众欢迎，民众通过关注政府网站，在网络论坛与虚拟社区发表观点进行参与（关玲永，2010）。衡量社会参与的程度可以从广度、深度和效度三个方面入手（刘红岩，2012）。

本研究综合考虑社会参与形式和社会参与程度两个维度，基于特定参与形式，用参与程度来设计量化指标。社会参与主要变量包括意见表达程度、社会组织发达程度、权利维护程度、网络参与程度。基于数据可得性原则，意见表达程度具体指标包括本年度职工提出合理化建议件数、村委会选举投票人数。社会组织发达程度具体指标包括社会组织个数、基层群众自治组织个数、社区服务机构覆盖率。权利维护程度具体指标是法律援助机构个数。网络参与程度具体指标是移动互联网使用率。

（三）社会共享变量设计与指标选择

社会共享是人人参与、共建共享的治理格局，通过有效的制度安排，使全体人民共同享有经济社会发展的成果。共享理念的提出实质上是对过去差别化、不协调、非平衡性发展理念的纠偏，亦是对现实社会矛盾与社会呼声的回应。实现社会共享，需要更加关注社会事业即公共服务与社会治理，提升公共服务均等化与社会治理精细化水平。另外，社会共享的核心在于消除不同群体、地区、阶层、行业间的显著差距，体现社会公平（王猛、毛寿龙，2016）。因此，社会共享变量应该反映公共服务均等、收入差距、贫困、机会公平等领域。

本研究设计的社会共享变量，包括收入分配公平、就业和创业公平、基本公共服务均等。收入分配公平指标包括居民基尼系数、居民收入占GDP比重。其中，居民基尼系数衡量全体国民收入不平等，居民收入占GDP比重反映全体居民分享发展成果情况。虽然城乡居民人均收入比可以反映收入分配中的城乡差异，但是该指标在城乡发展状态层已经使用，这里不再重复纳入指标体系。

就业和创业公平指标包括就业率、流动人口比重。就业率反映全体劳动人口参与社会劳动的水平。流动人口比重反映本地就业的难度。本研究曾考虑将开办新企业所需时间用于反映创业的难易程度，但是由于该指标的数据仅在

2013 年后可得，故将其略去。

基本公共服务均等变量考虑基本公共服务的最核心内容，包括基础教育、健康、医疗和最低生活保障。基本公共服务均等指标有 8 个，其中国家财政性教育经费占 GDP 比重、适龄儿童初中入学率、初中升学率反映人们获取基础教育机会的公平性。用每千名活产儿中 5 岁以下儿童死亡率、公共卫生支出占 GDP 比重反映人们获取基本医疗卫生和健康资源的机会。国家财政社会保障和就业支出占 GDP 比重是国际通用的衡量社会保障水平的指标。用实际城市最低生活保障水平表示人们获得生存保障的机会，其计算公式为：城市最低生活保障平均标准/物价指数。采用农村贫困率衡量贫困水平。

表 3-5 是构建的社会包容发展评价指标体系，包括 26 个具体指标。

表 3-5 社会包容发展评价指标体系（指标数：26）

系统层（发展目标）	状态层	变量层	指标层	计算公式
B 社会系统（包容发展）	B1 社会融合	B11 经济融合	B111 农民工养老保险参保率	参加养老保险的农民工数/农民工数
			B112 农民工医疗保险参保率	参加医疗保险的农民工数/农民工数
			B113 农民工失业保险参保率	参加失业保险的农民工数/农民工数
			B114 城镇最高和最低收入组收入差值	城镇最高收入组收入 - 城镇最低收入组收入
			B115 农村最高和最低收入组收入差值	农村最高收入组收入 - 农村最低收入组收入
		B12 制度融合	B121 城镇化率	城镇常住人口数/总人口数
		B13 文化融合	B131 流动人口子女在现居住地出生率	—

续表 3-5

系统层（发展目标）	状态层	变量层	指标层	计算公式
B 社会系统（包容发展）	B2 社会参与	B21 意见表达程度	B211 基层工会开展合理化建议本年度职工提出合理化建议件数 B212 村委会选举投票人数	—
		B22 社会组织发展程度	B221 社会组织数 B222 基层群众自治组织数 B223 社区服务机构覆盖率	—
		B23 权利维护程度	B231 法律援助机构个数	—
		B24 网络参与程度	B241 移动互联网使用率	—
	B3 社会共享	B31 收入分配公平	B311 居民基尼系数 B312 居民收入占 GDP 比重	—
		B32 就业和创业公平	B321 就业率 B322 流动人口比重	1 - 失业率 流动人口数/总人口数

续表 3-5

系统层（发展目标）	状态层	变量层	指标层	计算公式
B 社会系统（包容发展）	B3 社会共享	B33 基本公共服务均等	B331 国家财政性教育经费占 GDP 比重	国家财政性教育经费/GDP
			B332 适龄儿童初中入学率	
			B333 初中升学率	
			B334 每千名活产儿中 5 岁以下儿童死亡率	
			B335 公共卫生支出占 GDP 比重	公共卫生支出/GDP
			B336 社会保障支出占 GDP 比重	社会保障支出/GDP
			B337 城市最低生活保障平均标准	城市最低生活保障平均标准/居民消费价格指数
			B338 农村贫困率	

四、生态发展可持续性评价指标体系

本节梳理了文献中关于生态可持续发展评价使用的主要指标。Krotscheck 等（1996）从原材料生产、能源供应、工作人员三大领域构建可持续过程指数。SOPAC（2005）利用 32 个危害指标、8 个阻力指标和 10 个衡量损害的指标构建了环境脆弱性指数。Esty 等（2006）在环境可持续性指数的基础上，发布了环境绩效指数，希望据此建立国际协定、国家标准或科学共识。中国科学院可持续发展研究组（2015）设计的指标体系（见表 3-6），将生态支持系统分解为生存支持、发展支持、环境支持、社会支持、智力支持五大支持系统，现已逐步被国际同行认可（李天星，2013）。

紧扣生态发展可持续性评价的研究目标，借鉴文献的做法，围绕中央"十三五"规划建议、党的十八大报告、党的十八届五中全会关于我国生态可持续发展的目标和要求，既考虑可持续发展水平的评价，也注重可持续发展能力的评价，进而创新评价指标体系。生态可持续发展指标体系首先要测度生态环境的保护利用情况、自然资源的存量，其次要测度自然资源的可再生能力、人类对生存空间的发掘能力。生态系统可持续发展要求推进绿色循环发展，保持环境的健康、多样性和生产力，为生物多样性和生态完整性的保护提供更多动力。因此，生态可持续发展指标体系以评价生态环境的可持续性为侧重点，同时考虑人类经济、社会、人口、智力发展对生态系统的支持能力。

表 3-6　可持续发展能力指标体系

测度维度	指标体系
生存支持系统	人均耕地、人均可再生能源、作物生产指数、人均能源产量、人口密度
发展支持系统	人均 GDP、单位 GDP 能耗、每百人互联网用户数、工业增加值占 GDP 比重、人均能耗
环境支持系统	人均森林面积、人均二氧化碳排放量、海洋保护区占领海百分比、人均自然资源消耗、人均可再生资源
社会支持系统	人均预期寿命、总失业人数占劳动力比、人均医疗支出、收入不平等指数、性别不平等指数、多维贫困指数
智力支持系统	研究与开发支出、教育开支、平均受教育年限、万人专利申请量、识字率

本研究设计的生态发展可持续性评价指标体系由四层组成：第一层是目标层，要求全面正确地反映生态可持续发展的总水平。第二层是反映生态发展可持续性的状态，包括自然资源可持续发展水平、生态环境支持水平、生态空间拓展水平；第三层是反映上述状态的主要变量；第四层是具体指标。

（一）自然资源可持续发展变量设计与指标选择

自然资源可持续发展变量设计主要考虑资源利用和能源消耗两个维度。自然资源主要包括森林资源、草原资源、湿地资源、耕地资源、自然保护区、矿产资源、海洋资源。资源利用指标主要包括森林覆盖率、人均森林面积、草原综合植被覆盖度、湿地占国土面积比、自然保护区占国土面积比、耕地占国土面积比、水土流失占国土面积比、人均矿产资源量、人均水资源量等（谢洪礼，1999；王军，2016）。

综合考虑数据可得性、敏感性原则，资源利用度量指标包括人均水资源拥有量、人均土地资源、人均电力资源。能源消耗度量指标包括单位 GDP 能耗、单位工业产值能耗、人均自然资源能耗。

（二）生态环境支持变量设计与指标选择

生态环境可持续发展需要体现环境的承载能力，生态系统的循环再生能力。本研究从环境治理和生态保护两个维度测量生态环境支持力。根据文献的做法，常用的环境治理指标有：城镇生活污水处理率、工业固体废物综合利用率、生活垃圾无害化处理率、工业废水排放达标率、工业烟尘去除率、工业二氧化硫去除率等。常用的生态保护指标有：人均森林面积、每百万人自然灾害致死率、海洋保护区占领海百分比、陆地保护区面积占土地面积比重、空气质量优良率、人均二氧化碳排放量、受威胁物种占总物种比重、人均生态建设与保护投资额等。

综合考虑数据可得性、敏感性原则，本研究选取的环境治理度量指标包括工业固体废物综合利用率、城市生活垃圾无害化处理率、环境污染治理投资占 GDP 比值，生态保护度量指标包括自然保护区面积占土地面积比重、人均二氧化碳排放量、人均造林面积。

（三）生态空间拓展能力变量设计与指标选择

生态系统的可持续发展离不开人类经济、社会、人口、智力发展构成的外部支持体系。实际上，中国科学院可持续发展研究组等提出的中国可持续发展指标体系，已经把人类智力支持系统纳入可持续发展指标体系，并认为智力支持系统是可持续发展的持续条件（中国科学院可持续发展研究组，1999—2012）。基于这一基础设想拓展的生态空间拓展能力变量考虑人类对狭义生态系统可持续发展的智力支持、社会支持、经济支持。

根据文献的做法（牛文元，2015），考虑到指标的独立性、敏感性、数据的可得性等原则，本研究设计的智力支持度量指标包括研发支出占 GDP 比重、研发人员全时当量，社会支持度量指标包括人类发展指数、劳动力人口比重，经济支持度量指标包括人均 GDP、城市环境基础设施建设投资占 GDP 比重。比如，社会包容发展指标体系已经包含教育支出相关指标，这里不再重复；人类发展指数涵括了平均受教育年限和人均预期寿命，全球创新指数从 2007 年开始发布等。

表 3-7 是构建的生态系统可持续发展评价指标体系，包括 18 个具体

指标。

表3-7 生态系统可持续发展评价指标体系（指标数：18）

系统层（发展目标）	状态层	变量层	指标层	计算公式
C 生态系统（可持续）	C1 自然资源	C11 资源利用	C111 人均水资源拥有量 C112 人均土地资源 C113 人均电力资源	水资源总量/总人口数 土地面积/总人口数 电力生产量/总人口数
		C12 能源消耗	C121 单位GDP能耗 C122 单位工业产值能耗 C123 人均能耗	能源消费总量/GDP 工业能源消费总量/工业生产总值
	C2 生态环境	C21 环境治理	C211 工业固体废物综合利用率 C212 城市生活垃圾无害化处理率 C213 环境污染治理投资与GDP比值	 环境污染治理投资/GDP
		C22 生态保护	C221 自然保护区面积占土地面积 C222 人均二氧化碳排放量 C223 人均造林面积	自然保护区面积/土地面积 造林总面积/总人口数
	C3 生态空间拓展能力	C31 智力支持	C311 研发支出占GDP比重 C312 研发人员全时当量	研发支出/GDP
		C32 社会支持	C321 人类发展指数 C322 劳动力人口比重	15～64岁人口数/总人口数
		C33 经济支持	C331 人均GDP C332 城市环境基础设施建设投资占GDP比重	城市环境基础设施建设投资/GDP

第三节 基于熵权 TOPSIS 法的高质量发展水平评价结果

我国基于发展平衡性、包容性、可持续性视角的高质量发展水平由发展平衡性、发展包容性、发展可持续性水平综合决定，需要衡量三者各自的发展度，以及三者的综合发展度。本节通过对发展度的测算，判断我国经济平衡发展水平、社会包容发展水平、生态可持续发展水平，三者的综合发展水平，以及它们随时间发展的趋势。

一、数据收集与预处理

本研究数据主要来源于中国经济与社会发展统计数据库，该数据库可以查阅历年《中国统计年鉴》《中国区域统计年鉴》《中国劳动统计年鉴》《中国高新技术产业年鉴》，城市群数据来源于《中国城市统计年鉴》，乡村发展数据来源于《中国农村统计年鉴》，能源和资源数据来源于《中国能源统计年鉴》，流动人口和农民工数据来源于《中国流动人口发展报告》和《农民工监测报告》，各省级别数据来源于省统计年鉴，社会公共事业方面的数据来源于《中国民政统计年鉴》《人力资源和社会保障事业发展统计公报》，人类发展指数等国家发展比较数据来源于世界银行数据库。

本研究收集了 2003—2015 年的时间序列数据，虽然在指标选取时已经充分考虑了数据可得性，但是仍有几个重要指标存在极少量的缺失数据，需要在数据预处理过程中进行插补处理。比如，对农民工数量、外出农民工数量及农民工参保人数数据的处理。截至目前，国家统计局发布了 2008—2017 年的数据资料，2007 年及以前的数据不清楚。本研究中使用的 2003—2007 年数据是由农民工调研报告公布的 2004 年数据，结合 2008—2017 年数据推测整理得到的。

二、多指标综合评价方法的选取

多指标综合评价的基本过程介绍见第二章第一节。本章利用熵权 TOPSIS

分析法对指标体系进行综合降维，对评价对象进行评分。基于差异驱动原理的熵权 TOPSIS 分析法利用样本数据本身的变异特征产生权重，指标权重充分反映数据变异特性，是高度客观性的权重确定方法。它利用多目标决策分析 TOPSIS 法计算评价对象与最优解、最劣解的平均距离，来测算评价对象的综合指标值。当评价对象最靠近最优解，并且又最远离最劣解时，评级对象的综合指标值为最好。

三、经济发展平衡性评价结果

表 3-8 显示了 2003—2015 年我国经济平衡发展总水平及其四个测量维度的相对接近度值和排序情况。图 3-1 是相应的趋势图。可以看出，2003—2015 年间经济发展平衡性经历了从不平衡加剧到逐渐走向平衡的过程。从经济平衡发展总水平相对接近度值来看，2015 年的相对接近度值最大，表明相对而言该年的经济发展平衡性是最好的；2003—2010 年间（即"十五"中期至"十一五"期间），相对接近度的值逐年下降，于 2010 年达到最低值，表明经济发展平衡性在此期间呈下降趋势；2011—2015 年间（即"十二五"期间），相对接近度的值逐年上升，经济发展平衡性越来越好，于 2015 年达到最好。

经济平衡发展四个测量维度的变动趋势略有差异。从区域发展平衡性来看，2003 年的相对接近度值最大，表明相对而言该年的区域发展平衡性是最好的。2003—2013 年间，相对接近度的值逐年下降，区域发展平衡性越来越差，2013 年达到最差。但是，2014—2015 年间，相对接近度的值逐年上升，区域发展平衡性转好。城乡发展平衡性的变动趋势与区域发展平衡性的变动趋势类似，相对接近度值在 2007 年达到最低值，从 2008 开始，城乡发展平衡性好转，于 2015 年达到最好。从产业发展平衡性来看，2003 年的相对接近度最小，表明相对而言该年的产业发展平衡性是最差的，2003—2015 年间，相对接近度的值呈上升趋势，表明产业发展平衡性越来越好。从内外供求来看，2003 年的相对接近度最小，2003—2010 年相对接近度值呈下降趋势，于 2010 年达到最小，2011—2015 年相对接近度值缓慢上升，表明 2003—2015 年期间内外供求平衡经历了从不平衡加剧到逐渐平衡的过程。

表 3-8　我国经济平衡发展水平排序（2003—2015 年）

年份	A1 区域发展		A2 城乡发展		A3 产业发展		A4 内外供求		总发展水平	
	相对接近度值（%）	排序	相对接近度值（%）	排序	相对接近度值（%）	排序	相对接近度值（%）	排序	相对接近度值（%）	排序
2003	67.3769	1	42.1799	6	5.8416	13	78.1371	1	50.3880	3
2004	64.2808	2	39.7305	8	23.0294	8	62.1463	3	49.3037	4
2005	62.6717	3	34.5830	9	12.8141	12	66.9099	2	45.8489	6
2006	58.3353	4	40.0964	7	14.5697	11	60.0146	4	45.2754	7
2007	53.7537	5	21.8957	13	20.0274	10	52.9964	5	38.0292	10
2008	49.0013	6	25.2293	12	23.0149	9	47.6142	7	36.8841	11
2009	48.6482	7	29.1697	11	30.1013	7	35.0342	11	36.7550	12
2010	37.6873	9	31.0446	10	38.1718	6	30.6283	13	34.2116	13
2011	32.7189	11	44.0438	5	42.0380	5	34.7159	12	38.4353	9
2012	29.9266	12	49.2200	4	53.2318	4	38.4708	9	41.9643	8
2013	28.0563	13	54.9109	3	73.7372	3	38.3028	10	46.8895	5
2014	35.5035	10	56.7560	2	84.1926	2	39.8555	8	51.2197	2
2015	40.2024	8	59.8103	1	100.000	1	51.2979	6	55.2025	1

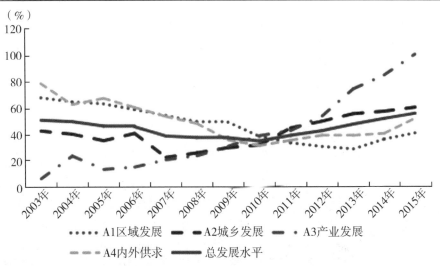

图 3-1　我国经济平衡发展水平趋势（2003—2015 年）

四、社会发展包容性评价结果

表3-9显示了2003—2015年我国社会包容发展总水平及其三个测量维度的相对接近度值和排序情况。图3-2是相应的趋势图。可以看出，2003—2015年间社会发展包容性经历了先变差、后变好的过程。从社会包容发展总水平相对接近度值来看，2015年的相对接近度值最大，表明相对而言该年的社会发展包容性是最好的；2003—2006年间（即"十五"中期至"十一五"初期），相对接近度值逐年下降，于2006年达到最低值，表明社会发展包容性在此期间呈下降趋势；2007—2015年间（即"十一五"中期至"十二五"期间），相对接近度值逐年上升，社会发展包容性越来越好，于2015年达到最好。

从社会包容发展的三个测量维度来看，2003—2015年间，社会融合、社会参与、社会共享的变动趋势略有差异。从社会融合维度来看，2003年的相对接近度值最小，表明相对而言该年的社会融合是最差的，但是2003—2015年间，相对接近度值呈明显的上升趋势，表明社会融合在"十一五"至"十二五"期间逐渐转好。从社会参与维度来看，2003年的相对接近度值最大，表明该年的社会参与是最好的。2003—2009年期间，相对接近度值逐年下降，社会参与水平越来越差，至2009年达到最差。但是，从2010年开始，相对接近度值在狭窄区间内上下波动，表明社会参与水平趋于平稳。从社会共享维度来看，2003—2005年的相对接近度值缓慢下降，但是2006—2015年的相对接近度值呈明显的上升趋势，表明社会融合在"十一五"至"十二五"期间逐渐转好。从图3-2可以看出，社会包容发展水平与社会共享水平的趋势契合度最高，说明社会共享在三个指标模块中起主导作用。

表3-9 我国社会包容发展水平排序（2003—2015年）

年份	B1 社会融合		B2 社会参与		B3 社会共享		总发展水平	
	相对接近度值（%）	排序	相对接近度值（%）	排序	相对接近度值（%）	排序	相对接近度值（%）	排序
2003	26.1703	13	57.2340	1	33.3140	9	40.2708	6
2004	26.2355	12	55.4056	2	33.5892	8	38.5185	8

续表3-9

年份	B1 社会融合 相对接近度值（%）	排序	B2 社会参与 相对接近度值（%）	排序	B3 社会共享 相对接近度值（%）	排序	总发展水平 相对接近度值（%）	排序
2005	26.7416	11	52.4658	3	31.0363	13	36.2727	10
2006	28.0734	10	33.8773	9	31.0696	12	31.1667	13
2007	34.5901	9	33.9293	8	33.1678	10	33.6997	12
2008	44.2164	8	32.0512	10	32.2879	11	35.3019	11
2009	47.1864	7	25.8502	13	37.6879	7	36.6799	9
2010	51.9848	6	27.5745	12	42.1202	6	39.9747	7
2011	58.3420	5	39.9067	5	48.0844	5	47.0564	5
2012	64.9689	4	31.7768	11	56.7742	4	50.3195	4
2013	75.2822	1	36.3054	7	60.5570	3	55.4453	3
2014	74.5710	2	45.6985	4	63.8578	2	59.2923	2
2015	73.6876	3	37.4208	6	71.4348	1	59.8227	1

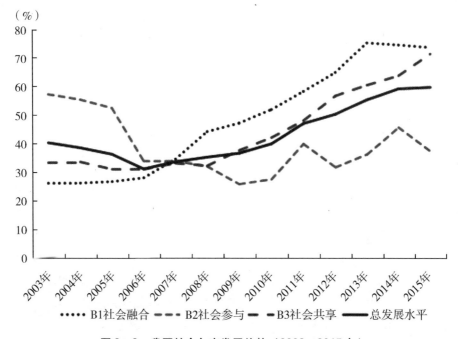

图3-2 我国社会包容发展趋势（2003—2015年）

五、生态发展可持续性评价结果

表 3-10 显示了 2003—2015 年我国生态可持续发展总水平及其三个测量维度的相对接近度值和排序情况。图 3-3 是相应的趋势图。可以看出，2003—2015 年间生态发展可持续性经历了先变强、再变弱的过程，大致可以划分为以下三个阶段：2003—2006 年为平稳发展阶段，相对接近度值处于 30~33 之间，变化范围比较狭窄；2007—2010 年为快速上升阶段，相对接近度值从 37 上升至 64；2010—2015 年为缓慢下降阶段，但是相对接近度值远高于第一阶段的。这说明生态发展可持续性在"十一五"期间获得改善，但是在"十二五"时期停滞不前，甚至变差了。

从生态可持续发展的三个测量维度来看，2003—2015 年间，自然资源、生态环境、生态空间拓展能力的变动趋势存在差异。从自然资源维度来看，相对接近度值的变动比较平缓，显示这段时期该测量维度处于相对平稳状态。从生态环境维度来看，相对接近度值在 2010 年达到最大值，变动趋势与生态可持续发展总水平切合度较高。从生态空间拓展能力来看，2003—2015 年期间表现出明显的上升趋势，说明生态空间拓展能力逐渐变强。

表 3-10 我国生态可持续发展水平排序（2003—2015 年）

年份	C1 自然资源		C2 生态环境		C3 生态空间拓展能力		总发展水平	
	相对接近度值（%）	排序	相对接近度值（%）	排序	相对接近度值（%）	排序	相对接近度值（%）	排序
2003	45.1176	10	32.5799	10	11.9742	12	33.1260	10
2004	40.4521	13	27.7012	12	11.8586	13	29.3383	13
2005	41.3905	11	26.9503	13	18.4394	11	30.4650	12
2006	41.1783	12	31.0084	11	22.8480	10	32.0035	11
2007	45.8698	9	36.2525	9	28.5269	9	36.7167	9
2008	53.7078	7	45.4877	7	37.3398	8	45.2540	8
2009	49.8862	8	44.4168	8	50.8741	7	47.8758	7
2010	60.8973	2	67.4644	1	63.2817	6	64.3343	1

续表 3-10

年份	C1 自然资源		C2 生态环境		C3 生态空间拓展能力		总发展水平	
	相对接近度值（%）	排序	相对接近度值（%）	排序	相对接近度值（%）	排序	相对接近度值（%）	排序
2011	55.2285	6	48.8421	6	66.0024	5	55.7928	6
2012	61.0046	1	53.1232	4	74.7116	4	61.5232	4
2013	58.8505	3	55.8972	3	78.3025	2	62.7212	3
2014	57.5965	4	56.3151	2	79.5416	1	62.7829	2
2015	56.9466	5	49.3772	5	75.4891	3	58.8714	5

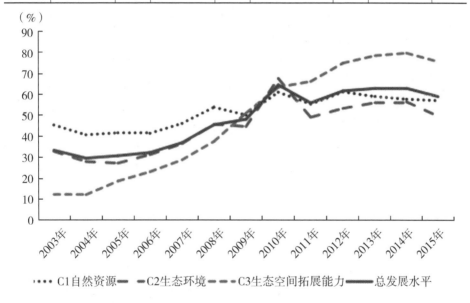

图 3-3 我国生态可持续发展趋势（2003—2015 年）

六、高质量发展水平评价结果

表 3-11 显示了 2003—2015 年我国经济社会生态综合高质量发展水平的相对接近度值和排序情况。图 3-4 是相应的趋势图。可以看出，2003—2015 年间我国高质量发展水平经历了先降后升的过程。从相对接近度值来看，2006

年的相对接近度值最小，2014年的相对接近度值最大，表明2003—2015年期间，2006年的高质量发展水平相对最低，2014年的高质量发展水平相对最高。2003—2006年间（即"十五"中期至"十一五"初期），相对接近度的值逐年下降，于2006年达到最低值，表明高质量发展水平在此期间呈下降趋势；2007—2014年间（即"十一五"中期至"十二五"末期），相对接近度的值逐年上升，高质量发展水平呈上升趋势，于2014年达到最高；但是高质量发展水平于2015年有轻微回落。

表3-11 我国高质量发展水平排序（2003—2015年）

年份	相对接近度值（%）	排序
2003	39.1101	9
2004	36.9922	10
2005	35.6819	11
2006	34.6839	13
2007	35.3374	12
2008	39.4633	8
2009	41.7378	7
2010	49.8372	5
2011	49.2563	6
2012	53.4420	4
2013	56.8624	3
2014	59.3488	1
2015	58.7306	2

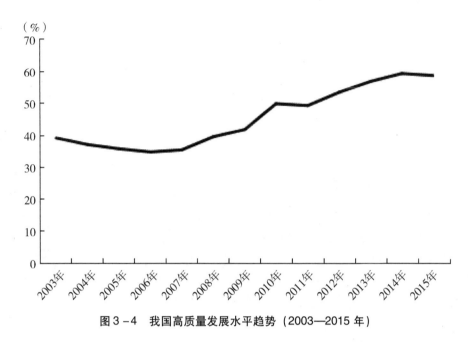

图 3-4 我国高质量发展水平趋势（2003—2015 年）

第四章 基于系统学视角的高质量发展评价

本章基于经济、社会、生态协同发展的视角,利用系统科学方法对我国高质量发展的系统协调性、系统协同演化水平进行测度,评价经济系统、社会系统、生态系统之间的协调发展程度,以及它们的协同进化关系。数据测算结果表明,2003—2015年间我国经济发展平衡性、社会发展包容性、生态发展可持续性之间的协调关系处于逐渐向好的发展过程,系统之间的协调度、综合发展协调度均具有上升趋势。从经济系统、社会系统和生态系统之间的协同演化关系来看,经济系统与社会系统存在竞争分析,经济系统的发展挤压了社会系统的发展。本章还从系统学视角阐述了我国高质量发展存在的问题,建议从提升经济发展平衡性、社会发展包容性、生态发展可持续性,以及不断探索促进高质量发展的动力机制四个方面加强顶层设计和政策引导,进一步提升高质量发展水平。

第一节 高质量发展评价的系统学视角与测度指标

一、高质量发展评价的系统学视角

经济平衡发展水平、社会包容发展水平、生态可持续发展水平是考量高质量发展的三个维度,它们的发展协调度代表综合发展的质量。发展协调度要求定量的诊断经济系统、社会系统、生态系统之间的协调发展水平,是否维持效率和公平,是否达到良性互动。如果说发展度注重发展规模、量的大小,协调度更强调内在的效率和质的概念。

经济系统、社会系统、生态系统的协同演化关系可以用于揭示发展平衡性、包容性、可持续性的高质量发展系统内部要素的发展演化关系，了解子系统发展是否存在合作或竞争，有助于挖掘发展中存在的问题，可以进一步评估综合发展潜力。

二、高质量发展评价的系统层次结构与测度指标

高质量发展的系统学评价将经济社会生态复合系统视为包含四个层次的复杂结构。第一层次是高质量发展总水平；第二层次包括经济发展平衡性、社会发展包容性和生态发展可持续性评价三个子系统；第三层次是各子系统内部要素的发展水平，例如，经济发展平衡性包括产业结构平衡性、区域发展平衡性等；第四层次是各要素层具体指标的发展水平。

任意两个子系统间的协调发展，既要看两个子系统的协调度，也要看子系统的发展度。本章利用第三章得到经济子系统、社会子系统、生态子系统的发展度，进一步计算经济社会系统协调发展指数、经济生态系统协调发展指数、社会生态系统协调发展指数、经济社会生态复合系统协调发展指数。

为了刻画三个系统演化过程中的相互竞争作用，引入竞争影响力参数，得出社会子系统、经济子系统和生态子系统的协同演化模型。利用遗传加速算法估计模型参数，得到复杂系统协同演化的平衡点，对子系统间的协同进化关系进行评价。

第二节　我国经济社会生态复合系统的协调发展度

一、协调发展度动态监测模型

协调发展动态监测模型是建立动态监测我国经济社会生态系统协调发展指数的工具，衡量模型是否科学的首要条件是该模型能否比较完整地测量了所要考察的内容，也就是说模型的构造必须体现概念的内涵。当子系统都处于较低的发展水平，此时的协调并不是本研究所理解的协调发展；同样，当子系统处于较好的发展状态，但子系统之间的发展速度有较大差异，此时也不是完美的

协调发展。经济社会协调发展动态监测模型既要体现经济平衡发展、社会包容发展、生态可持续发展任意两组变量之间的协调度,也要体现经济平衡发展、社会包容发展、生态可持续发展的发展度。

将经济系统、社会系统、生态系统分别记为 S_1、S_2、S_3,将三者组成的复合系统记为 S。设子系统 S_i($i \in [1, 2, 3]$)的序参量为 X_i($i=1, 2, 3$),设 X_{ij}($j=1, 2, 3, \cdots, n_i$)为是序参量分量,代表第 i 个序参量 X_i 的第 j 个指标。令 α_{ij}、β_{ij} 是系统稳定临界点上对应序参量的上限值和下限值,即 $\beta_{ij} \leq X_{ij} \leq \alpha_{ij}$。子系统 S_i 的序参量分量 X_{ij} 的系统有序度记为 μ_{ij},公式如下:

$$\mu_{ij} = \begin{cases} (X_{ij} - \beta_{ij})/(\alpha_{ij} - \beta_{ij}), X_{ij} \text{为正效用指标} \\ (\alpha_{ij} - X_{ij})/(\alpha_{ij} - \beta_{ij}), X_{ij} \text{为正效用指标} \end{cases} \quad (4-1)$$

μ_{ij} 表示指标达到目标的满足程度,其取值范围介于 0 至 1 之间。当 μ_{ij} 趋近 0 时,表示最不满意,当 μ_{ij} 趋近于 1 时,表示最满意。μ_{ij} 的值越大,表示序参量分量 X_{ij} 对系统有序的贡献越大。

进一步地,X_{ij} 对 S_i 有序程度的总贡献可通过 μ_{ij} 的加权组合来表达。本研究采用线性加权求和法进行集成,公式如下:

$$\mu_i = \sum_{j=1}^{n_i} \lambda_{ij} \mu_{ij}, \sum_{j=1}^{n_i} \lambda_{ij} = 1, \lambda_{ij} > 0 \quad (4-2)$$

其中,μ_i 为 μ_{ij} 的加权平均值,代表序参量变量 X_i 的系统有序度,表示子系统 S_i 对总系统有序度的贡献。μ_i 的值越大,表明 X_i 对子系统 S_i 有序的贡献度越大,子系统的有序程度越高,μ_i 的值越小,表明 X_i 对子系统 S_i 有序的贡献度越小,子系统的有序程度越低。λ_{ij} 为序参量的权重,采用熵权法 TOPSIS 方法进行确定。

测度协调发展水平的常用指标有极差、离差系数,其优点是简单易行,且比较直观,不足之处是仅测度了协调度,但是没有测量发展度,不能体现发展的理念。本文利用张维维等(2014)改进的离差系数模型,测度经济社会生态复合系统的协调发展水平。通过对协调度和发展度进行加权处理,计算两个或三个子系统间的协调发展度,计算公式如下:

$$D = \sqrt{\left\{\frac{\prod_{i}^{n} u_i}{\left[\left(\sum_{i} u_i\right)/n\right]^n}\right\}^{1/n} * \sum_{i} \gamma_i u_i} \qquad (4-3)$$

其中 γ_i 为 u_i 的权重。本研究认为经济平衡发展、社会包容发展、生态可持续发展的重要性相同，因此采取等权重。但 $n=2$ 时，C 可以计算经济、社会、生态子系统中任意两个子系统间的协调发展度。当 $n=3$ 时，C 表示三个子系统的协调发展度。不难证明，$0 \leq C \leq 1$，当 $C=1$ 时，说明协调发展度最好，反之，协调发展度最差。参照国内外分级方法，将协调度、发展度的大小等分为 10 个等级，0～0.1 为最低等级，0.9～1 为最高等级，依次命名为"极度失调""严重失调""中度失调""轻度失调""濒临失调""勉强协调""初级协调""中级协调""良好协调""优质协调"。

二、子系统有序度和协调发展度

根据式（4-1）、式（4-2），可以计算得出我国经济子系统、社会子系统、生态子系统的发展度（见表4-1），趋势图见图4-1。不难看出，经济子系统和社会子系统呈先下降后上升趋势，生态子系统基本处于长期上升趋势，在末端开始下降。2009 年以前，经济发展有序度高于社会发展有序度；2010 年开始，社会发展有序度超过经济发展有序度。生态发展度在 2007 年前处于三者中的最低水平，但是在 2008 年后开始超过经济和社会发展度，并保持较高水平，但是 2011 年后开始向下调整。

表4-1 经济、社会、生态子系统发展有序度

年份	经济子系统	社会子系统	生态子系统
2003	0.5107	0.2850	0.2557
2004	0.5192	0.3114	0.2352
2005	0.4698	0.3155	0.2738
2006	0.4577	0.2891	0.3125
2007	0.3777	0.3490	0.3775
2008	0.3985	0.3693	0.4692
2009	0.4224	0.3817	0.4971

续表 4-1

年份	经济子系统	社会子系统	生态子系统
2010	0.4080	0.4327	0.6667
2011	0.4328	0.5138	0.5639
2012	0.4431	0.5427	0.6280
2013	0.4684	0.6133	0.6488
2014	0.5087	0.6807	0.6598
2015	0.5615	0.7124	0.6333

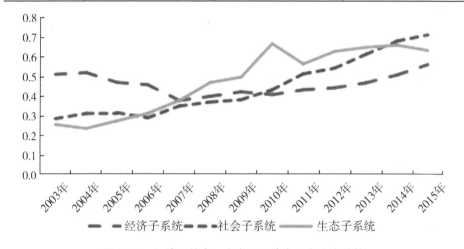

图 4-1 经济、社会、生态子系统发展有序度趋势

根据式（4-3），可以计算出三个子系统间以及总系统的协调发展度。表4-2 列示了协调发展度的计算结果。图 4-2 是与之相应的时间序列趋势图。不难看出，三个子系统之间的协调度、综合发展协调度均具有上升趋势，这表明 2003—2015 年间我国经济发展平衡性、社会发展包容性、生态发展可持续性之间的协调关系处于逐渐向好的发展过程。

从综合发展协调度来看，从濒临协调等级上升为中极协调阶段，但是尚未到达良好协调甚至优质协调等级。社会与经济协调度、经济与生态协调度、社会与生态协调度的数值变动范围比较接近，2005 年以后，三条趋势线互相靠近，社会与生态协调度相对较高。比较而言，在 2003 年至 2005 年期间，经济与社会协调度要高于经济与生态的协调度，也高于社会与生态的协调度。但是，2005 年以后，这种趋势关系发生变化，经济与社会协调度基本低于经济与生态协调度，也基本低于社会与生态协调度。

表4-2 协调发展度测度值及等级

年份	经济与社会协调度	等级	经济与生态协调度	等级	社会与生态协调度	等级	综合发展协调度	等级
2003	0.5800	勉强协调	0.5505	勉强协调	0.5184	勉强协调	0.4759	濒临失调
2004	0.6041	初级协调	0.5271	勉强协调	0.5126	勉强协调	0.4655	濒临失调
2005	0.6024	初级协调	0.5674	勉强协调	0.5401	勉强协调	0.5263	勉强协调
2006	0.5799	勉强协调	0.5985	勉强协调	0.5476	勉强协调	0.5409	勉强协调
2007	0.6019	初级协调	0.6145	初级协调	0.6018	初级协调	0.6048	初级协调
2008	0.6187	初级协调	0.6543	初级协调	0.6383	初级协调	0.6277	初级协调
2009	0.6325	初级协调	0.6736	初级协调	0.6515	初级协调	0.6411	初级协调
2010	0.6478	初级协调	0.6906	初级协调	0.7078	中级协调	0.6335	初级协调
2011	0.6829	初级协调	0.6937	初级协调	0.7325	中级协调	0.6909	初级协调
2012	0.6949	初级协调	0.7100	中级协调	0.7610	中级协调	0.7009	中级协调
2013	0.7222	中级协调	0.7279	中级协调	0.7937	中级协调	0.7268	中级协调
2014	0.7550	中级协调	0.7516	中级协调	0.8185	良好协调	0.7565	中级协调
2015	0.7869	中级协调	0.7701	中级协调	0.8174	良好协调	0.7806	中级协调

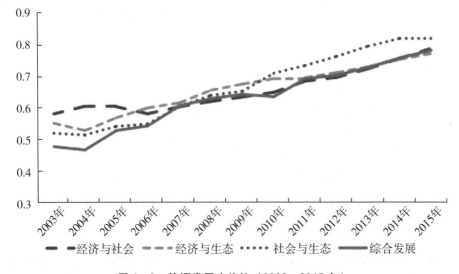

图4-2 协调发展度趋势（2003—2015年）

三、高质量发展协调度指数

表4-3列示了2003—2015年高质量发展协调度指数,图4-3是相应的趋势图。可以看出,高质量发展协调度指数呈现明显的上升趋势,其中"十一五"期间(2006—2010年)的上升过程呈下凹弧形,存在下行反复。2011—2015年,折线呈上升趋势,这表明"十二五"期间我国高质量发展的协调态势较好。

表4-3 综合发展协调度指数

年份	协调发展指数(%)
2003	100.00
2004	97.80
2005	110.59
2006	113.65
2007	127.08
2008	131.88
2009	134.71
2010	133.10
2011	145.16
2012	147.26
2013	152.71
2014	158.94
2015	164.02

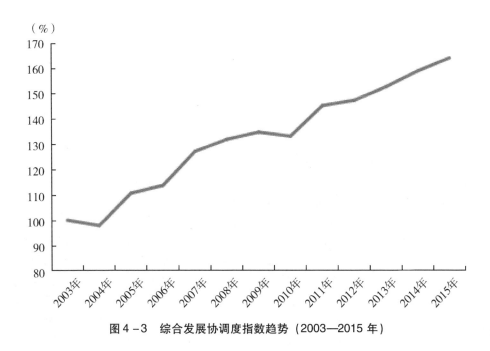

图 4-3 综合发展协调度指数趋势（2003—2015 年）

第三节 我国经济社会生态复合系统的协同进化关系研究

一、复合系统的协同进化模型

德国物理学家哈肯创立的协同学是研究系统演化过程和演化规律的重要理论。设 S_1、S_2、S_3 分别代表经济系统、社会系统和生态系统，u_1、u_2、u_3 分别为子系统 S_1、S_2、S_3 的有序度发展水平。为了刻画 S_1、S_2、S_3 三个系统演化过程中的相互竞争作用，引入参数 β_{ij}（$i, j = 1, 2, 3$），称为系统 j 对系统 i 的竞争影响力参数。定义系统 S_1、S_2、S_3 的协同演化模型如下：

$$\frac{du_1}{dt} = S_1(u_1, u_2, u_3) = Y_1 = \alpha_1 u_1 (1 - u_1 - \beta_{12} u_2 - \beta_{13} u_3) \quad (4-4)$$

$$\frac{du_2}{dt} = S_2(u_1,u_2,u_3) = Y_2 = \alpha_2 u_2(1 - u_2 - \beta_{21}u_2 - \beta_{23}u_3) \quad (4-5)$$

$$\frac{du_3}{dt} = S_3(u_1,u_2,u_3) = Y_3 = \alpha_3 u_3(1 - u_3 - \beta_{31}u_2 - \beta_{32}u_2) \quad (4-6)$$

演化方程（4-4）、（4-5）、（4-6）中的系数 α_1、α_2、α_3 分别表示系统 S_1、S_2、S_3 的增值系数，体现子系统在总系统中的发展速度。演化方程（4-4）中的参数 β_{12} 表示社会系统对经济系统的影响，表示生态系统对经济系统的影响。演化方程（4-5）中的参数 β_{21} 代表经济系统对社会系统的影响，β_{23} 代表生态系统对社会系统的影响。演化方程（4-6）中参数 β_{31} 体现了经济系统对生态环境系统的影响，β_{32} 表示社会系统对生态系统的影响。

演化模型中系数 α_i 的符号指示了系统本身处于何种状态，是进化还是退化的状态。当 $\alpha_i > 0$ 时，指示系统 S_i 处于进化的状态；当 $\alpha_i < 0$ 时，指示系统 S_i 处于退化的状态。演化模型中系数 β_{ij} 的符号指示了两个系统之间的合作竞争关系。当 $\beta_{ij} > 0$ 时，说明系统 j 对系统 i 是一种竞争关系，系统 j 自身的进化不利于系统 i 的发展，系统 i 的发展水平受到系统 j 的限制；当 $\beta_{ij} < 0$ 时，指示系统 j 与系统 i 是一种合作关系，系统 j 的进化有利于系统 i 的发展，两者是相互促进的协同作用。

演化模型是非线性方程，常用的模型参数求解方法如最小二乘法、最大似然法等难以达到令人满意的精度。本研究采用加速遗传算法来求解模型参数。设一般优化问题为

$$\begin{cases} \min f(c_1, c_2, \cdots, c_p) \\ a_j \leq c_j \leq b_j \end{cases} j = 1, 2, 3, \cdots, p$$

其中，c_j 为第 j 个变量；$[a_j, b_j]$ 为 c_j 的初始变化区间，f 为非负的优化准则函数。

二、我国经济社会生态复杂系统的实证研究

把经济序参量指标、社会序参量指标与生态序参量指标的具体数据进行中间差分，代入目标函数（4-7）、（4-8）、（4-9）：

$$Z_1 = \min \sum_{i=1}^{13} [Y_1 - \alpha_1 X_1(1 - X_1 - \beta_{12}X_2 - \beta_{13}X_3)]^2 \quad (4-7)$$

$$Z_2 = \min \sum_{i=1}^{13} [Y_2 - \alpha_2 X_2(1 - X_2 - \beta_{21}X_2 - \beta_{23}X_3)]^2 \quad (4-8)$$

$$Z_3 = \min \sum_{i=1}^{13} [Y_3 - \alpha_3 X_3(1 - X_3 - \beta_{31}X_2 - \beta_{32}X_2)]^2 \quad (4-9)$$

其中，变量 α 与 β 的初始变化区间为 [-2, 2]，采用加速遗传算法求得参数估计值如表 4-4 所示。

表 4-4 模型参数计算结果（基于 2003—2015 年数据）

项目	$\widehat{\alpha_i}$	$\widehat{\beta_{ij1}}$	$\widehat{\beta_{ij2}}$
经济系统	-0.3647	0.2674	0.8845
社会系统	-0.0580	-3.9864	6.2875
生态系统	0.3194	-0.3666	0.8920

从表 4-4 可以看出，经济系统和社会系统对应的 α_i 的符号为负，表明经济平衡发展和社会包容发展均处于退化状态；生态系统对应的 α_i 的符号为正，表明生态可持续发展处于进化状态。

由于 $\widehat{\beta_{12}}$ 与 $\widehat{\beta_{21}}$ 符号相反，说明 2003—2015 年间我国的经济系统与社会系统是一种输赢互补关系。经济系统的发展对社会系统形成挤压作用，但是社会系统的发展对经济系统的发展具有促进作用。社会包容发展促进了经济平衡发展，但是经济平衡发展降低了社会包容性。

由于 $\widehat{\beta_{13}}$ 与 $\widehat{\beta_{31}}$ 符号相反，说明 2003—2015 年间我国经济系统与生态系统是一种输赢互补关系。经济系统的发展对生态系统形成挤压态势，但是生态系统的改善可以促进经济系统发展。生态可持续发展促进了经济平衡发展，但是经济平衡发展降低了生态发展的可持续性。

由于 $\widehat{\beta_{23}}$ 与 $\widehat{\beta_{32}}$ 均为正数，说明 2003—2015 年间我国社会系统与生态系统是一种双输关系。社会包容发展与生态可持续发展不能共容，处于竞争状态。它们的协同演化是通过降低某一互动主体的适应性来提高另一互动主体的适应性，或者协同演化的结果是同时降低了双方的适应性。

三、我国经济社会生态复合系统的竞争与合作关系分析

（一）经济系统与社会系统的关系分析：竞争与合作

经济发展和社会发展都是人类社会发展系统中的核心组成部分。经济发展是社会发展的基础和条件，社会发展是经济发展的出发点和目的。社会事业的发展离不开经济增长，经济发展可以为社会发展提供物质条件，但是，经济的高速发展并不一定带动社会事业的高速发展。如果处理不好，经济的高速发展还会强化甚至激化社会矛盾，影响社会健康有序发展。与此同时，人文与社会发展也为经济发展提供了良好的社会环境和价值导向系统，并提供非经济支持力量，成为经济发展的动力系统。

本研究的分析结果显示，一定程度上，经济系统的发展挤压了社会系统的发展。在 2003 年至 2015 年期间，我国经济发展增速平稳，经济总量持续增长，人均 GDP 实现接近 5 万元。产业结构调整取得显著进展，第三产业增加值稳步增长，第三产业占 GDP 比重超过第二产业，高新技术产业加快发展，在提升国家竞争力方面发挥着越来越重要的作用。居民消费需求得到持续激发，消费结构转型升级；城镇化进程稳步推进，乡村振兴政策效果明显，城镇居民和农村居民的生活差距趋于缩小。但是，由于经济发展方式粗放，不平衡、不协调、不可持续问题仍然突出。比如，城镇化进程改变了农村居民的户籍属性，但是城市基本公共服务供给不足矛盾凸显。社会阶层分化，不同群体的收入差距较大，需要深化收入分配制度改革。随着我国人口老龄化进程加快，人口结构和劳动力结构变化，保障弱势群体基本权益，也需要社会发展更具包容性。

本研究的分析结果还表明，社会系统包容发展促进了经济系统平衡发展。这与已有文献的研究结果一致（张维维、贺建军，2014）。社会发展与经济发展具有因果关系，只有改变经济系统发展对社会系统发展的挤压态势，让经济发展成果支持社会发展，才能形成经济社会发展的良性循环。

（二）经济系统与生态系统的关系分析：竞争与合作

生态环境是人类生存与发展的基本条件，是经济社会发展的基础。经济发展与环境保护之间存在着复杂的耦合关系。本研究的分析结果表明，经济系统

的发展挤压了生态系统的可持续发展，生态系统的改善促进了经济系统的发展。从协调发展度的测算结果可以看出，"十一五"期间（2006—2010年），经济系统与生态系统的协调性处于"初级协调"状态；"十二五"期间（2011—2015年），经济系统与生态系统的协调性处于"中级协调"或"良好协调"状态，协调性较"十一五"期间要好。"十一五"和"十二五"期间，我国经济较快发展，高消耗、高污染、低产出的粗放发展模式对环境造成破坏，环境污染问题越来越严重。但是，经济发展为改善生态环境提供资金支持，在意识到环境问题的重要性后，政府加强了生产部门的排污监管，制定了环境保护政策，实施环境治理法案。经济发展可以增加政府财政收入，使政府有能力加大环境治理的资金投入，促进居民生态环境保护的社会意识。同时，生态系统的保护是经济发展的前提和基础，良好的生态系统能够为发展经济打下坚实的基础，本身也会有直接的经济效益。因此，促进经济发展与生态环境保护的协调，既能保证经济的可持续增长，又能治理环境并保护生态系统。我国应该坚持与生态承载能力相适应的经济发展模式，实现经济系统与生态系统的协调发展。

（三）社会系统与生态系统的关系分析：竞争与合作

本研究的分析结果显示，当前我国社会包容发展与生态可持续发展之间的关系是竞争关系，社会包容发展尚未对环境可持续发展产生正向影响，两者尚未建立合作关系。这说明我国亟须改变生产方式，改善社会发展与生态发展的关系。面对资源约束趋紧、环境污染严重、生态系统退化的严峻形势，必须树立尊重自然、顺应自然、保护自然的生态文明理念。不断加强生态文明建设，实现人与环境友好相处、人类社会与自然界良性互动的和谐状态。

第四节 我国经济社会生态高质量发展现状总结与问题分析

一、我国高质量发展现状总结

从第三章测算结果来看，2003—2015 年间我国高质量发展水平经历了先降后升的过程。其中，经济发展平衡性经历了从不平衡加剧到逐渐走向平衡的过程，社会发展包容性经历了先变差、后变好的过程，生态发展可持续性经历了先变强、再变弱的过程。

从协调发展总趋势来看，经济社会生态系统之间的协调度、综合发展协调度均具有上升趋势，表明 2003—2015 年间我国高质量发展的协调关系处于逐渐向好的发展过程，从濒临协调等级上升为中等协调阶段，但是尚未到达良好协调甚至优质协调等级。

从经济系统、社会系统和生态系统之间的协同演化关系来看，经济系统与社会系统存在竞争分析，经济系统的发展挤压了社会系统的发展。经济系统的发展挤压了生态系统的可持续发展，生态系统的可持续发展改善并促进了经济系统的发展。社会包容发展与生态可持续发展之间的关系是竞争关系，社会包容发展尚未对环境可持续发展产生正向影响，两者尚未建立合作关系。这说明我国亟须改变生产方式，改善社会发展与生态发展的关系。

二、我国高质量发展存在的问题

（一）经济发展不平衡问题：需要进一步提升发展平衡性

本章测度的经济发展平衡性涵盖四个维度：区域发展平衡、城乡发展平衡、产业发展平衡、内外供求发展平衡。从测度结果可以看出，一方面，经济发展不平衡在上述四个测量维度中均有表现；另一方面，基于四个测量维度的经济发展不平衡从不同时点开始有改善趋势。其既存在同一时间段内不同区域之间经济发展的静态不平衡，也存在同一区域不同时间段经济发展的动态不平衡。

区域发展不平衡表现为区域发展差异明显，不仅存在于省际之间，还存在于东中西东北四大区域之间、城市群之间。城乡发展不平衡表现为城市地区与农村地区发展的不平衡，涵盖经济发展水平、居民生活水平和基础设施建设等方面的差异。产业结构不平衡表现为三次产业结构不尽合理，第三产业发展速度不够快，发展质量不高，发展整体不足；高新技术产业发展活力有待提高，产业结构有待优化。内外供求发展平衡表现为固定资产投资需求增长过快，但同时消费需求增长乏力；贸易与资本金融项目不平衡，国际收支不平衡；外向型经济依赖度高，内需不足的困扰日益加剧。

提升我国经济发展平衡性，需要从提升区域发展平衡、城乡发展平衡、产业发展平衡、内外供求发展平衡四个维度寻求着力点，不断创新经济发展方式。通过推进乡村振兴战略、西部发展规划、精准扶贫战略、新农村建设等新时代全面发展战略，促进区域平衡发展、城乡平衡发展。通过人工智能技术创新推动产业转型升级，大力发展高新技术、新产业，培育发展新动能，重塑制造业核心竞争力，促进资源协调均衡配置，实现产业平衡发展。通过加大对贫困地区的帮扶，缩小城乡差异和收入不平等，促进信息共享，加快市场化进程，全面发展核心技术，提升国际竞争力。将兼顾社会目标和生态目标的新时代发展理念贯穿于经济发展实践，实现经济的结构平衡、区域平衡、内外平衡。

（二）社会发展不包容问题：需要进一步提升发展包容性

本章基于社会融合、社会参与、社会共享三维视角测度社会发展的包容性。社会发展不包容问题表现为社会阶层分化、社会参与质量低和发展成果共享不够。

首先，社会阶层分化，城乡经济融合、制度融合程度不高。城乡二元制度性分隔导致的城市社会包容性缺失。发展代价和改革成本由弱势群体承担，发展成果由精英阶层分享。城乡、二元、体制内外发展不平衡，发展机会不均等，发展环境不健康。

其次，社会参与质量低。基层社会组织发展受限，居民参与社会治理动力不足。农村地区承载着我国大多数人口，但是农村的基础设施建设、文化教育事业发展相对落后，农村居民的社会参与意识、参与水平、参与程度、参与质量较低。城市地区基层社会组织相对完善，但现代化、先进程度与经济发展水平不匹配，社区隔离比较普遍，居民的社会参与质量需要进一步提高。大数据时代的来临为信息的互联互通创造了良好的发展条件。推动"互联网+"社区平台建设，增强基层社会组织的信息传播能力，增强社区居委会等社区组织的凝聚力，有利于提升社会参与质量。

最后，发展成果共享不够。我国经济快速发展伴随着社会领域的收入分配不公平、就业和创业不公平、基本公共服务不均等。发展红利不共享，社会保障不健全，社会阶层分化，容易导致社会关系紧张，社会矛盾累积，社会结构不稳。提升社会发展的包容性，必须进一步促进社会融合，为社会阶层流动打开空间；激发全体居民的社会参与意识，缩小社会发展差距，弥补社会发展鸿沟；提升公共服务均等化水平，实现社会共享。

（三）生态发展不可持续性问题：需要进一步提升发展可持续性

本章将生态可持续发展水平分解为自然资源可持续发展水平、生态环境支持水平、生态空间拓展水平三个维度。从改革开放至今的较长一段时期来看，我国经济高速发展确实带来了较为严重的生态负外部性，高投入、高消耗和高污染问题长期存在，经济发展和社会发展的生态底线缺乏保障，经济发展的生态成本高，环境代价大，自然资源和生态环境不断透支，生态安全遭受威胁，生态危机形势严峻。

本章的研究观察2003—2015年这一相对较短时期，结果发现生态可持续发展水平呈现出波动性。分析原因主要有两点。一是由于经济发展的资源约束加剧，经济增长的环境制约凸显，社会和谐的资源、环境和生态矛盾突出，环境生态问题日益受到重视。政府对经济行为主体提出要求和警示，局部生态保护和环境治理使得经济发展对生态环境的挤出效应得到一定程度的缓解。二是随着人类智慧的发展，生态治理技术水平不断提升，空间拓展能力不断增强，释放出更多的生态发展新空间和发展活力，对经济发展导致的生态负外部性起到一定的纠偏作用。

提升生态发展的可持续性，必须持续关注发展的资源约束和环境承载能力，强调可持续发展的平衡性和代际公平。由于经济发展产生的环境、生态负外部性增大，经济发展的代际负外部性突出，严重影响了人们对美好生活的感受。改变经济增长的驱动要素和结构，构建完善的创新生态系统，改善环境系统与经济社会系统的关系，对提升生态发展的可持续性具有重要作用和意义。

(四）基于平衡包容可持续性的高质量发展问题：需要提升综合发展力

发展平衡性、包容性、可持续性问题主要表现在经济高速增长的同时，我国经济、社会、生态发展出现了一系列问题，经济发展不平衡、社会发展不包容、生态发展不可持续问题突出。当前，中国经济发展进入了新常态，改革进入深水区，发展进入转型期，开放进入提升期，发展环境日益多元开放，发展条件愈加复杂多变。如何在制约发展的因素日益复杂的情况下，摆脱发展困境，避免发展陷阱，不断适应经济发展新常态，不断创新宏观调控方式，不断提高发展的平衡性、包容性和可持续性，是当前及未来一段时间内我国实现高质量发展要着力解决的问题。

第五章　基于平衡充分发展视角的高质量发展评价

本章在分析我国社会经济发展不平衡不充分现状的基础上，阐述发展充分性的内涵，提出发展充分性的测度维度，构建充分发展测度指标体系；从平衡充分发展的视角，构建发展平衡充分指数，对经济社会高质量发展水平进行评价，动态监测发展不平衡不充分问题不断改善的进程与日益增长的美好生活相对应的短板和弱项。数据分析结果表明，2015—2019年我国社会经济平衡充分发展综合指数值逐年增加，上升趋势明显。与2015年相比，2019年的平衡发展指数增长28.2%，充分发展指数增长112%，充分发展综合指数增长64.4%，表明"十三五"时期我国社会经济发展的平衡充分性处于稳步提升的状态。

第一节　我国社会经济发展不平衡不充分现状

习近平总书记在党的十九大报告中指出，中国特色社会主义进入新时代，我国社会的主要矛盾已经转化为人民日益增长的美好生活需要和不平衡不充分的发展之间的矛盾。这一重大政治论断，反映我国社会经济发展的客观实际，指明了解决当代中国发展主要问题的根本着力点。必须坚持以人民为中心的发展思想，着力解决好发展不平衡不充分问题，大力提升发展质量和效益，推动更平衡更充分发展，更好地满足人民在经济、政治、文化、社会、生态等方面日益增长的需要。深入研究和把握我国社会主要矛盾的变化，以更平衡更充分的发展满足人民日益增长的美好生活需要，是我国决胜全面建成小康社会，进而开启全面建设社会主义现代化国家新征程的必由之路。

一、当前我国社会经济发展不平衡不充分现象凸显

首先，经济领域存在区域发展不平衡、城乡发展不平衡和产业发展不平衡、收入分配不平衡等不平衡现象（白玫，2017；曹文炼、方正，2018）。我国的经济发展区域大体上可以分为东部区域、中部区域、西部区域和东北区域。改革开放以来，我国东部地区保持了较快的经济增速，城镇化率不断提升，产业结构转型升级取得了一定成效，以上海为核心的长江三角洲，以广州、深圳、香港为核心的珠江三角洲和以京津为核心的环渤海地区已经成为我国城镇化率和经济发展水平最高的三个区域。其中，长三角城市群已经成为世界级城市群之一，粤港澳大湾区也已成为与美国的纽约湾区、旧金山湾区和日本的东京湾区并列的世界四大著名湾区之一。相比之下，中西部地区和东北地区近年来的经济发展虽然也取得了显著成绩，但在经济总量和城镇化率等方面，与东部地区尚存在很大差距。从经济总量上来看，我国东部地区经济总量占全国经济总量的比重远远高于中西部和东北地区。从城镇化率来看，东部地区也明显高于中西部地区。根据国家统计局公布的数据，截至2017年年底，我国东部地区城镇化率为67.0%，显著高于中部地区的54.3%和西部地区的51.6%。在区域基础设施和基本公共服务保障等方面，中西部和东北地区与东部地区也存在很大差距。

我国长期存在城乡发展不平衡和产业发展不平衡的问题（胡鞍钢、鄢一龙，2017；蒋永穆、周宇晗，2018）。中华人民共和国成立以来，为了给工业化提供原材料、积累资金和劳动力，我国采取了重工抑农、重城轻乡的发展政策，城乡之间和工农业之间发展不平衡的问题突出。改革开放以来，我国的城市特别是大城市的发展非常快，而县域经济则发展较慢。在生产要素配置和资源流向上，城市成为要素和资源的聚集地，乡村成为要素和资源的流出地，伴随着城市群、城市带、都市圈崛起的是乡村地区的空心化特征和趋势愈发明显，要素和资源从乡村向城镇的单向度流动不断强化，乡村衰败情景不断呈现。虽然城乡户籍制度和乡村土地制度改革已经取得很大成效，但是城乡二元的户籍制度依然是城乡基本公共服务均等化目标实现的主要障碍。城乡基础设施建设和基本公共服务供给水平差异较大，城乡公共服务发展不平衡，农村基本公共服务供给能力、数量和水平都亟待提升（张劲松，2018）。与发达国家相比，我国第一、第二、第三产业的比重不尽合理，工业和农业的现代化、规

模化水平差异较大。我国的工业化基本上进入了中后期，工业生产的现代化、规模化水平不断提高。而农业受制于我国农村有限的土地数量和集体土地制度改革的滞后，依然还存在采用小规模、传统人工种植的生产模式，生产体系的现代化和规模化水平有待提高。制造业中传统制造业比例偏大，现代制造业比例偏小；资源型产业中技术含量较高的产业比例较低，普通、过剩产品比例偏高；服务业比例偏低，农业和基础产业抗风险能力较低。

其次，社会领域存在教育发展不平衡、医疗卫生发展不平衡、社会保障不平衡等方面的不平衡。改革开放40多年来，我国的经济建设取得了巨大成就，但与经济的高速发展相比，民生领域的发展相对较慢，不能满足人民对更好的教育、更好的医疗、更好的社会保障等的期待。民生领域发展不平衡不充分影响着人民对美好生活的向往。在教育方面，从教育的经费投入、教育质量和就学机会看，农村还落后于城市，中西部还落后于东部（陈子季、马陆亭，2017；申怡、夏建国，2018；邹克、郑石明，2020）；在医疗方面，国家对医疗卫生服务投入的资金越来越多，仍有许多城乡家庭看不起病。从卫生健康投入、卫生服务的可及性和利用程度及卫生健康水平看，城乡和地区之间还存在着较大差距（江维国、李立清，2020；肖琳琪等，2017）；在社会保障方面，中国的社会保障支出占GDP比重以及养老保险覆盖率均不够充分，难以满足人民对社会保障的需求以及人口老龄化的需要（刘艺、范世明，2018）。物质文明与精神文明发展不平衡，不能满足人民日益增长的文化需求。我国文化发展的质量和水平还不高，文化建设的布局和结构不尽合理，制约文化科学发展的体制机制障碍尚未完全破除（江维国、李立清，2020）。面对人民群众精神文化需求快速增长的新形势，我国文化产品无论是数量还是质量，都还不能很好地满足人民群众多方面、多层次、多样化的精神文化需求。因此，进一步解放和发展文化生产力、提高文化产品和服务供给能力的任务更加紧迫。

二、我国社会经济发展不充分，人民对美好生活的需要还没有得到满足

我国社会经济发展不充分表现在经济、科技、民生、制度等许多方面。一是实体经济发展不充分，有效供给不充分。随着主要矛盾的变化，居民消费水平和消费结构都在不断加快升级，但是由于供给侧结构性改革还不彻底、不充分，新产品和新服务的供给能力跟不上，居民个性化、多样化、服务化的需求

难以得到满足（梁君、王蒙，2017）。二是市场化改革不充分。很多行业被垄断，经济活动中仍然是国有企业占山为王，很多行政性的优惠政策更多地倾向于国有企业，国企和私企的市场准入还存在着不必要不公平的限制（白玫，2017）。一个健全的市场经济体系，需要由一批大型企业和一批优秀的中小企业通过竞争来实现良性运转，而国企的垄断抑制了市场的充分竞争。三是创新能力发展不充分。根据社会主要矛盾的变化来分析新时代我国科技事业的发展，可以清晰地看到建设世界科技强国与科技体系发展不平衡不充分之间的矛盾。一方面，我国已成为世界科技大国，不仅拥有世界上规模最大的科技队伍，而且科技投入不断增加，正在建设世界科技强国。另一方面，我国科技体系发展呈现明显的不平衡不充分状况，不仅存在东部地区与中西部地区、国家研究机构与地方研究机构、重点大学与一般大学之间的差异，而且存在热点研究与一般研究之间的差异，尤其是在从基础研究、应用基础研究、应用研究到工程实现的科技创新链条上存在明显短板（龙云安等，2018）。这与建设世界科技强国的目标是不相适应的。四是改革开放的成果共享不充分，民生短板仍需补齐。比如在养老服务为准公共物品，社会主义市场化改革释放出的红利理应由全体老年人共享。但是，农村老年人与城市老年人相比尚未能享受到同等的优质的养老服务（刘艺、范世明，2018）。经过多年努力，我国在基本公共医疗卫生服务均等化建设方面已经取得了较大进步。但是，基本公共医疗卫生服务供给与需求不匹配、卫生资源在区域间配置不均衡、投入与产出不成比例等问题依然存在（梁君、王蒙，2017）。五是制度创新不充分。旧的市场经济体制还未彻底转轨，新体制还存在制度不完善、机制不健全、作用发挥不充分等问题，如监管体系、产品质量、食品安全、知识产权保护等方面的制度缺口还很明显，有利于落实创新、协调、绿色、开放、共享的制度环境还未全面形成（杨继瑞、康文峰，2018）。

三、我国已经具备社会经济充分发展的物质基础

经过中华人民共和国70多年的建设特别是改革开放以来的快速发展，我国经济总量已稳居世界第二，是世界第一制造业大国、第一大货物贸易进出口国，一大批科技创新成果进入世界前列，人民生活水平大幅提高，中华民族迎来了从站起来、富起来到强起来的伟大飞跃，已经具备充分性发展的经济和物质基础。

习近平总书记的平衡充分发展观是我国经济发展进入新常态、中国特色社会主义进入新时代背景下的社会主要矛盾变化后的实践需求。在继续推动发展的基础上，着力解决好发展不平衡不充分问题，大力提升发展质量和效益，更好地满足人民在经济、政治、文化、社会、生态等方面日益增长的需要，更好地推动人的全面发展、社会全面进步，对新时代我国实现高质量发展目标具有重要意义。

第二节　发展充分性的内涵及与发展平衡性的联系

一、发展充分性的内涵

"充分"一方面是指资源供给的量上的充足，另一方面是指在努力程度上要尽全力达到最好的效果。充分的发展是现阶段推动实现中国特色社会主义总目标的充分必要条件。充分发展的含义主要是指进一步发展先进生产力并推动社会全面进步，它在供给侧结构性改革中起主导作用。从广义理解，充分发展是无止境的，在数量上、质量上都是无限的。发展不充分主要是指我国社会生产力发展程度尚不够高，发展总量不丰富，发展水平仍不能满足人民日益增长的全方位、多层次的美好生活需要。实现社会主义现代化，就要充分发展先进生产力，并在此基础上实现社会各领域的全面发展。

（一）实现生产力充分发展，满足人民对美好生活的需求

我国社会主义进入新时代，人民不仅对物质文化生活提出了更高要求，而且在精神、制度等方面的需求也日益增长；不仅需求的数量明显增加，而且需求的质量显著增强；不仅对单一产品和服务的需求增加，而且对产品和服务的多元化、多层化、多样化要求与日俱增。充分发展体现在社会生产力发展充分，能够满足人民日益增长的物质需求之上。中国的劳动生产率逐步提高，已经由绝对落后水平转变为相对落后水平，社会生产能力在很多方面都进入了世界前列。社会生产力的发展使人民生活水平有了很大的提高，但仍不能满足我国人民对不同产品结构和质量的需求，不能满足人民对各种服务的需求，也不

能满足人民对社会公平、民主法治和生态环境等方面的需求。生产力充分发展将促进物质、产品的丰富，社会民主和公平提升到更高的水平，人民群众对物质和精神生活、法治和环境公平、社会治理和生态环境的需求得到更充分的满足。

(二) 坚持发展的内生动力导向，不断提升发展质量和效率

发展不充分问题说明中国经济社会在某些方面、某些领域还存在发展空缺，或者发展的程度有待提高。在理论上讲，经济社会应该保持同步发展，可是中国社会发展的某些方面严重滞后，这不仅影响着经济发展的继续推进，更影响发展平衡的程度。发展越不充分，说明经济社会发展的渗透程度越差，社会发展越滞后，这必然引发经济领域和社会领域中的矛盾迭起，给中国跨越中等收入陷阱平添了阻力，延长中国由大国走向强国的所需时长。坚持发展的内生动力导向，通过增进发展的成效，提高发展的充分性，不断为经济社会发展的一体化水平增添新的活力，从而弥补中国从大国向强国转变的短板。

(三) 坚持创新驱动发展，用原发性的重大科技创新推动充分发展

习近平总书记在2015年全国"两会"期间参加上海代表团审议时提出"创新是引领发展的第一动力"的重大论断，强调"抓创新就是抓发展，谋创新就是谋未来"。但当前，我国经济发展中的创新仍然不够充分。中国在家用电器、建材、铁路和高铁技术、风力涡轮机和电力设备、太阳能电池板和石油天然气设备等少数领域处于领先地位的同时，在其他不少科学技术领域都还处于相对落后的位置。主要原因在于我国自主创新能力整体上还不强，原创成果还比较缺乏，尤其是核心技术、关键共性技术和前沿引领技术创新不足，对国外先进技术的依赖较大，阻碍了社会经济的充分发展。实现经济社会充分发展，需要不断加强科技领域的创新发展。

(四) 坚持人与自然协调发展，实现生态环境的充分发展

人类的生存与发展有多种需要，不同时期、不同的人有不同需要。而在众多需要中，生态环境需要一直是人类的基本需要，与大自然和谐相处是享受美好生活的重要内容。这是由人的自然属性决定的。习近平总书记指出，"对人的生存来说，金山银山固然重要，但绿水青山是人民幸福生活的重要内容，是

金钱不能代替的","环境就是民生,青山就是美丽,蓝天也是幸福"。当前,我国资源约束趋紧、环境污染严重、生态系统退化的形势依然十分严峻,资源产品、环境产品、生态产品严重短缺,根源之一在于资源、环境、生态发展不够充分(黄娟、崔龙燕,2019)。解决资源、环境、生态问题,提供更多优质资源环境生态产品,满足人民资源环境生态需要,必须大力推进资源、环境、生态充分发展,加快建设资源安全、环境安全、生态安全型社会,这是新时代建设生态文明与美丽中国的核心任务。

二、平衡发展与充分发展的内在联系

根据习近平总书记平衡充分发展思想的主要内容,我国社会发展进入新时代后,经济社会发展面临的主要障碍是如何解决发展不平衡和发展不充分的问题,实现平衡发展和充分发展。平衡发展和充分发展二者关系非常密切,平衡发展是充分发展的目标,充分发展是平衡发展实现的手段,平衡发展和充分发展的最终落脚点是满足广大人民群众日益增长的美好生活需要。从表面上看,不平衡主要表现在结构层面上,而不充分则主要表现在数量层面上,两者存在着明显的区别。从本质上看,结构是可以量化的,它属于一种特殊的量,因此从这个角度上说,不平衡与不充分又存在着内在的同一性。事实上,在社会的实际发展过程中,不平衡与不充分通常都是交织交融在一起的,不平衡就是一种不充分,不充分在当代背景下就蕴含着不平衡,不能孤立地看待其中一个方面。

(一) 不充分是不平衡产生的现实基础

生产力是人类社会发展的决定性力量,尤其是在社会生产过程中,生产力的发展水平是引起经济结构变化的重要因素之一。生产力发展水平不充分会导致生产产品数量的不足,然而在市场经济条件下,要确保产品的正常流通,需要产品满足于社会总需求量。假设这一需求量未达到满足,则会引起结构比例失衡。因此,论述再生产过程时,马克思曾指出:"这个运动不仅是价值补偿、而且是物质补偿,因而既要受社会产品的价值组成部分相互之间的比例的制约,又要受他们的使用价值,它们的物质形态的制约。"这说明价值补偿和物质补偿之间存在一定的比例关系,但这种关系时常会遭到破坏,而价值与物质之间的比例失衡,主要是因商品的生产供应能力与生产资料部类及生活资料部类的比例结构之间的关系遭到破坏，因生产力水平不高导致生产供应能力不足，当侧重于加快某一方面的发展来实现补偿时，则引起了结构性的问题。

（二）不平衡是不充分表现的加剧因素

经济结构是否合理，直接影响着劳动力、资本、技术和自然资源的合理配置与有效利用，社会生产力能否有效提升，是制约国民经济发展的一个关键性问题。在经济运行过程中，各个部分所占的比例不平衡必然会导致总量上的失衡，所以结构性的问题会加剧总量的问题。在马克思看来，社会再生产条件下，用于生产生产资料的部分的增长速度应快于生产消费资料的部分。这表现于经济结构上，用于制造生产资料的基础部分的增长速度快于用于制造消费资料的部分。当一国的经济结构在这个关系上出现了问题，生产资料的供给跟不上消费资料发展的需求时，则会限制生产力的发展，甚至破坏生产力。

（三）平衡发展是充分发展的目标

新时代的发展需要的是平衡发展，习近平总书记提出的五大发展理念中的协调发展理念，就是要协调好区域发展、城乡发展和工农业发展之间的关系。发展不平衡问题的主要根源在于我国的中西部地区、东北地区、乡村地区和农业发展的不充分，而充分发展中西部地区、东北地区、乡村地区和农业的目的就是解决发展不平衡，最终实现平衡发展的目标。为此，习近平总书记指出，坚持协调发展，必须牢牢把握中国特色社会主义事业的总体布局，正确处理发展中的重大关系，重点促进城乡区域协调发展，促进经济社会协调发展，促进新型工业化、信息化、城镇化、农业现代化同步发展。推动区域协调发展，实现要素有序自由流动、主体功能约束有效、基本公共服务均等、资源环境可承载的区域协调发展新格局。推动城乡协调发展，健全城乡发展一体化体制机制，健全农村基础设施投入长效机制，推动城镇公共服务向农村延伸，提高社会主义新农村建设水平。

（四）充分发展是实现平衡发展的手段

平衡发展的目标是美好的，但如果解决不好我国部分地区和部分领域存在的发展不充分问题，平衡发展的目标也将难以实现。因此，实现部分地区和领域的充分发展是实现平衡发展的手段。针对我国区域发展不平衡、城乡发展不平衡和工农业发展不平衡的现状，我国应该将实现中西部地区和东北地区的充分发展、乡村地区的充分发展和农业的充分发展作为当前和今后一段时期内发展工作的重心。通过实施区域协调发展战略推动中西部地区和东北地区的充分发展，实施城乡融合和乡村振兴战略推动乡村地区充分发展。同时，构建现代农业产业体系、生产体系、经营体系推动农业充分发展。通过区域协调发展机制、乡村振兴机制和城乡融合机制等实现中西部地区、东北地区、乡村地区和农业的充分发展后，我国的发展不平衡问题将基本得到解决，平衡发展的目标也将基本得以实现。

（五）平衡发展和充分发展统一于满足新时代人民对于美好生活的需要

进入新时代后，我国社会的主要矛盾已经由之前的人民日益增长的物质文化需要同落后的社会生产之间的矛盾转变为人民日益增长的美好生活需要和不平衡不充分的发展之间的矛盾。以人民为中心的发展思想要求我们必须把人民的需要和要求放在发展的首要位置，通过解决部分地区和领域发展中不充分的问题，实现平衡发展和充分发展，以满足人民群众日益增长的美好生活需要。

第三节 社会经济发展不平衡不充分的可测视角

从显性的角度观察，发展不平衡主要表现为区域发展的不平衡、城乡发展的不平衡、发展数量和质量的不平衡以及工业化、信息化、城市化和农业现代化发展的不平衡、产业发展的不平衡等。发展不充分问题，一是体现在教育、医疗、养老等社会公共保障及其服务领域，尤其在农村，还不能充分满足全面小康社会和经济社会转型发展的要求；二是体现在资源生态环境质量总体上还不能充分满足人民群众对美好生活向往的需求；三是体现在市场供给还不能充分满足消费者对质量方面的需求。一般来说，不平衡与不充分应该是一个相比较的结果，只有和一个参照对象相比较，才能体现出是否平衡或是否充分。因此，通常情况下，不平衡与不充分是以相对状态呈现出来的，反映在计量关系上，它应该是一种相对指标。这就为我们研究如何测度发展的不平衡性和不充分性提供了观察视角。

一、基于比例关系视角的不平衡不充分测度

比例关系是反映总体中各部分之间数量联系和协调关系的相对指标,是总体中某一部分数值与总体中另一部分数值对比的结果。如国内生产总值中的第一、第二、第三产业之间的比例,第三产业产值中教育行业、金融行业、交通运输行业、餐饮行业之间的比例等。比例关系视角下的不平衡不充分可以表现为:产业结构中,由于第一、第二产业比重过大,第三产业比重过低而产生的产业结构不合理问题;由于农业粗加工多、精加工少而产生的农业结构不合理问题;由于过分依赖传统的化石能源而产生的能源结构不合理问题;由于人口老龄化严重,造成的人口结构不合理问题等。

二、基于比较关系视角的不平衡不充分测度

比较关系是将两个同类指标值静态对比得出的相对指标,它表明同类事物在不同条件下(多为不同空间范围内)的数量对比关系。如不同国家、地区、部门之间某一指标的对比等,它既可以是绝对数量关系的比较,也可以是相对数量关系的比较。如不同国家研发投入在国民生产总值中占比的比较,不同省份之间经济发展水平的比较,不同地区之间人均 GDP 的比较,等等。比较关系层面上的不平衡不充分可以表现为:区域发展不平衡问题,如东部与中西部在发展水平、发展速度上的不协调问题;财富分配不合理问题,如基尼系数过大所反映出来的社会财富分配不均,贫富差距拉大问题等。

三、基于位序关系视角的不平衡不充分测度

客观现象之间是相互联系和相互制约的。一般来说,这种关系可分为确定性关系和不确定性关系两大类。随着人类认识能力的提升,有些相关关系的确定性是得到人们公认的。所谓位序相关是针对顺序数据而言的,它指的是同一对象不同指标的位序之间具有确定性和相关性。如果某一个体的两个应该具有强烈相关性的指标,在现实表现中违背了这种相关性,那就会造成一种位序关系层面上的不平衡不充分。位序相关层面上的不平衡不充分可以表现为人才流失问题等。虽然人才流失原因是一个复杂的问题,但不可否认,造成这种现象

有付出与回报不成比例方面的原因,因为人才的工作业绩与声望之间应该具有明显的相关关系;科技实力与社会经济发展水平不相称,也是位序相关层面的不平衡不充分的一种表现。产生这个问题的原因也是多方面的,但我们也不能否定可能存在科技与社会经济发展对接不充分、科研成果转化率低、科技推广工作不到位等方面的问题。

四、基于应然实然视角的不平衡不充分测度

理想和现实之间往往会有出入,会表现出不协调,这也是当今社会主要矛盾产生的原因。其实,在统计分析中也有一种测试方法与此类似,即计划完成程度相对指标。所谓计划完成程度是指某一现象在某一段时间内实际完成数与计划数的对比。这种对比类似于现实与理想的对比,实然与应然的对比。相比上述三类不平衡不充分的表现形态,应然实然层面上的不平衡不充分应该是更广泛意义上的一种不平衡不充分表现。应然实然层面上的不平衡不充分也有多种表现形态:如人们对美好生活的向往与实际供给之间的不协调,而供给侧改革就是要扭转这种不平衡不充分,提供更加有效的供给。还比如人们对房价的期望值与实际值之间的差距,人们对青山绿水的向往与环境问题凸显等方面的问题。

第四节 社会经济发展充分性评价指标体系

一、发展充分性的测量维度

我国社会经济充分发展的阶段性目标是实现社会主义现代化,因此要充分发展先进生产力,并在此基础上实现社会各领域全面发展。发展充分性体现在经济社会发展的不同领域,体现为生产要素的极大丰富,发展动能、发展效率、发展质量的不断提升。

（一）创新动能

充分发展的主要表现在于生产力充分发展，资源供给充足，人民对美好生活的需求得到满足。科技创新是提高生产力的关键支撑，是社会生产方式和生活方式变革进步的强大引领。创新动能是测度发展充分性的重要维度。科技实力主要体现在基础科研能力和高技术研发水平上。

（二）发展效率

效率是高质量发展的关键要素，充分发展依赖于发展效率的不断提升。建立新时代的现代化经济发展模式，需要在从提升效率上找动力，从局部效率转向全局效率，从浅表效率到深度效率。通过供给侧结构性改革，强化实体经济吸引力和竞争力，优化存量资源配置，强化创新驱动，进一步推动质量变革、效率变革、动力变革，促进经济社会持续健康发展。

（三）发展位序

发展位序是跟全球其他国家，特别是发达国家相比，一个国家发展充分性的相对水平。充分发展主要从量的角度来看发展水平，发展充分性程度实际上是很难界定上限甚至是没有上限的。因此，一个国家社会经济发展的充分性既可以通过与自身过去比较来观测发展充分性的纵向变化，还可以通过与其他国家或经济体的比较来进行横向评判。

二、发展充分性指标体系构建

根据发展充分性的创新动能、发展效率、发展位序三个测量维度，遵循指标体系构建的基本原则，构建发展充分性指标体系如表 5-1 所示。创新动能维度用经济发展新动能指数和中国创新指数来测度。发展效率维度用全要素生产率和劳动生产率来测度。发展位序维度用国家国际竞争力指数和与世界中高等收入国家人均 GDP 相对差异来测度。这六个指标的数值越大，表示社会经济发展越充分。

表 5-1 发展充分性评价指标体系

发展目标	测量维度	具体指标	计算公式	数据来源
B 充分发展	B1 创新动能	B11 经济发展新动能指数 B12 中国创新指数	—	国家统计局 国家统计局
	B2 发展效率	B21 全要素生产率 B22 劳动生产率	GDP/就业人数	国家统计局 国家统计局
	B3 发展位序	B31 国家国际竞争力指数 B32 与世界中高等收入国家人均 GDP 相对差异	中国人均 GDP/世界中高等收入国家人均 GDP 相对差异	世界经济论坛 世界银行

(一) 创新动能测度指标

1. 经济发展新动能指数

随着新产业、新业态、新商业模式蓬勃兴起，大大地激发了经济发展的新活力。国家统计局统计开发的经济发展新动能指数包括网络经济指数、经济活力指数、创新驱动指数、转型升级指数、知识能力指数，用于动态监测我国经济发展新动能变动情况。国家统计局统计科学研究所在《新产业新业态新商业模式统计监测制度》和经济发展新动能统计指标体系的基础上，采用定基指数方法，测算了 2019 年我国经济发展新动能指数，并根据最新资料和口径修订了 2015—2018 年历史指数数据。结果显示，以 2014 年为 100，2015—2019 年我国经济发展新动能指数分别为 124.8、159.1、204.1、269.0 和 332.0，分别比上年增长 24.8%、27.5%、28.3%、31.8%和 23.4%。

2. 中国创新指数

为落实党的十八大报告提出的"实施创新驱动发展战略"精神，客观反映建设创新型国家进程中我国创新能力的发展情况，国家统计局社科文司《中国创新指数（CII）研究》课题组研究设计了评价我国创新能力的指标体系和指数编制方法。中国创新指标体系分成三个层次。第一个层次用以反映我国创新总体发展情况，通过计算创新总指数实现；第二个层次用以反映我国在创新环境、创新投入、创新产出和创新成效 4 个领域的发展情况，通过计算分领域指数实现；第三个层次用以反映构成创新能力各方面的具体发展情况，通过上述 4 个领域所选取的 21 个评价指标实现。测算结果表明，2005 年以来我国创新能力稳步提升，在创新环境、创新投入、创新产出、创新成效 4 个领域均取得了积极进展。2017 年中国创新指数为 196.3（以 2005 年为 100），比上年增长 6.8%。从分领域看，创新环境指数、创新投入指数、创新产出指数和创新成效指数分别达到 203.6、182.8、236.5 和 162.2，分别比上年增长 10.4%、6.2%、5.9% 和 4.8%。

（二）发展效率测度指标

1. 全要素生产率

全要素生产率是指全部生产要素带来的产出中，去除由劳动、资本与土地要素带来的产出量增加后，产出剩余的部分，由于土地要素在生产过程中的投入变动情况较小，学者们在实证研究中一般将其忽略不计。全要素生产率是衡量经济增长质量的重要指标，可以识别经济增长是以技术进步和技术效率提高为主的效率型增长还是以投入要素增长为主的投入型增长，可以为政府评价地区可持续发展能力和制定相应政策提供依据。

2. 劳动生产率

劳动生产率是指劳动者在一定时期内创造的劳动成果与其相适应的劳动消耗量的比值。劳动生产率水平可以用同一劳动在单位时间内生产某种产品的数量来表示，单位时间内生产的产品数量越多，劳动生产率就越高；也可以用生产单位产品所耗费的劳动时间来表示，生产单位产品所需要的劳动时间越少，劳动生产率就越高。我国的全员劳动生产率是将工业企业的工业增加值除以同一时期全部从业人员的平均人数来计算的。计算公式为：全员劳动生产率 = 工业增加值/全部从业人员平均人数。

（三）发展位序测度指标

1. 国家竞争力指数

全球竞争力指数由萨拉·伊·马丁教授为世界经济论坛设计，旨在衡量一国在中长期取得经济持续增长的能力，并于 2004 年首次使用。国家竞争力指数由 12 个竞争力支柱项目构成，其为识别处于不同发展阶段的世界各国竞争力状态提供了全面图景。这些支柱是：制度、基础设施、宏观经济稳定性、健康与初等教育、高等教育与培训、商品市场效率、劳动市场效率、金融市场成熟性、技术设备、市场规模、商务成熟性、创新。

2. 我国与世界中高等收入国家人均 GDP 相对差异

利用来源于世界银行的历年统计数据,计算公式为:中国人均 GDP/世界中高等收入国家人均 GDP 相对差异。

第五节 基于平衡充分发展视角的高质量发展水平测度

一、社会经济充分发展水平测度

(一) 数据来源

发展充分性评价指标(见表 5-1)数据来源于国家统计局、世界经济论坛和世界银行官方网站公开数据库。其中,经济发展新动能指数(B11)、中国创新指数(B12)、全要素生产率(B21)以及劳动生产率(B22)数据来源于国家统计局官网,国家国际竞争力指数(B31)数据来源于世界经济论坛的全球竞争力报告,与世界中高等收入国家人均 GDP 相对差异(B32)数据来源于世界银行的世界发展指标数据库。

(二) 变异系数法

变异系数可以消除各项指标量纲不同的影响,可以衡量各项指标取值的差异程度。变异系数越大,说明差异程度越大。变异系数法确定权重的步骤如下:

设一个指标组有 n 个指标 x_i ($i = 1, 2, \cdots, n$),对 j ($j = 1, 2, \cdots, m$) 个评价对象进行评价。第一步,计算每个指标的平均值 $\bar{x}_i$ 和标准差 σ_i。

$$\bar{x}_i = \frac{\sum_{j=1}^{m} x_{ij}}{m}, \quad \bar{\sigma}_i = \sqrt{\frac{\sum_{j=1}^{m}(x_{ij} - \bar{x}_i)^2}{m}}$$

第二步，计算每个指标的变异系数 v_i。

$$v_i = \frac{\sigma_i}{x_i}$$

第三步，计算每个指标的权重 w_i。

$$w_i = \frac{v_i}{\sum_{i=1}^{n} v_i}$$

（三）社会经济充分发展指数计算步骤

首先，以 2014 年为基期，计算创新动能指标（B1）、发展效率指标（B2）和发展位序指标（B3）中各个指标 $B1i$、$B2i$、$B3i$ 的个体定基指数 b_{1i}，b_{2i}，b_{3i}。其中 $i=1, 2$。

如经济发展新动能定基指数：

$$b_{11} = \frac{x_{11}}{x_0}$$

x_{11} 为报告期经济发展新动能指数，x_0 为基期经济发展新动能指数。其他指标均参照经济发展新动能定基指数 b_{11} 的计算方法进行计算。

第二步，利用变异系数法计算出个体定基指数的权重，利用加权算术平均计算创新动能指数 y_{B1}、发展效率指数 y_{B2} 和发展位序指数 y_{B3}。如创新动能指数为：

$$y_{B1} = \frac{\sum b_{1i} w_i}{\sum w_i}, i = 1,2$$

b_{1i} 为创新动能指标中第 i 个指标的定基指数，w_i 为其相应权数。发展效率指数和发展位序指数参照创新动能指数计算方法进行计算。

第三步，利用加权算术平均方法计算社会经济充分发展综合指数，记为 $\bar{y}$。

$$\bar{y} = \frac{\sum y_{Bk} w_{Bk}}{\sum w_{Bk}}, k = 1,2,3; w_{Bk} 为对应权重。$$

（四）社会经济充分发展指数计算结果

根据上述计算步骤，可得 2015—2019 年我国社会经济充分发展指数值，依次为 1.1739、1.3950、1.6795、2.0865、2.4766。社会经济充分发展指数变化趋势如图 5-1 所示。可以看出，2015—2019 年的社会经济发展充分性指数值逐年递增，在 2019 年达到最大值，这表明"十三五"时期，我国社会经济发展充分性越来越好。

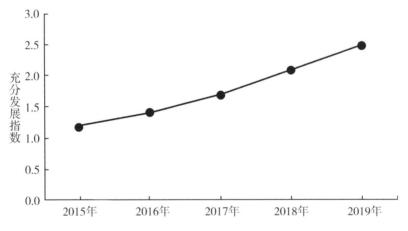

图 5-1　2015—2019 年我国社会经济充分发展指数变化趋势

二、社会经济平衡充分发展综合指数测算

社会经济平衡充分发展综合指数由经济平衡发展指数和经济充分发展指数综合而成，用来反映社会经济发展平衡性和充分性的总水平。本研究计算 2015—2019 年的社会经济平衡充分发展综合指数。

首先，计算社会经济平衡发展指数。以 2014 年为基期，计算 2015—2019

年社会经济平衡发展水平定基指数，利用熵权法计算权重，进而得到社会经济平衡发展指数。

其次，利用几何平均法，计算社会经济平衡发展指数和社会经济发展指数的平均值，得到社会经济平衡充分发展综合指数。计算结果如表5-2所示。

表5-2　社会经济平衡充分发展综合指数（2015—2019年）

年份	社会经济平衡发展指数	社会经济充分发展指数	社会经济平衡充分发展综合指数
2015	1.0912	1.1739	1.1318
2016	1.1838	1.3950	1.2851
2017	1.2414	1.6795	1.4439
2018	1.3302	2.0865	1.6659
2019	1.3985	2.4766	1.8611

从表5-2可以看出，2015—2019年我国社会经济平衡充分发展综合指数值逐年增加，上升趋势明显。与2015年相比，2019年的平衡发展指数增长28.2%，充分发展指数增长112%，充分发展综合指数增长64.4%，表明"十三五"时期我国社会经济发展的平衡充分性处于稳步提升的状态。

第六章 基于五大发展理念的经济平衡充分发展动力指数研究

本章基于五大发展理念,阐述推动我国经济平衡充分发展的动力来源,构建包括15个变量层,59个具体指标的经济平衡充分发展动力评估指标体系。利用耦合模型测度经济平衡充分发展与动力指数的耦合关系,并运用2006—2015年的数据对动力指数进行验证。基于综合动力指数和五大动力分指数的测算结果表明:2006—2015年,综合动力指数、创新动力指数、协调潜力指数、共享推动力指数均呈上升趋势,开放活力指数呈现出先下降后缓慢上升趋势,生态支持力指数呈现出先上升后缓慢下降趋势。经济平衡充分发展与动力指数的耦合关系分析结果表明:经济平衡充分发展与综合动力指数、五大动力分指数之间均具有耦合关系,且耦合水平不断提升,实证结果验证了综合动力指数及五个分动力指数对我国经济平衡充分发展具有推动作用。

第一节 五大发展理念推动经济平衡充分发展的理论逻辑

"五大发展理念"是一个具有内在逻辑结构并且相互联系的整体,每个发展理念具有不同的地位和作用:创新发展理念在发展动力上起到引领作用,协调发展理念对发展思路提出内在要求,绿色发展理念是可持续发展条件的必要前提,开放发展理念是走向繁荣发展道路的必然选择,共享发展理念是发展目标的出发点和落脚点(彭冰冰,2016)。

一、推动经济平衡充分发展的创新动力

创新是引领发展的核心动力。我国传统经济发展模式主要依靠要素投入来

驱动，容易造成经济发展动力不足、质量和效益低下、不可持续等诸多问题。以创新推动经济平衡充分发展就是要发展新动力，着力提高经济发展质量和效益；矫正要素配置，实现速度型发展向质量效益型发展的转变；构建产业新体系，加快形成发展新体制；释放市场活力，优化企业发展环境，放宽市场准入机制，形成各种所有制经济平等竞争，相互促进的新局面；改革分配制度，保障社会公平公正，充分发挥市场的决定性作用（杨家庆，2016）。创新发展理念不仅能推动经济平衡充分发展，还能推动经济发展实现更协调、更绿色、更开放、更包容的发展目标。

二、推动经济平衡充分发展的协调潜力

协调发展是我国全面建成小康社会面临的核心问题和关键问题（胡坚，2015），着力于处理好经济与社会、速度与效益、区域、人与自然、物质与精神、对内与对外发展等各方面的关系（程恩富，2015），解决我国以往粗放式发展导致的结构不平衡、地区不平衡、发展不充分等问题（田宪臣，2016）。以协调推动经济平衡充分发展，首先要拓宽发展空间，促进城乡区域协调和产业结构优化；其次要推动经济社会协调发展，不断满足人民日益增长的物质文化需求、社会保障需求，体现发展的包容性；最后要推动经济生态协调发展，不断增强发展的可持续性。因此，协调发展理念不仅是经济平衡充分发展的稳定器，还有助于经济平衡充分发展的协调性、系统性和整体性。

三、推动经济平衡充分发展的生态支持力

绿色发展为经济平衡充分发展提供必要的生态支持条件。经济平衡发展强调发展的质量目标，经济充分发展强调发展的数量目标（段炼、王迪，2018）。不论是质量目标还是数量目标，都依赖资源环境的可持续承载力与生态系统的弹性力。因此，维护和拓展生态空间形成了推动经济平衡充分发展的生态支持力。以绿色发展推动经济平衡充分发展，就是从高生态环境代价向绿色循环转变，使经济发展和资源承载能力匹配；利用现代科学技术，不断拓展和延伸经济发展的生态空间，在人与自然的关系不断优化的基础上，实现经济平衡充分发展。

四、推动经济平衡充分发展的开放活力

在经济全球化背景下,积极参与全球经济治理和公共产品供给,利用并发挥好我国在世界经济发展中的作用,借助开放发展提升国际竞争力,是实现我国经济平衡充分发展的有效途径。以开放推动经济平衡充分发展,就是要以开放发展理念建立我国开放型经济体系,不断释放开放活力,坚持内外需协调、进出口平衡、引进来和走出去并重,最终实现互利共赢的最佳效果。具体而言,开放发展推动经济平衡充分发展,因此需要营造开放的内外部环境,有序扩展开放领域和开放程度,并注重和评估开放产生的经济和社会效益。

五、推动经济平衡充分发展的共享作用力

共享是推动经济平衡充分发展的出发点和归宿点(辜胜阻等,2016)。经济平衡充分发展,可以为实现全体人民共享发展成果提供物质基础和分享渠道;同时,人人参与经济发展和社会治理,人人享有发展成果,会反过来推动经济更平衡、更充分发展。以共享推动经济平衡充分发展,就是要坚持发展为了人民,发展依靠人民,发展成果由人民共享的发展理念;要遵循人人参与的社会秩序,人人享有的社会制度,合理公平的收入分配原则;通过更有效的制度安排,实现公共服务均等化,使全体人民在共建共享中有更多获得感,增进人民团结,形成可持续的发展内生动力。

第二节 五大发展理念下经济平衡充分发展动力测度

一、经济平衡充分发展动力指数的构成

本文基于五大发展理念,通过构建创新动力指数、协调潜力指数、生态支持力指数、开放活力指数和共享推动力指数,综合构成了经济平衡充分发展动力指数。

（一）创新动力指数

创新动力指数反映经济平衡充分发展的内生动力。各种创新要素通过一定的配置与整合为经济平衡充分发展提供恒久的内生动力。本文将创新动力指数进一步分解为创新环境指数、创新投入指数、创新行动指数、创新产出指数四个二级指数，分别从创新的外部环境、投入状况、行动情况、产出结果来全面衡量创新对我国经济平衡充分发展的推动力。

（二）协调潜力指数

协调潜力指数反映经济平衡充分发展的稳定性与内在潜力，包括产业协调指数、经济社会协调指数、经济生态协调指数三个二级指数。从经济领域的内部协调程度、经济与社会协调发展情况、经济与生态环境协调发展等方面，衡量协调发展对推动我国经济平衡充分发展的潜在力量。

（三）生态支持力指数

生态支持力指数反映经济平衡充分发展的环境支持力。本文将生态支持力指数分解为资源环境承载能力指数、生态空间拓展能力指数两个二级指数。资源环境承载能力从我国资源挖掘的深度以及潜力释放的程度来衡量生态对我国经济平衡充分发展的支持力度。生态空间拓展能力从我国发展空间的多维拓展能力来衡量生态对我国经济平衡充分发展的支持广度。

（四）开放活力指数

开放活力指数反映推动我国经济平衡充分发展的国际市场环境，被分解为开放环境指数、开放程度指数、开放效益指数三个二级指数。开放环境从开放的外部环境来衡量我国经济平衡充分发展的环境基础。开放程度从开放的广度与深度来衡量我国经济平衡充分发展的开放活力程度。开放效益用开放带来的成果来衡量我国经济平衡充分发展效益。

（五）共享推动力指数

共享推动力指数反映共享发展成果对我国经济平衡充分发展的推动作用。本文将共享推动力指数分解为社会参与指数、收入分配指数、公共服务均等指数三个二级指数。社会参与从人们参与社会公共活动的视角来衡量共享对我国经济平衡充分发展的推动作用。收入分配从共享经济领域发展成果的视角，比如教育、医疗、社会保障等方面，来衡量共享对我国经济平衡充分发展的推动作用。公共服务均等从共享社会领域发展成果的视角来衡量我国经济平衡充分发展的推动作用。

二、经济平衡充分发展动力指数测度指标体系

本研究结合五大发展理念的内涵，遵循这些要求：①选取的指标应能反映各动力指数的核心内涵；②选取的指标要全面系统，层次结构清晰；③选取的指标应具有时序性和可比性；④选取的指标具有可操作性和前瞻性等原则。构建创新推动力、协调潜力、生态支持力、开放活力和共享推动力五个准则层，在此基础上设计出创新环境、产业协调、资源环境承载能力、开放环境、社会参与等15个变量层，以及创新创业关键词数量、创办新企业时间等59个具体指标，最终形成如表6-1的评价指标体系。

表6-1 动力指数评价指标体系

准则层	变量层	具体指标	计量单位	指标类属
创新推动力（0.314）	创新投入（0.281）	研发支出占GDP比重（0.105）	%	正向指标
		研发人员全时当量（0.100）	万人/年	正向指标
		科技拨款占财政拨款比重（0.076）	%	正向指标
	创新行动（0.305）	专利申请受理量指数（0.104）	—	正向指标
		商标注册数量指数（0.093）	—	正向指标
		新增民营企业数量指数（0.108）	—	正向指标
	创新效益（0.414）	新产品销售收入占主营业务收入比重（0.093）	%	正向指标
		技术成交额占国内生产总值比重（0.116）	%	正向指标
		高技术产品出口额占出口总额比重（0.107）	%	正向指标
		高新技术从业人员人均利润（0.098）	元/人	正向指标

续表 6-1

准则层	变量层	具体指标	计量单位	指标类属
协调潜力 (0.278)	产业协调 (0.404)	第一产业比较劳动生产率（0.133）	%	正向指标
		高新技术产业产值比重（0.139）	%	正向指标
		绿色产业产值比重（0.131）	%	正向指标
	经济社会 协调 (0.493)	文化产业固定资产投资占社会固定资产投资比重（0.121）	%	正向指标
		社会医疗保险覆盖率（0.106）	%	正向指标
		养老保险覆盖率（0.150）	%	正向指标
		犯罪率（0.116）	%	逆向指标
	经济生态 协调 (0.103)	万元 GDP 能耗（0.103）	吨标准煤/万元	逆向指标
生态 支持力 (0.107)	资源环境 承载能力 (0.445)	人均水资源拥有量（0.081）	立方米	正向指标
		人均土地资源（0.093）	公顷	正向指标
		人均二氧化碳排放量（0.090）	吨	逆向指标
		人均能耗（0.091）	千克标准煤	逆向指标
		人均森林面积（0.089）	公顷/人	正向指标
	生态空间 拓展能力 (0.555)	人均 GDP（0.096）	元	正向指标
		城市环境基础设施建设投资占 GDP 比重（0.091）	%	正向指标
		环境污染治理投资占 GDP 比重（0.085）	%	正向指标
		高等教育人口比重（0.100）	%	正向指标
		劳动力人口比重（0.084）	%	正向指标
		可替代能源和核能占能源使用总量的百分比（0.100）	%	正向指标

续表 6-1

准则层	变量层	具体指标	计量单位	指标类属
开放活力 (0.071)	开放行动 (0.231)	重要外交文献数量指数 (0.129)	—	正向指标
		市场化进程指数 (0.102)	—	正向指标
	开放程度 (0.450)	进出口总额占GDP比重 (0.091)	%	正向指标
		实际利用外商直接投资与GDP比值 (0.106)	%	正向指标
		对外承包工程完成营业额与GDP比值 (0.087)	%	正向指标
		实际征收关税额与实际进出口额比值 (0.080)	%	正向指标
		非金融类对外直接投资与GDP比值 (0.085)	%	正向指标
	开放效益 (0.318)	净出口占GDP比重 (0.103)	%	正向指标
		外资企业纳税额占总税收比重 (0.113)	%	正向指标
		外资企业城镇就业人数占城镇就业人数比重 (0.103)	%	正向指标
共享推动力 (0.230)	社会参与 (0.302)	基层工会人均开展合理化建议件数 (0.078)	件/人	正向指标
		每万人社会组织数 (0.072)	个/万人	正向指标
		每万人基层群众自治组织 (0.075)	个/万人	正向指标
		移动互联网使用率 (0.078)	%	正向指标
	收入分配均衡 (0.331)	居民基尼系数 (0.074)	—	逆向指标
		城乡居民人均收入比值 (0.088)	%	适度指标
		城乡居民恩格尔系数比值 (0.084)	%	适度指标
		城乡居民人均消费比值 (0.085)	%	适度指标
	公共服务均等 (0.367)	国家财政性教育经费占GDP比重 (0.075)	%	正向指标
		公共卫生支出占GDP比重 (0.068)	%	正向指标
		社会保障支出占GDP比重 (0.070)	%	正向指标
		城市最低生活保障平均标准 (0.080)	元/人月	正向指标
		农村贫困率 (0.075)	%	逆向指标

注：各指标后括号内数值为权重，保留3位小数。第一产业比较劳动生产率用于反映第一产业协调发展水平。计算公式为：（第一产业产值/GDP）/（第一产业劳动力人数/总劳动力人数）。犯罪率 =

公安机关立案的刑事事件/总人口数。该指标为逆向指标,反映了经济与社会协调发展水平。重要外交文献数量指数。重要外交文献数量指的是我国政府同外国政府建立外交关系过程中形成的重要档案材料数,包括建交谈判情况报告、往来函件、会议记录等。该指标从开放行动角度反映了我国开放活力的状况。

三、各级指数的编制方法

(一) 具体指标的计算

为了便于比较,本文选用的指标大部分为速度指标。同时,为了全面测度动力指数,对少数指标使用非速度指标形式。比如创新环境指数,选取具体指标是创新创业关键词数量和创办新企业时间,是两个非速度型指标。速度型指标的具体计算见表 6–1。

(二) 指数的合成方法

由于构成各级指数的下一级指数性质不同,因此,各级指数的合成方法存在一定差异。对于准则层对应的五个分指数,根据具体指标数据有升有降的特点,在指数合成时采用线性综合法。其计算式为:

$$y_i = \sum_{j=1}^{m} X_{ij}^* w_j \qquad (6-1)$$

其中,y_i 是第 i 个分动力指数值,w_j 是第 j 个指标的权重,X_{ij}^* 是第 i 个分动力的第 j 个指标的标准化值向量。

由于构成总动力指数的五个分指数理论上相互影响,相关程度较高,宜采用非线性加权综合法。其计算式为:

$$Y = \prod_{i=1}^{5} y_i^{w_i} \qquad (6-2)$$

其中,Y 为综合动力指数,W_i 为第 i 个分动力指数值 y_i 的权重。

第三节 五大发展理念下经济平衡充分发展动力指数测算

一、样本期选择与数据来源

本文测算动力指数的数据样本期为2006—2015年,即"十一五"与"十二五"时期。数据来源于《中国统计年鉴》《中国能源统计年鉴》《中国环境统计年鉴》《中国科技统计年鉴》《中国企业年鉴》《中国火炬统计年鉴》《中国高技术产业统计年鉴》《世界银行数据库》《中国税务年鉴》等公开出版数据库。

二、数据预处理

为了消除指标的异质性和指标的量纲对结果造成的影响,采用归一化方法对数据进行标准化处理。

因为正逆指标含义不同,对正逆向指标分别采用不同的方法处理。计算公式如下:

$$X_{ij}^* = \begin{cases} \dfrac{x_{ij} - \min(x_{ij})}{\max(x_{ij}) - \min(x_{ij})}, & \text{若 } x \text{ 为正向指标} \\ \dfrac{\max(x_{ij}) - x_{ij}}{\max(x_{ij}) - \min(x_{ij})}, & \text{若 } x \text{ 为逆向指标} \end{cases}$$

对适度指标采用差值取倒数法。计算公式如下:

$$X_{ij}^{'} = \frac{1}{|x_{ij} - k|}$$

其中,x_{ij}是第i个分动力的第j个指标向量,$X_{ij}^{'}$为适度指标正向化值,k为适度指标理论最优值。

三、各级指标权重的确定

（1）指标层权重的确定。由于指标数据是由官方统计数据计算而来，具有较强的客观性，本文根据指标数据的方差分布特征，使用均方差、异方差和离差赋权法组合赋权法（郭亚军，2008），确定每个评价指标的权重。这样的赋权方法既避免了各种主观因素的影响，也避免了单一赋权方法带来的偏差，是一种更加客观且有利于评估发展水平的权重确定方法。

（2）综合动力指数权重的确定。综合动力指数由五个分动力指数合成。根据数据特征，本文利用均方差客观赋权法的赋权形式。

（3）从表6-1中5个分动力指数的权重看，创新推动力的权重最高（0.314），其次为协调潜力（0.278），再次为共享推动力（0.230），它们对动力指数测算结果的影响较大。从变量层的权重来看，创新效益、经济社会协调、生态空间拓展能力、开放程度、公共服务均等的权重较高。

四、实证测算结果分析

根据式（6-1）对创新推动力指数、协调潜力指数、生态支持力指数、开放活力指数和共享推动力指数进行测算，根据式（6-2）计算综合动力指数。测算结果如表6-2所示。图6-1是综合动力指数及5个分动力指数趋势图。

表6-2 经济平衡充分发展动力指数测算结果（2006—2015年）

年份	2006	2007	2008	2009	2010	2011	2012	2013	2014	2015
创新投入	0.022	0.044	0.052	0.113	0.174	0.168	0.210	0.231	0.226	0.206
创新行动	0.001	0.006	0.023	0.074	0.109	0.123	0.141	0.177	0.244	0.296
创新效益	0.001	0.021	0.065	0.168	0.171	0.184	0.284	0.328	0.352	0.413
创新推动力指数	0.023	0.071	0.140	0.354	0.453	0.475	0.636	0.736	0.821	0.915
产业协调	0.000	0.020	0.044	0.043	0.090	0.151	0.218	0.302	0.354	0.404
经济社会协调	0.116	0.140	0.167	0.204	0.221	0.270	0.340	0.364	0.391	0.373

续表6-2

年份	2006	2007	2008	2009	2010	2011	2012	2013	2014	2015
经济生态协调	0.000	0.016	0.035	0.047	0.054	0.057	0.069	0.079	0.091	0.103
协调潜力指数	0.116	0.177	0.246	0.293	0.366	0.478	0.628	0.745	0.835	0.880
资源环境承载能力	0.305	0.267	0.322	0.294	0.330	0.204	0.237	0.188	0.158	0.115
生态空间拓展能力	0.028	0.031	0.105	0.158	0.362	0.257	0.292	0.314	0.328	0.361
生态支持力指数	0.333	0.298	0.427	0.452	0.692	0.460	0.529	0.502	0.487	0.476
开放行动	0.005	0.006	0.029	0.037	0.059	0.074	0.183	0.196	0.229	0.228
开放程度	0.201	0.200	0.293	0.263	0.279	0.222	0.219	0.203	0.205	0.227
开放效益	0.196	0.193	0.197	0.161	0.140	0.105	0.083	0.120	0.127	0.158
开放活力指数	0.401	0.400	0.519	0.462	0.478	0.401	0.485	0.518	0.561	0.613
社会参与	0.153	0.138	0.087	0.108	0.091	0.093	0.131	0.163	0.169	0.149
收入分配均衡	0.023	0.021	0.028	0.042	0.070	0.149	0.198	0.248	0.210	0.250
公共服务均等	0.000	0.026	0.073	0.123	0.141	0.188	0.249	0.270	0.297	0.365
共享推动力指数	0.176	0.186	0.188	0.274	0.303	0.429	0.577	0.681	0.676	0.765
综合动力指数	0.094	0.151	0.217	0.331	0.409	0.458	0.596	0.679	0.726	0.787

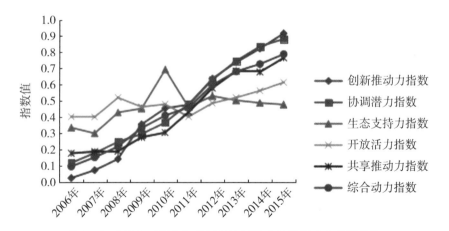

图6-1 2006—2015年我国经济平衡充分发展动力指数趋势

(一) 创新推动力指数测算结果分析

从趋势来看，创新推动力指数从 2006 年的 0.023 上升至 2015 年的 0.915，上升趋势明显。从绝对数值来看，"十一五"期间，创新推动力指数处于低水平快速发展状态，指数值介于 0.023～0.453 之间；"十二五"期间，创新推动力指数处于快速发展状态，指数值介于 0.475～0.915 之间。

从测评过程分析，创新推动力指数呈现上述特征的主要原因是："十一五"期间，创新行动处于较低水平，导致创新推动力指数数值较低；"十二五"期间，创新行动和创新效益处于高水平发展，导致创新推动力指数数值显著上升。比较而言，创新投入在整个观察时期发展较为缓慢。

(二) 协调潜力指数测算结果分析

与创新推动力指数的发展趋势类似，协调潜力指数整体上呈显著上升趋势。2006 年处于最低水平，为 0.116；2015 年达到最高水平，为 0.880。"十一五"期间，协调潜力指数处于低水平快速发展状态，指数值介于 0.116～0.366 之间；"十二五"期间，协调潜力指数处于较高水平快速发展状态，指数值介于 0.478～0.880 之间。

在测评过程中发现，影响协调潜力指数呈现上述特征的主要原因是：2006—2008 年，产业协调与经济生态协调发展水平低，导致协调潜力指数较低；2009—2015 年，产业协调和经济社会协调发展水平高，导致协调潜力指数上升。

(三) 生态支持力指数测算结果分析

2006—2015 年，生态支持力指数呈现出先上升后缓慢下降的趋势。生态支持力指数在 2007 年处于最低水平 0.298，至 2010 年达到最高水平 0.692。"十一五"期间，生态支持力指数处于低水平快速发展状态，指数值介于 0.298～0.692 之间；"十二五"期间，生态支持力指数处于缓慢发展甚至停滞状态，指数值介于 0.460～0.529 之间。

从测评过程分析，影响生态支持力指数呈现上述特征的主要原因是：在 2006—2010 年，生态空间拓展能力高速度发展，导致生态支持力指数上升；在 2011—2015 年，资源环境承载能力低水平发展，导致生态支持力指数缓慢下降。

(四) 开放活力指数测算结果分析

2006—2015 年,开放活力指数呈现出先波动发展后显著上升的趋势。"十一五"期间,开放活力指数呈波动发展趋势,2007 年达到最低水平,为 0.400;2008 年处于最高水平,为 0.519。"十二五"期间,开放活力指数处于显著上升状态,指数值介于 0.401～0.613 之间。

从测评过程中发现,影响开放活力指数呈现上述特征的可能原因是:在 2006—2010 年期间爆发的全球金融危机对开放环境产生负面影响,导致开放活力指数水平呈波动趋势;在 2011—2015 年,我国经济进入调整变革阶段,开放行动与开放程度得到提升,开放活力指数显著上升。

(五) 共享推动力指数测算结果分析

与创新推动力指数、协调潜力指数的发展趋势类似,共享推动力指数整体上呈显著上升趋势。2006 年处于最低水平,为 0.176;2015 年达到最高水平,为 0.765。"十一五"期间,共享推动力指数处于低水平快速发展状态,指数值介于 0.176～0.303 之间;"十二五"期间,共享推动力指数处于较高水平快速发展状态,指数值介于 0.429～0.765 之间。

在测评过程中发现,影响共享推动力指数呈现上述特征的主要原因是:"十一五"期间,收入分配均衡发展水平低,导致共享推动力指数较低;"十二五"期间,收入分配均衡与公共服务均等发展水平显著提升,导致共享推动力指数上升。

(六) 综合动力指数测算结果分析

从综合动力指数发展趋势来看,2006—2015 年我国综合动力指数整体呈上升趋势。"十一五"期间,综合动力指数处于低水平快速发展状态,指数值介于 0.094～0.409 之间;"十二五"期间,综合动力指数处于较快发展状态,指数值介于 0.458～0.787 之间。从增长速度上来看,综合动力指数在"十二五"时期的增速高于"十一五"时期。

从测评过程分析,影响综合动力指数呈现上述特征的主要原因是:在"十一五"期间,我国创新推动力指数较低,协调潜力水平和共享推动力指数不高;而在"十二五"期间,我国创新能力、协调水平、共享推动力都大幅度提高,带动综合动力指数水平才不断提高。具体来看,"十一五"期间,创新推动力指数、协调潜力指数、生态支持力指数和共享推动力指数呈上升趋势,开放活力指数呈波动发展状态,其中,开放活力指数最高,其次是生态支持力指数,创新推动力指数、协调潜力指数和共享推动力指数最低;"十二五"期间,创新推动力指数、协调潜力指数、开放活力指数和共享推动力指数呈快速上升趋势,生态支持力指数呈缓慢下降趋势,其中,创新推动力指数、协调潜力指数和共享推动力指数最高,其次是开放活力指数,生态支持力指数最低。

第四节　平衡充分发展指数与动力指数的耦合关系

一、耦合模型

耦合理论主要用于分析两个经济现象之间的共生、互动、匹配和协同关系,在经济发展、技术创新、产业经济、生态环境等方面有广泛的应用(喻平、严卉靓,2016;方创琳、鲍超,2004)。经济平衡充分发展和五大发展动力的复杂性决定了两者之间关系是一种复杂关系,属于耦合理论的研究领域。本文运用耦合理论作为研究经济平衡充分发展与五大发展动力之间关系的分析框架,将经济平衡充分发展和发展动力分别视为两个系统,构建"经济平衡充分发展—动力指数"系统。耦合度计算如式(6-3)所示。

$$C = \sqrt{\frac{U_1 \times U_2}{[(U_1 + U_2)/2]^2}} \quad (6-3)$$

其中,C 为两个系统的耦合度;U_1 为经济平衡充分发展系统对总系统有序度的贡献度,用经济平衡充分发展水平表示;U_2 为发展动力系统对总系统有序度的贡献度,用动力指数表示。C 介于 0 与 1 之间,C 为 1 表示系统处于高度耦合状态,C 为 0 表明系统间耦合度最小,处于无关状态。用 C 表示两个系统的耦合度的不足之处是,当 U_1、U_2 值非常接近时,会出现耦合度较高但不具有现实意义的结果(张维维,2014)。参考已有文献的做法(苏屹等,2018),

对耦合度进行修正。修正后的耦合度 C' 计算如式（6-4）所示。

$$C' = (C \times T)^{1/2}, \quad T = \alpha U_1 + \beta U_2 \tag{6-4}$$

其中，T 为"经济平衡充分发展—动力指数"系统综合评价指数，α、β 为待定系数。由于两个系统在相互作用过程中地位大致相当，令 α、β 均为 0.5。将修正耦合度 C' 评价划分为 4 个阶段：当 $0 \leq C' < 0.4$，表明系统处于低度协调耦合阶段；当 $0.4 \leq C' < 0.6$，表明系统处于中度协调耦合阶段；当 $0.6 \leq C' < 0.8$，表明系统处于高度协调耦合阶段；当 $0.8 \leq C' \leq 1$，表明系统处于极度协调耦合阶段。

二、经济平衡充分发展水平的测度

为了计算耦合度，需要对我国经济平衡充分发展水平进行测度。利用第三章构建经济平衡发展评价指标体系，计算我国经济平衡发展指数。经济平衡充分发展指数由经济平衡发展指数和经济充分发展指数的几何平均数综合而成。计算结果见表6-3。由表6-3可以看出，2006—2015年，经济平衡发展指数呈先下降后上升的趋势，经济充分发展指数呈上升趋势。

表6-3 "经济平衡充分发展—动力指数"系统耦合度

年份	综合动力指数 U1	经济平衡发展指数	经济充分发展指数	经济平衡充分发展指数 U2	耦合度 C	修正耦合度 C'	耦合等级
2006	0.094	0.530	0.575	0.552	0.353	0.338	低度
2007	0.151	0.426	0.597	0.504	0.421	0.371	低度
2008	0.217	0.386	0.634	0.495	0.460	0.405	中度
2009	0.331	0.301	0.733	0.470	0.492	0.444	中度
2010	0.409	0.444	0.725	0.567	0.493	0.491	中度
2011	0.458	0.383	0.754	0.537	0.498	0.498	中度
2012	0.596	0.481	0.797	0.619	0.500	0.551	中度
2013	0.679	0.507	0.843	0.653	0.500	0.577	中度

续表6-3

年份	综合动力指数 U1	经济平衡发展指数	经济充分发展指数	经济平衡充分发展指数 U2	耦合度 C	修正耦合度 C'	耦合等级
2014	0.726	0.487	0.891	0.659	0.499	0.588	中度
2015	0.787	0.598	1.013	0.779	0.500	0.626	高度

三、耦合关系分析

利用式（6-3）和式（6-4），计算"经济平衡充分发展—动力指数"系统耦合度，结果见表6-3。可以看出，我国"经济平衡充分发展—动力指数"系统耦合度从2006年的0.338上升至2015年的0.626，耦合等级从低度协调耦合上升至高度协调耦合，表明动力指数对我国经济平衡充分发展具有显著推动作用。但是，系统耦合水平远未达到极度耦合等级。

为了观察五个分动力对经济平衡充分发展的推动作用，进一步计算经济平衡充分发展指数与五个分动力指数的耦合度。分动力指数与经济平衡充分发展的耦合度趋势见图6-2。可以看出，我国经济平衡充分发展和五个分动力指数的耦合度保持在0.300～0.700之间，耦合水平上升趋势明显，从低度耦合阶段上升至高度耦合阶段，表明五大动力分指数对我国经济平衡充分发展均具有推动作用。

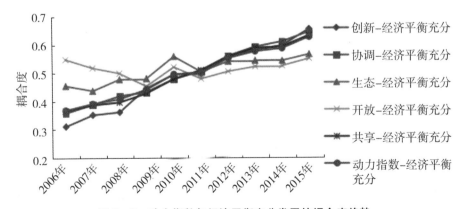

图6-2 动力指数与经济平衡充分发展的耦合度趋势

第五节　推动我国经济平衡充分发展的对策建议

一、构建推动我国社会经济平衡充分发展的体制机制

造成发展不平衡不充分问题的原因，既有发展的要素禀赋不同的自然因素，也有经济发展惯性所致，还有发展政策与发展战略的制度与政策原因。破解发展不平衡不充分问题要在发展理念和体制机制上创新突破。党的十九大以来，党中央在深刻洞悉新时代的经济发展基本特征、科学把握社会主要矛盾的变化方向、不断深化对经济发展规律认识的基础上，指出要着力解决发展不平衡不充分的问题，尤其是经济发展的不平衡不充分问题。如何破解经济发展不平衡不充分？党的十九大进行了科学的部署，即"贯彻新发展理念，建设现代化经济体系"。把新发展理念作为破解经济发展不平衡不充分的战略指引和行动指南，推动发展动力的创新、发展布局的协调、发展形态的绿色、发展格局的开放和发展成果的共享。构建更具协调性、协同性和有效性的区域发展协调机制、城乡一体化机制、产业平衡性升级机制、经济与生态平衡化机制、经济社会一体化发展机制等，着重为发展不平衡不充分问题的解决提供政策机制的保障作用。

（一）深化供给侧结构性改革，着力解决发展不平衡不充分问题

深化供给侧结构性改革是我国对当前经济发展形势做出的积极应对，核心内容是通过提高供给体系质量来大力发展实体经济，同时带动分配结构的优化。通过供给侧结构性改革发展实体经济，坚持按劳分配原则，完善按要素分配的体制机制，促进收入更合理、更有序。坚持去产能、去库存、去杠杆、降成本、补短板，优化存量资源配置，扩大优质增量供给，实现供需动态平衡。坚持深化供给侧结构性改革，加快培育发展新动能，要坚持问题导向，进一步深化改革、简政放权、优化服务、创新政策，完善扶持，为企业的发展创造条件、增添活力；强化创新驱动，推动传统优势产业转型升级，积极培育发展战略性新兴产业，提升发展现代服务业，促进我国产业迈向全球价值链中高端，

培育若干世界级先进制造业集群，为经济社会发展增添动力和活力。

（二）坚持创新发展，将有限资源的利用效率最大化，着力解决创新不充分问题

创新是新时代引领发展的第一动力。要实现充分发展，首先就要解决创新不充分的问题。一是要加强自主创新能力。要培养造就一大批具有国际水平的战略科技人才、科技领军人才、青年科技人才和高水平创新团队；强化基础研究，实现前瞻性基础研究、引领性原创成果的重大突破；加强应用基础研究，拓展实施国家重大科技项目，突出关键共性技术、前沿引领技术、现代工程技术、颠覆性技术创新。二是要提高创新成果转化应用水平。要倡导创新文化，强化知识产权创造、保护、运用；深化科技体制改革，建立以企业为主体、市场为导向、产学研深度融合的技术创新体系，加强对中小企业创新的支持，促进科技成果转化。三是优化各种要素配置，创造新的供给机制和新的发展空间，创新和完善宏观调控方式，政府进一步简政放权、放管结合、优化服务，搭好政府服务的基础平台，激发办学主体在平台上充分发挥主动性、积极性和创新性。

（三）全面深化经济体制改革，着力解决改革不充分问题

全面深化改革的一个重要方面就是经济体制改革，通过继续深化经济体制改革完善社会主义市场经济体制，处理好政府与市场间的关系，是党的十九大为解决经济发展中改革不充分问题给出的答案。第一，要着力建成生产要素市场体系，规范市场秩序，营造公平竞争的市场环境。全面实施市场准入负面清单制度，清理废除妨碍统一市场和公平竞争的各种规定和做法；深化商事制度改革，打破行政性垄断，防止市场垄断，加快要素价格市场化改革，放宽服务业准入限制，完善市场监管体制。第二，要进一步完善产权制度。要完善各类国有资产管理体制，促进国有资产保值增值，推动国有资本做强做优做大，防止国有资产流失；深化国有企业改革，发展混合所有制经济。第三，更好地发挥政府功能。通过创新和完善宏观调控、完善促进消费的体制机制、深化投融资体制改革、建立现代财政制度、建立预算制度、深化税收制度改革、健全货币政策和宏观审慎政策双支柱调控框架、健全金融监管体系等，避免政府的"缺位"和"越位"。第四，加大收入分配制度改革力度，把收入分配制度改革的重点放在初次分配制度改革上。初次收入分配制度的合理与否，是决定收

入分配差距大小的基础。通过价格体制改革和垄断行业改革，可以缩小行业间收入差距。深化税收制度改革，降低流转税，增加财产税，使税收制度有利于低收入阶层，逐步实现收入分配均衡化，缩小不同阶层、不同行业、不同地区的收入差距。

（四）推动形成全面开放新格局，着力解决开放不充分的问题

经济全球化仍然是世界发展的主旋律，中国经济体系的建设离不开全面的对外开放。党的十九大指出，要以"一带一路"建设为重点，坚持引进来和走出去并重，遵循共商共建共享原则，加强创新能力开放合作。从对内对外两个方面推动全面开放。一方面，对外要实行高水平的贸易和投资自由化便利化政策，全面实行准入前国民待遇加负面清单管理制度，大幅度放宽市场准入，扩大服务业对外开放，保护外商投资合法权益；还要创新对外投资方式，促进国际产能合作，形成面向全球的贸易、投融资、生产、服务网络，加快培育国际经济合作和竞争新优势，加强我国参与国际规则、标准制定和修改的能力。另一方面，对内要优化区域开放布局，加大相对封闭地区的开放力度；还要培育贸易的新业态、新模式，推进贸易强国建设，提高参与全球价值链分工和抢占全球产业发展制高点的能力。

二、解决我国社会经济发展不平衡不充分问题的对策

非均衡发展战略的实施是发展不平衡存在的主要依据，低水平的社会生产力是发展不充分的历史根源（张艳红，2020）。破解发展不平衡不充分问题的根本依据在于树立经济社会一体化发展的系统观念，通过经济成果有效渗透社会发展领域内，不断提高中国经济社会的一体化水平，也不断推进社会制度建设、法律建设等进程，协同经济和社会的有效衔接，建立经济发展成果影响社会建设和发展领域的流畅通道，引导经济发展红利与社会发展红利的同步关联、同步传导、同步影响、同步受众、同步提高。瞄准导致发展不平衡、不充分突出的需求结构、产业结构、城乡结构、区域结构等方面的问题，针对其新特点、新趋势，亟须综合、分类施策，科学统筹破解。

（一）实施区域协调发展战略，统筹推进区域和城市群协调发展

深入落实国家战略，进一步优化区域发展总体布局，统筹推进"四大板

块"协调发展,塑造要素有序自由流动、主体功能约束有效、基本公共服务均等、资源环境可承载的区域协调发展新格局。西部地区应进一步围绕巩固基础设施建设和生态环境保护,着力加强特色优势产业发展和提高内生发展能力,稳步提高基本公共服务均等化水平,确保同步实现全面建成小康社会。东北地区应通过营造更好的振兴和发展环境,推动政府职能、营商环境、思想观念的转变和市场化水平的提升,激励各类市场主体广泛参与结构调整和升级。中部地区应发挥好连接东西南北的区位、四通八达的基础设施网络、产业基础和资源条件较好等优势,增强中心城市和重点城市群的集聚功能,重点培育特色优势产业集群,加快承接东部产业转移和拓展西部市场。东部地区应强化作为改革、开放、创新领头羊的使命担当,发挥好高端要素聚集、创新能力较强、开放条件和市场环境好等优势,加快创新驱动发展,推动产业转型升级和创新驱动发展。重点经济区方面,应以疏解北京非首都功能为抓手,推动京津冀协同发展和雄安新区高质量发展,以共抓大保护、不搞大开发为导向推进长江经济带发展,推动京津冀、粤港澳大湾区、长三角等地区成为引领高质量发展的重要动力源。

(二)实施乡村振兴战略,扎实推动城乡平衡发展战略和良性互动

解决城乡发展不平衡问题,要以党的十九大报告相关精神为指引,编制乡村振兴战略规划,以规划引领乡村振兴。不折不扣落实好党中央、国务院关于乡村振兴战略和脱贫攻坚的各项部署,实现乡村高质量发展。一是坚持农业农村优先发展、巩固和完善农村基本经营制度、深化农村集体产权制度改革,构建现代农业产业体系、促进农村产业融合发展等。二是要建立健全城乡融合发展体制机制和政策体系,进一步健全帮扶机制,实施精准扶贫和精准脱贫,加大力度使这些地区尽快脱贫,形成可持续发展的新动力和新机制,减少和防止贫困人口返贫。三是通过城镇化带动乡村振兴、实现城乡一体化发展。发挥城市对农村劳动力的吸纳能力,大力发展城市服务业等劳动密集型产业,增加农民非农就业机会,提高其工资性收入,做好以城带乡、以工促农的工作。通过深化户籍制度改革、降低落户门槛、拓宽落户通道等加快农业转移人口市民化。四是促进城乡公共服务均等化和良性互动。加快建立有效、可行、可持续的城乡良性互动、城市反哺农村的体制机制。根据人口要素城乡流动变化新趋势,建立有利于促进城乡公共服务均等化的保障机制。加快消除导致城乡居民

收入、教育和医疗服务等差距拉动的体制约束和隐形壁垒等，进一步加大力度做好对城乡贫困、弱势群体的兜底保障工作。

（三）优化产业结构和要素配置，推动产业创新升级和融合发展

破解产业不平衡不充分发展的核心在于对三大产业及其内部结构进行科学、合理、有序的优化，促使要素配置合理化、规范化，提高产业创新能力和整体素质，持续做大做强三大产业。一是优化供给结构，使各生产要素在三大产业之间以及产业内部形成科学、合理的供应比例和产业关联关系。即对生产要素在农业、工业、服务业以及各产业内部进行科学、合理的配置。当前要加大对农业和第三产业发展要素的投入比例，通过积极的产业政策、人才政策、财政政策等引导要素资源向这些部门流动，农业和服务业发展紧缺的要素可优先配置。二是推动关键领域和重要环节的技术进步。进一步加大对第一、第二、第三产业内部和产业间共性技术、基础研究等的支持力度，建立有利于不同产业技术研发应用的市场化激励体系。增强制造业技术创新能力，构建开放、协同、高效的共性技术研发平台，健全需求为导向、企业为主体的产学研一体化创新机制。加大对中小企业的创新支持力度，加强知识产权保护和运用，形成有效的创新激励机制和技术应用扩散机制。三是提升服务业结构。扭转服务业内部金融虚高、房地产业占比过大的问题，规范市场化监管，实现金融业、房地产业健康发展以及与其他产业的良性互动。加大有利于现代服务业蓬勃发展的支持政策力度，加快营造、完善有利于现代服务业发展的法治环境等，推动现代服务业和高端制造业发展的相互促进和融合发展。

（四）发力新基建、双循环，推动投资消费出口协调平衡发展

目前"新基建"已成为发展共识，是应对疫情和经济下行的有效手段，符合产业升级要求，既代表着经济高质量发展的未来方向，也成为数字经济发展的新引擎。"新基建"是立足于科技端的基础设施建设，主要包括七大领域：5G基建、特高压、城际高速铁路和城市轨道交通、新能源汽车充电桩、大数据中心、人工智能、工业互联网。受新冠肺炎疫情的影响，交通运输、住宿餐饮、旅游、居民服务等人员聚集性较强的消费行业需求骤减，靠消费拉动经济增长短时间内难以实现。在这个特殊时期，基建投资则是拉动经济增长的利器。对于5G、工业互联网、人工智能等代表的新经济的支柱产业的投资建设，将成为稳住投资的主渠道。"新基建"短期有助于扩大有效需求、稳增

长、稳就业，长期有助于增加有效供给，释放中国经济增长潜力，培育新经济、新技术、新产业，推动改革创新，改善民生福利。

加快形成以国内大循环为主体、国内国际双循环相互促进的新发展格局。推进投资消费出口结构升级，提升社会经济发展平衡性充分性。一是提升投资结构。进一步加大创新、生态环保和民生领域的投资力度和效力，加大制造业技术改造和设备更新，加强人工智能、工业互联网、物联网等新型基础设施建设，加大城际交通、物流、市政基础设施等投资力度，补齐农村基础设施和公共服务设施建设短板，加强自然灾害防治能力建设。二是促进消费升级。提高供给质量，产业转型升级，商品和服务提质优化，满足不断扩大和升级的内需。三是优化外贸结构。逐步扩大高附加值产品出口，积极推动出口产品向价值链上游攀升，优化出口目的地结构构成，通过提升自主技术研发能力，加快关键产品、零件等国产化程度。四是"内循环"与"外循环"协同发展。以"二次入世"的勇气更大力度地推进改革开放，与欧盟、日韩、东盟以及广大"一带一路"沿线国家深化合作，对其继续发展进出口贸易和跨国投资，与国内供需体系有机联动。对内继续优化营商环境，落实国有企业改革，鼓励国企、民企、外企公平竞争；落实产权保护与法制建设，与国际规则进一步接轨，吸引国际资本、人才、技术等生产要素主动流入国内，为国内供给侧注入新鲜血液，为国内大循环赋能。

（五）加强重点民生领域补短板行动，促进教育医疗养老事业平衡充分发展

我国在民生领域发展不平衡不充分问题，主要体现在教育、医疗、养老等社会公共保障及其服务领域，尤其是在农村，还不能充分满足全面小康社会和经济社会转型发展的要求。实现新时代社会主义高质量发展的宏伟蓝图，必须推进重点民生领域补短板进程。解决教育资源严重不均衡问题，需要进一步深化教育体制改革，合理配置教育资源，促进教育公平，基本实现教育服务均等化。教育公平是促进社会公平的一个"最伟大的工具"。我国教育资源供给总量不足，无法满足人们日益增长的教育需求，教育资源在不同地区、不同省份、不同学校间分布不均等的现象日益突出。以教育资金分配制度改革入手，使财政来源的教育资金主要用于解决教育公平问题。解决医疗事业发展不均衡、不充分问题，实现公共医疗服务均等化，是高质量发展的重要内容。深入贯彻落实中央关于加强医疗卫生工作的部署要求，坚持问题导向，加强系统谋

划，切实提升基层医疗服务能力，大力推进紧密型医疗联合体建设，加快建立分级诊疗制度，继续做好家庭医生签约服务。加快推进医疗服务价格优化调整，健全药品供应保障制度。不断健全基本医疗保障制度，进一步改革医保支付方式，全面落实异地就医结算政策，形成医疗、医保、医药"三医"联动合力。着力提升科研能力水平，加大医疗基础设施建设力度，推动健康大数据应用，发展前沿医疗技术。在养老服务领域，要改善养老服务资源配置不均衡问题，不断提高养老服务效率。建立健全养老服务标准体系，规范不同主体的养老服务行为，建立跨部门联合监管机制，定期加强对养老服务设施的规划、养老服务机构运营的监管，着重围绕抓重点、补短板、强弱项，不断促进养老服务均等化。

第七章 基于投入产出方法的广东经济高质量发展评价

本章利用广东省统计局发布的2002年、2007年、2012年和2017年共4张投入产出表和广东省统计年鉴数据,综合使用结构分解法(SDA)、主成分分析、DEA效率评价方法、对比分析法等多种数据分析技术,分析广东经济发展现状和广东经济结构变迁特征,对广东经济高质量发展效率进行评价,对广东经济增长的动力进行分解。研究结果表明,在2002—2017年期间,广东省产业结构已由以工业为主的第二产业成功转移至以房地产、高科技产业和服务业为主的第三产业。广东省经济增长动力主要来源于最终需求,其中出口是最主要的驱动力量,技术变迁和增加值率的变化起间接作用。深圳、珠海和东莞三个城市的高质量发展效率达到了DEA有效水平,其他城市在纯技术效率、规模效率方面存在着不同程度的改进空间。基于研究结果,本文对广东经济高质量发展路径提出建议。

第一节 基于投入产出表的广东经济发展现状分析

本章收集广东省统计局官网公布的2002—2017年4张广东省投入产出表。因各年份投入产出表的部门划分并不完全相同,以最新发布的2017年广东省投入产出表部门划分为标准对其余3张表的部门划分稍做调整。调整后的42个产业部门具体见表7-1。本节使用广东省最新的2017年投入产出表,对2017年广东省的整体经济发展现状进行直观的描述和分析,主要包括经济规模、三次产业结构和部门间技术经济联系三部分。

表7-1 2017年广东省投入产出表（42个部门）

序号	产业部门	序号	产业部门
1	农林牧渔产品和服务	22	其他制造产品和废品废料
2	煤炭采选产品	23	金属制品、机械和设备修理服务
3	石油和天然气开采产品	24	电力、热力的生产和供应
4	金属矿采选产品	25	燃气生产和供应
5	非金属矿和其他矿采选产品	26	水的生产和供应
6	食品和烟草	27	建筑
7	纺织品	28	批发和零售
8	纺织、服装、鞋帽、皮革、羽绒及其制品	29	交通运输、仓储和邮政
9	木材加工品和家具	30	住宿和餐饮
10	造纸印刷和文教体育用品	31	信息传输、软件和信息技术服务
11	石油、炼焦产品和核燃料加工品	32	金融
12	化学产品	33	房地产
13	非金属矿物制品	34	租赁和商务服务
14	金属冶炼和压延加工品	35	研究和试验发展
15	金属制品	36	综合技术服务
16	通用设备	37	水利、环境和公共设施管理
17	专用设备	38	居民服务、修理和其他服务
18	交通运输设备	39	教育
19	电气机械和器材	40	卫生和社会工作
20	通信设备、计算机和其他电子设备	41	文化、体育和娱乐
21	仪器仪表	42	公共管理、社会保障和社会组织

资料来源：广东省统计局《2017年广东省投入产出表》。

一、经济规模

经济规模一般指经济总量，本节从总产出、增加值和最终使用三个角度分析广东省2017年经济规模的现状。

（一）总产出

总产出指一定时期内一个国家或地区常住单位生产的所有货物和服务的价值，既包括新增货物与服务的价值，也包括被消耗的货物和服务价值以及固定资产转移价值，总产出按生产者价格计算，反映常住单位生产活动的总规模。2017年，广东省全省总产出为256185.05亿元，其中，以农业为主的第一产业产出为5969.86亿元，以工业为主的第二产业产出为165186.16亿元，以房地产、高科技产业及服务业为主的第三产业产出为85029.04亿元。其中，第一产业占比约2.33%，第二产业占比约64.48%，第三产业占比约33.19%。由此可见，2017年广东省第二产业产出占比仍遥遥领先于第一、第三产业。

（二）增加值

增加值是指常住单位在生产过程中创造的新价值和固定资产的转移价值，根据投入产出表信息，增加值既可以使用生产法计算也可以使用收入法计算。按生产法，2017年广东省地区生产总值为88646.77亿元，位居全国第一。其中以农业为主的第一产业增加值为3712.71亿元；第二产业增加值远高于第一产业增加值，为36787.97亿元；第三产业增加值最高，为48146.09亿元。在广东省，以房地产和服务业为主的第三产业增加值最高，其次是以工业为主的第二产业，第一产业增加值远小于第二、第三产业。

按收入法，2017年收入法计算的增加值结构如表7-2所示。可以看出，广东省收入法增加值结构中，劳动者报酬占比最高，有49.10%；其次是营业盈余，有24.91%；生产税净额和固定资产折旧占比较少，分别为12.44%和13.56%。

表 7-2 2017 年广东省增加值结构

增加值项目	金额（亿元）	比例（%）
劳动者报酬	43522.64	49.10
生产税净额	11024.91	12.44
固定资产折旧	12018.60	13.56
营业盈余	22080.61	24.91
合计	88646.76	100.00

资料来源：广东省统计局《2017 年广东省投入产出表》。

（三）最终使用

2017 年广东省投入产出表中，总出口包含出口和国内省外流出两部分。2017 年广东省最终使用结构如表 7-3 所示。可以看出，最终消费支出和资本形成总额分别占比 23.79% 和 20.90%，出口和国内省外流出分别占比 23.62% 和 31.69%，由此可见，广东省出口贸易和国内省外流出占比超过最终使用的一半，国民经济对外依存度比较高。

表 7-3 2017 年广东省最终使用结构

最终使用项目	金额（亿元）	比例（%）
最终消费支出	45128.95	23.79
资本形成总额	39649.64	20.90
出口	44810.66	23.62
国内省外流出	60105.02	31.69
合计	189694.27	100.00

资料来源：广东省统计局《2017 年广东省投入产出表》。

二、产业结构

(一) 三次产业结构

按照国家统计局 2012 年 12 月下发的《三次产业划分规定》对 2017 年广东省投入产出表进行划分,得到 2017 年广东省三次产业的增加值结构,如表 7-4 所示。

表 7-4 2017 年广东省增加值的三次产业结构

产业	金额（亿元）	比例（%）
第一产业	3712.71	4.19
第二产业	36787.97	41.50
第三产业	48146.09	54.31
合计	88646.77	100.00

资料来源：广东省统计局《2017 年广东省投入产出表》。

表 7-4 表明,随着经济进入高质量发展阶段,伴随着产业结构的调整与优化,第三产业增加值比重目前已经超过第二产业,成为广东省经济的主体,是广东省经济增长的主导因素。结合增加值分析,发现第三产业虽然产出占总产出比重远低于第二产业,但是增加值占地区生产总值的比重却高于第二产业。这说明,广东省第三产业内各产业部门增加值率普遍较高,且所需投入较少,广东省应继续大力发展第三产业。

(二) 第三产业内部结构

结合上述分析已知,第三产业已成为广东省经济增长的主要动力来源,说明第三产业发展的质量与速度将直接影响整个广东省国民经济运行的效益。第三产业内部各产业间结构的调整与优化又直接影响到第三产业的发展水平,因此,分析第三产业内部产业结构对经济更好更快的发展也具有重要意义。表 7-5 是广东省第三产业各部门总产出在第三产业总产出中所占的比重情况。

根据表 7-5 可知,批发和零售业总产出 14212.24 亿元,占广东省 2017

年全部第三产业总产出的 16.71%，房地产占第三产业总产出比重 12.69%，这些部门提供食品、住宿等生活必需品，是第三产业重要组成部分；金融业占第三产业总产出比重 12.41%，信息传输、软件和信息技术服务占比 9.01%，这些部门资本投入密集，并具有一定的科学技术含量，也是第三产业的重要组成部分。

表 7-5　2017 年广东省第三产业各部门占总产出比重

第三产业部门	总产出	
	绝对数（万元）	比例（%）
批发和零售	142122430	16.71
房地产	107927100	12.69
金融	105493800	12.41
交通运输、仓储和邮政	93062000	10.94
信息传输、软件和信息技术服务	76632400	9.01
租赁和商务服务	68568300	8.06
公共管理、社会保障和社会组织	42658800	5.02
住宿和餐饮	41848900	4.92
教育	40963900	4.82
卫生和社会工作	35296800	4.15
居民服务、修理和其他服务	27590700	3.24
综合技术服务	24429300	2.87
研究和试验发展	22545400	2.65
水利、环境和公共设施管理	10105700	1.19
文化、体育和娱乐	8369600	0.98
金属制品、机械和设备修理服务	2675314	0.31
第三产业总产出	850290444	100.00

资料来源：广东省统计局《2017 年广东省投入产出表》。

三、部门间的技术经济联系

一般而言,部门间的技术经济联系主要涉及两个系数的计算,分别是感应度系数与影响力系数,其中感应度表示一个部门受到其他部门变化而带来的波及作用,影响力表示一个产业部门的变动对其他部门的波及作用。

(一)感应度系数

感应度系数也称推动系数,表示当国民经济各部门均增加一个单位最终使用时,某一部门由此而受到的需求感应程度,也就是该部门为满足其他部门生产的需要而提供的产出量。

$$r_i = \sum_{j=1}^{n} b_{ij} \Big/ \left(\frac{1}{n} \sum_{i=1}^{n} \sum_{j=1}^{n} b_{ij} \right), i,j = 1,2,3,\cdots,n$$

其中,r_i 表示第 i 个部门的感应度系数;b_{ij} 表示第 j 个部门生产单位最终产品完全需要的第 i 个部门产品的数量,是列昂惕夫逆矩阵的系数。表 7-6 列出了 2017 年广东省各部门感应度系数排名前 20 位的部门。

表 7-6　2017 年广东省经济部门感应度系数

产品部门	感应度系数
通信设备、计算机和其他电子设备	1.71
金属制品	1.57
金属冶炼和压延加工品	1.56
通用设备	1.56
交通运输设备	1.54
电气机械和器材	1.53
燃气生产和供应	1.49
仪器仪表	1.49
纺织品	1.46
造纸印刷和文教体育用品	1.41

续表 7-6

产品部门	感应度系数
专用设备	1.41
纺织、服装、鞋、帽、皮革、羽绒及其制品	1.40
化学产品	1.37
建筑	1.35
非金属矿物制品	1.32
木材加工品和家具	1.31
电力、热力的生产和供应	1.26
金属制品、机械和设备修理服务	1.25
食品和烟草	1.05
金属矿采选产品	0.95

资料来源：广东省统计局《2017年广东省投入产出表》。

由表 7-6 可以看出，感应度排在首位的部门是通信设备、计算机和其他电子设备，均属于第二产业。其次是金属制品等部门，说明这些部门对广东省国民经济各部门发展的相互制约的作用较强。感应度较大的部门还有交通运输设备，电力、热力的生产和供应，纺织品，木材加工品和家具等产业部门。说明社会对这些部门的需求比其他部门大，它们对国民经济稳定长远发展意义重大。

（二）影响力系数

影响力系数是反映国民经济某一个产业部门增加单位最终使用时，对国民经济各部门所产生的需求波及程度。

$$s_j = \sum_{i=1}^{n} b_{ij} \Big/ \left(\frac{1}{n} \sum_{j=1}^{n} \sum_{i=1}^{n} b_{ij} \right), i,j = 1,2,3,\cdots,n \quad (7-2)$$

其中，s_j 表示第 j 个部门的影响力系数，公式中分子表示产业 j 生产单位最终产品时，n 个产业对该产业的完全投入之和。表 7-7 列出了根据 2017 年广东省经济部门影响力系数排名前 20 位的部门。

表7-7 2017年广东省经济部门影响力系数

产品部门	影响力系数
金属冶炼和压延加工品	5.75
化学产品	4.08
电力、热力的生产和供应	3.41
通信设备、计算机和其他电子设备	2.56
金融	2.27
交通运输、仓储和邮政	1.98
批发和零售	1.83
租赁和商务服务	1.52
房地产	1.20
农林牧渔产品和服务	1.19
造纸印刷和文教体育用品	1.18
纺织品	1.11
燃气生产和供应	1.10
石油、炼焦产品和核燃料加工品	1.06
非金属矿物制品	1.03
食品和烟草	1.03
石油和天然气开采产品	0.97
金属制品	0.96
其他制造产品和废品废料	0.84
煤炭采选产品	0.73

资料来源：广东省统计局《2017年广东省投入产出表》。

根据表7-7可知，广东省以工业为主的第二产业中的各个部门影响力系数排名靠前，说明这些部门对广东省整体国民经济有较强的积极推动作用，并且对社会生产活动具有一定的辐射作用。

第二节 基于投入产出表的广东经济结构变迁分析

投入产出分析能够反映整个国民经济各产业以及各产业之间相互联系、相互依赖和相互制约的关系,是经济学中的一个重要分支,也是经济学方法论中重要的定量分析方法,在研究国家或地区经济结构变动上具有一定的优势。

本节利用广东省 2002 年、2007 年、2012 年、2017 年的 42 个部门投入产出表,分析在此期间广东省产业结构与需求结构各自的变化及趋势,包括产出占总产出的比重、增加值占地区生产总值的比重及变化趋势以及最终需求结构的变动趋势情况,直观地分析 2002—2017 年国民经济结构的变动情况。

一、产业结构的变动分析

本节主要利用投入产出表研究广东省经济发展过程中的产业结构变动情况。在一国经济活动中,三次产业是相互作用的,三次产业的发展相辅相成。因此,可以通过投入产出分析中总产出结构和增加值结构两部分来分析三次产业之间的联系,对应的指标可以使用各部门产出占总产出的比重和各部门增加值占地区生产总值比重。

(一) 三次产业结构变化情况

一般而言,随着经济发展到达了一定的阶段后,三次产业中,第一产业在产出和增加值中的比重会下降;与第一产业不同,第二产业的比重在多数国家和地区呈现上升趋势,但随着经济发展进入下一个阶段,越来越多的国家呈现下降趋势;以服务业和房地产业为主的第三产业在多数国家都呈上升的趋势。表 7 - 8 为 2002—2017 年广东省产出占总产出比例和增加值占地区生产总值比例的变化情况。

根据表 7 - 8 可以看出,三次产业中,产出占总产出的比重与增加值占地区生产总值的比重在数量关系上是存在显著差异的。总体来说,在数值上可以看出第二产业产出占比高于其增加值占比,但第一产业和第三产业的产出占比却低于其增加值占比,这说明 2002—2017 年间广东省的第一、第三产业的增加值率普遍高于第二产业的增加值率。从产出占总产出的比重情况来看,广东省第二产业产出占比领先于第一、第三产业占比。从增加值占地区生产总值的比重来看,2012年及以前广东省第二产业增加值比重大于第三产业增加值比重。在2012—2017年间,第三产业增加值比重超过第二产业增加值比重,说明广东省产业结构模式在此期间从"二、三、一"模式转变为"三、二、一"模式,第三产业成为广东省经济持续快速增长的主要支撑。

表7-8 广东省产出和增加值比重情况

(单位:%)

产业	产出占总产出比重				增加值占地区生产总值比重			
	2002年	2007年	2012年	2017年	2002年	2007年	2012年	2017年
第一产业	4.86	2.89	2.70	2.33	7.85	5.50	5.13	4.19
第二产业	66.65	74.52	70.87	64.48	46.72	52.14	49.90	41.50
第三产业	28.50	22.59	26.43	33.19	45.43	42.36	44.97	54.31

资料来源:广东省统计局《2002—2017年广东省投入产出表》。

(二)增加值变化情况

为进一步直观分析广东省2002—2017年三次产业增加值占地区生产总值比重的变化趋势,由图7-1可以看出,在2002—2017年间第一产业的增加值占比呈较为显著的下降趋向。第三产业在2002—2007年间稍有下降,2007年之后呈上升趋势。第二产业的占比则呈先上升后下降的趋势。第二产业和第三产业的拐点都出现在2007年,2012年时第二产业与第三产业的占比情况已经比较接近。结合《广东省统计年鉴》等数据可知,在2015年广东省第三产业增加值占比首次超过第二产业,这说明广东省已经在向服务业主导的后工业化时期迈进。

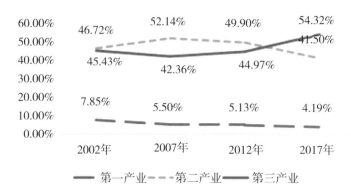

图7-1 广东省三次产业增加值比重变化趋势

二、需求结构的变动分析

本节使用 2002—2017 年广东省投入产出表，对比研究在此期间最终需求中各部分对广东省地区生产总值的影响及贡献程度，并且考虑到近年来国家和省内对城乡差距问题的重视，对城镇居民与农村居民的消费结构也进行了研究。

（一）需求结构变化情况

表7-9 为 2002—2017 年广东省三次产业各项最终需求对地区生产总值的贡献。从整体来看，2002—2017 年期间出口和消费一直是拉动广东省经济增长的主要动力来源，在此期间资本形成总额的比重也在不断上升。深入产业层面，横向来看，第一产业的消费、出口和资本形成总额均呈现先下降后上升的波动趋势；第二产业与第三产业的消费与资本形成总额占比呈现先下降后上升再下降的波动趋势，出口同样呈现波动趋势。从 2002—2017 年整体来看，第一产业消费比重从 3.81% 下降至 1.26%，资本形成总额比重从 0.36% 下降至 0.20%，出口比重从 0.65% 上升至 0.89%，说明第一产业增长的主要贡献为消费，但出口的占比也在不断上升，第一产业对外依存度在不断提升；第二产业消费比重从 7.59% 下降至 6.17%，资本形成总额比重从 15.85% 上升至 16.70%，出口比重从 50.27% 下降至 48.06%，说明出口一直为第二产业增长的主要力量，而投资的贡献也在不断加强；对于第三产业，消费比重从

15.33%上升至16.36%,资本形成总额比重1.26%上升至4.02%,出口比重从4.88%上升至6.36%,对于第三产业的增长,最终使用各项的贡献都在增大,说明当前广东省经济结构适合第三产业的发展,并且第三产业的发展势头也十分强劲。纵向来看,广东省消费驱动主要以第三产业为主,资本形成总额驱动和出口驱动则主要集中在第二产业。

表7-9 三次产业各项最终使用对地区生产总值的贡献

(单位:%)

产业	2002年			2007年			2012年			2017年		
	消费	资本形成总额	出口	消费	资本形成总额	出口	消费	资本形成总额	出口	消费	资本形成总额	出口
第一产业	3.81	0.36	0.65	2.05	0.00	0.20	2.66	-0.01	0.11	1.26	0.20	0.89
第二产业	7.59	15.85	50.27	6.38	13.78	60.34	9.37	16.47	47.27	6.17	16.70	48.06
第三产业	15.33	1.26	4.88	12.40	1.53	3.32	13.66	3.61	6.86	16.36	4.02	6.36
合计	26.73	17.47	55.80	20.83	15.31	63.86	25.69	20.08	54.24	23.79	20.91	55.30

资料来源:广东省统计局《2002—2017年广东省投入产出表》。

(二) 消费结构变化情况

表7-10为2002—2017年间广东省农村居民和城镇居民各自对于各产业部门的消费情况。其中,剔除了废品废料等无最终消费的部门。

表7-10 广东省居民消费结构情况

(单位:%)

产品部门	2002年		2007年		2012年		2017年	
	农村居民	城镇居民	农村居民	城镇居民	农村居民	城镇居民	农村居民	城镇居民
农林牧渔产品和服务	27.56	16.08	16.42	11.85	20.62	11.88	11.69	5.54
煤炭采选产品	0.04	0.01	1.43	0.01	0.00	0.00	0.01	0.00

续表 7-10

产品部门	2002年 农村居民	2002年 城镇居民	2007年 农村居民	2007年 城镇居民	2012年 农村居民	2012年 城镇居民	2017年 农村居民	2017年 城镇居民
石油和天然气开采产品	0.00	0.00	0.24	0.43	0.00	0.00	0.00	0.00
金属矿采选产品	0.00	0.00	0.00	0.00	0.00	0.00	0.00	0.00
非金属矿和其他矿采选产品	0.01	0.03	0.00	0.00	0.00	0.00	0.00	0.00
食品和烟草	18.63	10.91	20.01	8.58	14.06	6.82	10.78	9.26
纺织品	0.36	0.46	0.04	0.33	1.32	0.33	0.35	0.58
纺织、服装、鞋帽、皮革、羽绒及其制品	4.29	5.14	2.81	2.82	3.32	3.60	1.70	3.73
木材加工品和家具	0.54	0.96	0.57	0.56	0.74	0.36	0.56	0.67
造纸印刷和文教体育用品	0.79	2.95	0.58	0.20	0.92	2.06	0.85	2.29
石油、炼焦产品和核燃料加工品	0.00	0.52	1.01	1.59	1.78	1.64	1.44	2.65
化学产品	1.94	3.87	2.64	3.89	2.76	7.85	1.87	2.70
非金属矿物制品	0.21	0.80	1.61	0.63	2.98	1.52	0.07	0.14
金属冶炼和压延加工品	0.01	0.05	0.00	0.00	0.91	0.00	0.00	0.00
金属制品	0.11	0.15	0.53	0.33	1.85	6.90	0.11	0.14
通用、专用设备制造业	0.22	0.08	0.09	0.04	0.02	0.03	0.02	0.09
交通运输设备	1.14	2.30	1.00	5.89	0.08	3.41	1.05	3.43
电气机械和器材	1.10	2.57	2.45	4.63	1.06	6.33	0.87	1.11
通信设备、计算机和其他电子设备	0.93	1.69	1.33	3.12	1.17	2.64	0.62	1.16
仪器仪表	0.37	0.65	0.11	0.83	0.00	0.78	0.16	0.57
其他制造产品和废品废料	1.58	2.43	0.23	0.37	0.01	0.15	0.70	0.46
电力、热力的生产和供应	2.30	3.58	2.15	2.30	2.70	1.88	6.78	3.51
燃气生产和供应	0.00	0.26	0.36	0.65	0.22	0.73	0.65	1.73
水的生产和供应	0.18	0.32	0.23	0.41	0.17	0.22	0.78	1.02

续表 7-10

产品部门	2002 年 农村居民	2002 年 城镇居民	2007 年 农村居民	2007 年 城镇居民	2012 年 农村居民	2012 年 城镇居民	2017 年 农村居民	2017 年 城镇居民
建筑	0.00	0.15	0.00	1.43	1.29	0.51	0.00	0.00
批发和零售	5.46	4.46	7.24	7.45	6.04	3.88	4.11	3.51
交通运输、仓储和邮政	3.90	3.65	2.76	2.36	2.92	2.25	0.72	2.38
住宿和餐饮	3.72	10.44	5.19	9.62	4.79	6.90	8.74	9.92
信息传输、软件和信息技术服务	5.42	8.01	6.04	6.94	3.96	4.70	8.75	5.31
金融	1.90	5.28	7.04	5.83	9.07	8.53	5.59	10.71
房地产	9.49	6.32	10.72	9.36	7.01	4.59	17.79	11.98
租赁和商务服务	0.00	0.00	0.10	1.21	0.24	1.71	0.21	0.13
综合技术服务	0.00	0.00	0.00	0.00	0.00	0.00	0.58	0.49
水利、环境和公共设施管理	0.00	0.00	0.05	0.10	0.12	0.47	0.03	0.17
居民服务、修理和其他服务	5.16	3.06	2.82	3.12	2.76	3.17	2.23	4.05
教育	1.88	1.44	1.08	1.12	1.17	0.78	5.55	5.00
卫生和社会工作	0.51	0.83	0.78	0.86	2.68	2.52	3.06	4.02
文化、体育和娱乐	0.25	0.55	0.27	0.77	0.63	0.37	1.45	1.25
公共管理、社会保障和社会组织	0.00	0.00	0.08	0.37	0.63	0.49	0.11	0.29

资料来源：广东省统计局《2002—2017 年广东省投入产出表》。

根据表 7-10 可知，广东省城镇居民与农村居民的消费结构还是存在显著差异的。从整体来看，农村居民在农林牧渔产品和服务、食品和烟草、房地产等基础生活方面的消费比例要远高于城镇居民。相应的，城镇居民在交通运输设备，文化、体育和娱乐，通信设备、计算机和其他电子设备等提升生活质量方面的消费比例明显高于农村居民。

近年来，由于广东省经济的发展，城乡居民的消费水平均有一定程度的提升。其中，城镇居民与农村居民的食品和烟草消费的比重分别从 2002 年的 10.91% 和 18.63% 下降至 2017 年的 9.26% 和 10.78%。可见，城镇居民和农村居民对基本生活需求的消费比重均有所下降，而金融，房地产，居民服务、修理和其他服务，教育，卫生和社会工作等提高生活质量的部门占比上升。

表7-11为2002—2017年广东省各部门政府消费占政府总消费的比重情况，剔除了没有政府消费的部门。可以看出，广东省政府消费支出主要集中在公共管理、社会保障和社会组织部门，2002年至2017年间，公共管理、社会保障和社会组织部门的政府消费都是占比最高的；政府支出排名第二和第三的有教育与卫生和社会工作，2002年至2012年间，政府支出排名第二的都是教育，说明广东政府十分重视省内教育事业的发展，在保证人民基本生活的前提下大力发展教育事业，提高省内人才储备，为广东省未来发展奠定基础。在2012年至2017年间，教育排名第二，卫生和社会工作排名第三。

表7-11 广东省政府消费结构

（单位:%）

产品部门	2002年	2007年	2012年	2017年
农林牧渔产品和服务	0.64	0.42	0.38	1.61
交通运输、仓储和邮政	0.00	0.00	0.00	3.48
金融	0.00	0.00	0.00	0.02
租赁和商务服务	0.00	0.00	0.00	0.32
研究和试验发展	0.47	0.49	9.58	5.96
综合技术服务	10.54	6.15	0.00	8.67
水利、环境和公共设施管理	0.00	6.68	4.96	8.16
居民服务、修理和其他服务	5.61	3.00	0.84	0.00
教育	20.98	24.30	26.32	16.00
卫生和社会工作	19.54	18.16	17.09	18.46
文化、体育和娱乐	4.10	3.81	4.39	1.94
公共管理、社会保障和社会组织	38.12	37.00	36.44	35.38
政府消费合计	100.00	100.00	100.00	100.00

资料来源：广东省统计局《2002—2017年广东省投入产出表》。

(三) 进出口结构变化情况

进出口反映了地区经济与其他地区经济之间的关系,进口与总供给的比例为进口率,出口与总产出的比例为出口率。表 7-12 为 2002—2017 年广东省投入产出表计算的三次产业进出口结构。

表 7-12 广东省进出口结构

(单位:%)

产业	2002 年		2007 年		2012 年		2017 年	
	出口率	进口率	出口率	进口率	出口率	进口率	出口率	进口率
第一产业	9.51	18.40	5.17	24.23	2.69	24.96	28.16	35.47
第二产业	53.79	33.85	60.34	35.59	44.02	30.10	55.19	34.76
第三产业	12.21	5.05	10.95	3.62	17.12	8.50	14.20	10.28
合计	39.79	26.85	47.59	30.05	35.79	25.30	40.95	28.29

资料来源:广东省统计局《2002—2017 年广东省投入产出表》。

根据表 7-12 可以看出,广东省进出口结构从 2002—2017 年间虽有波动,但基本稳定在某一区间,表中出口率在 40% 左右,而进口率在 25% 上下波动。从产业层面上来看,广东省的进出口主要集中在第一产业和第二产业,其中第一产业的进口率逐年递增,从 2002 年 18.40% 增长至 2017 年 35.47%,出口率稍有波动但在 2012 年至 2017 年期间整体从 9.51% 增加至 28.16%。与第一产业不同的是,第二产业进口率与出口率在区间内上下波动,但除 2017 年外第二产业进口率与出口率一直都远大于第一产业和第三产业,说明广东省第二产业的发展情况较好,并大量向国内省外各地和国外出口产品,贸易较为繁荣。第二产业和第三产业出口率一直大于进口率,而第一产业进口率则一直大于出口率,再次说明广东省第二、第三产业发展情况较好,可大量向国内省外各地和国外出口,而第一产业则更多依赖于由国内省外各地和国外进口。

第三节　基于 DEA 模型的广东经济高质量发展效率测度

一、城市经济高质量发展投入产出指标选取

（一）投入指标体系设计

在城市高质量发展投入产出指标体系中，投入指标需要体现城市高质量发展的动力机制，并反映区域政府投入对所在辖区经济的重要影响。基于传统柯布－道格拉斯生产函数，采用生产活动中最基础的资本投入和劳动力投入，同时，将土地投入纳入城市经济发展的重要投入指标。本节测度高质量发展的投入指标有三个，分别是固定资产投资（X_1）、常住人口（X_2）和土地面积（X_3）。

（二）产出指标体系设计

作为经济高质量发展的内在要求，产出指标既需要体现经济发展的规模，还需要体现经济发展导致的民生改善、城市功能升级等方面。本节设计的高质量发展产出指标，一是经济发展规模指标，用 GDP（Y_1）表示。二是期望产出指标，包括三个方面的指标。其中，产业结构状况用第二产业增加值（Y_2）、第三产业增加值（Y_3）表示。民生改善状况用居民人均可支配收入（Y_4）、公共卫生支出（Y_5）、城乡基本养老保险参保人数（Y_6）、城乡居民基本医疗保险参保人数（Y_7）表示。城市设施改善状况用城市公共交通车辆标准运营数（Y_8）、城市人均公园绿地面积（Y_9）表示。三是非期望产出指标，包括环境污染状况和失业状况。其中，环境污染用工业废水排放量（Y_{10}）、工业废气排放量（Y_{11}）、工业固体废弃物排放量（Y_{12}）表示，失业状况用失业人数（Y_{13}）表示。本节构建的城市经济高质量发展投入指标体系如表 7–13 所示。

表 7-13　城市经济高质量发展投入产出指标体系

指标类型	指标维度	具体指标	指标单位	变量
投入指标	资本投入	固定资产投资	亿元	X_1
	劳动投入	常住人口	万人	X_2
	土地投入	土地面积	平方千米	X_3
产出指标	GDP	GDP	亿元	Y_1
	产业结构	第二产业增加值	亿元	Y_2
		第三产业增加值	亿元	Y_3
	民生改善	居民人均可支配收入	元	Y_4
		公共卫生支出	亿元	Y_5
		城乡基本养老保险参保人数	万人	Y_6
		城乡居民基本医疗保险参保人数	万人	Y_7
	城市设施改善	城市公共交通车辆标准运营数	标台	Y_8
		城市人均公园绿地面积	平方米	Y_9
	环境污染	工业废水排放量	亿吨	Y_{10}
		工业废气排放量	亿立方米	Y_{11}
		工业固体废弃物排放量	万吨	Y_{12}
	失业	失业人数	人	Y_{13}

二、基于主成分分析的高质量发展水平测度

（一）数据来源

选取广东省 21 个城市作为研究对象，各指标数据来源于 2018 年《广东统计年鉴》，反映 2017 年的投入产出状况。

（二）产出数据标准化

由于产出指标中存在着负向指标，因此采用 Min-max 方法进行标准化。

1. 正项指标数据的标准化

正向指标是指数值越大表明产出水平越高的指标。

$$v_{ij} = \frac{z_{ij} - \min\limits_{1 \leq j \leq m} z_{ij}}{\max\limits_{1 \leq j \leq m} z_{ij} - \min\limits_{1 \leq j \leq m} z_{ij}}$$

其中，v_{ij} 为标准化后的变量值，z_{ij} 为实际变量值，m 为评价对象的个数。

2. 负项指标数据的标准化

正向指标是指数值越小表明产出水平越高的指标。本节中工业废水排放量（Y_{10}），工业废气排放量（Y_{11}），工业固体废弃物产生量（Y_{12}），失业人数（Y_{13}）为负向产出指标。

$$v_{ij} = \frac{\max\limits_{1 \leq j \leq m} z_{ij} - z_{ij}}{\max\limits_{1 \leq j \leq m} z_{ij} - \min\limits_{1 \leq j \leq m} z_{ij}}$$

其中，z_{ij} 为标准化后的变量值，z_{ij} 为实际变量值，m 为评价对象的个数。

（三）产出指标主成分分析

使用 SPSS 22.0 对原始数据进行 KMO 检验和 Bartlett 球形检验。结果表明，KMO 值等于 0.786，表明数据适合做因子分析。Bartlett 球形统计量的值接近 500，Bartlett 检验的 p 值接近于 0，说明主成分分析法的适用性好，变量间存在相互关系。

表 7-14 是特征根与方差贡献率表，给出了各主成分解释原始变量方差的情况。从表 7-14 中可以看出，前 3 个主成分解释了全部方差的 91.371%，说明提取的 3 个主成分能够代表原来的 13 个产出指标信息，所选择的主成分提取足够的产出信息，因此提取出 3 个主成分，分别记为 F_1、F_2 和 F_3。

表7-14 特征根与方差贡献率

成分	解释总方差					
	初始特征值			提取载荷平方和		
	合计	方差的 %	累积 %	总计	方差的 %	累积 %
1	9.139	70.304	70.304	9.139	70.304	70.304
2	1.73	13.305	83.608	1.73	13.305	83.608
3	1.009	7.763	91.371	1.009	7.763	91.371
4	0.432	3.324	94.695	—	—	—
5	0.222	1.709	96.404	—	—	—
6	0.178	1.37	97.775	—	—	—
7	0.148	1.138	98.912	—	—	—
8	0.066	0.504	99.416	—	—	—
9	0.044	0.341	99.758	—	—	—
10	0.018	0.141	99.899	—	—	—
11	0.007	0.057	99.956	—	—	—
12	0.006	0.043	100	—	—	—
13	5.41E-05	0	100	—	—	—

(四) 主成分系数与主成分得分

根据特征根和成分矩阵算出主成分的系数向量,即:

$$z_i = \frac{a_i}{\sqrt{\lambda_i}}, i = 1,2,3$$

其中,z_i 是为第 i 个主成分的变量系数向量,a_i 为成分矩阵中第 i 个主成分的列向量,λ_i 为第 i 个主成分的特征根。主成分得分计算公式如下:

$$F_1 = 0.324Y_1 + 0.313Y_2 + 0.319Y_3 + 0.273Y_4 + 0.305Y_5 + 0.322Y_6 + 0.291Y_7 + 0.322Y_8 + 0.179Y_9 - 0.250Y_{10} - 0.238Y_{11} - 0.059Y_{12} - 0.286Y_{13}$$

$$F_2 = 0.122Y_1 + 0.081Y_2 + 0.145Y_3 - 0.135Y_4 + 0.233Y_5 + 0.057Y_6 + 0.214Y_7 + 0.121Y_8 - 0.404Y_9 + 0.406Y_{10} + 0.427Y_{11} + 0.538Y_{12} - 0.144Y_{13}$$

$$F_3 = 0.006Y_1 + 0.093Y_2 - 0.030Y_3 + 0.370Y_4 - 0.141Y_5 - 0.039Y_6 - 0.242Y_7 + 0.018Y_8 + 0.504Y_9 - 0.175Y_{10} + 0.197Y_{11} + 0.646Y_{12} + 0.180Y_{13}$$

可以看出，在主成分 F_1 中，GDP（Y_1），第二产业增加值（Y_2），第三产业增加值（Y_3），居民人均可支配收入（Y_4），公共卫生支出（Y_5），城乡基本养老保险参保人数（Y_6），城乡居民基本医疗保险参保人数（Y_7），城市公共交通车辆标准运营数（Y_8）、失业人数（Y_{13}）系数绝对值大于其他变量的系数绝对值，因此 F_1 反映的是城市经济民生发展综合水平。在主成分 F_2 中，工业废水排放量（Y_{10}），工业废气排放量（Y_{11}），工业固体废弃物排放量（Y_{12}）的系数大于其他变量的系数，是"三废"的综合反映，可以代表该地区的绿色发展水平，"三废"作为负向指标做过处理，因此，F_3 的值越大表示该地区的绿色发展水平越高。在主成分 F_3 中，城市人均公园绿地面积（Y_9）的系数最大，可以认为 F_3 主要反映城市面貌水平。

根据主成分方程计算的主成分得分和以各个主成分方差贡献率占三个主成分总方差贡献率的比率为权重计算的综合得分，公式为

$$F = \sum_{i=1}^{n} W_i F_i$$

其中，W_i 为第 i 个主成分的方差贡献率的比率，F_i 为第 i 个主成分的得分，n 为主成分个数。

计算出每个主成分得分和综合得分后，对 21 个城市按得分进行排名，结果如表 7-15 所示。

表 7-15　21 个城市主成分得分和排名

市别	F_1	排名	F_2	排名	F_3	排名	综合得分 F	排名	正向化后的 F
广州	2.24	1	0.59	17	0.77	15	1.71	2	0.9637
深圳	2.15	2	1.64	1	0.80	12	1.79	1	1.0000
珠海	-0.16	8	0.53	18	1.20	2	0.05	10	0.2481
汕头	-0.27	11	1.10	7	0.89	8	0.03	11	0.2382

续表 7-15

市别	F_1	排名	F_2	排名	F_3	排名	综合得分 F	排名	正向化后的 F
佛山	0.70	4	0.64	16	0.92	7	0.65	4	0.5059
韶关	-0.40	13	0.38	20	0.22	20	-0.21	16	0.1361
河源	-0.71	20	1.25	2	0.77	14	-0.27	19	0.1089
梅州	-0.42	14	0.93	9	0.71	17	-0.11	13	0.1784
惠州	0.10	5	0.85	11	0.94	6	0.26	5	0.3371
汕尾	-0.62	18	1.15	6	0.84	10	-0.22	17	0.1318
东莞	0.83	3	-0.11	21	1.16	3	0.66	3	0.5125
中山	-0.19	9	0.83	12	1.26	1	0.08	7	0.2603
江门	-0.08	7	0.76	14	0.97	5	0.12	6	0.2779
阳江	-0.56	17	0.80	13	0.45	19	-0.25	18	0.1177
湛江	0.02	6	0.41	19	0.00	21	0.07	8	0.2567
茂名	-0.24	10	1.19	4	0.78	13	0.05	9	0.2489
肇庆	-0.30	12	0.70	15	1.03	4	-0.04	12	0.2115
清远	-0.48	15	1.06	8	0.68	18	-0.14	15	0.1646
潮州	-0.74	21	1.20	3	0.82	11	-0.29	21	0.1000
揭阳	-0.49	16	1.18	5	0.74	16	-0.13	14	0.1703
云浮	-0.66	19	0.90	10	0.86	9	-0.28	20	0.1063

从综合得分 F 可以看出，深圳和广州的高质量发展水平最高，它们的综合得分远高于其他城市，说明广州、深圳与其他城市存在明显的差距。从第一主成分 F_1 来看，广州和深圳分别排第一和第二，东莞和佛山表现不错，珠三角地区经济发展水平排名靠前。从第二主成分 F_2 来看，深圳在"三废"的低排放上表现最好，经济高水平发展的同时注重环境保护和绿色发展，广州在第二主成分的排名表现不佳，排名为17。从第三主成分 F_3 来看，中山、珠海和东莞排名靠前，说明这些城市在城市绿化和城市面貌方面的表现较好。

三、基于 DEA-BCC 模型的高质量发展效率测度

DEA-BBC 模型将传统的 DEA-CCR 模型拓宽到规模报酬可变情形，可将综合技术效率（TE）分解为纯技术效率（PTE）和规模效率（SE）。综合技术效率是对决策单元（DUM）的资源配置能力、资源使用效率等多方面能力的综合衡量与评价，表示 DMU 在最优规模时投入要素的生产效率。综合技术效率等于纯技术效率和规模效率的乘积。纯技术效率是制度和管理水平带来的效率，是由管理和技术等因素决定的生产效率。如果纯技术效率等于 1，则表示在目前的技术水平上，其投入资源的使用是有效率的。规模效率是指在制度和管理水平一定的前提下，现有规模与最优规模之间的差异。规模效率是由规模因素决定的生产效率，反映的是实际规模与最优生产规模之间的差距。

（一）产出数据的正向化处理

在进行主成分分析时，采用标准化方法对数据进行处理，导致所得到的结果有正数也有负数。但是，传统 DEA 模型对数据的要求性较高，如投入与产出必须是正数，这在经济管理中很难满足。为了能够更直观地进行分析，也便于接下来的计算。本文将主成分得分经无量纲化进行换算。

$$v_{ij} = \frac{z_{ij} - \min\limits_{1 \leq j \leq m} z_{ij}}{\max\limits_{1 \leq j \leq m} z_{ij} - \min\limits_{1 \leq j \leq m} z_{ij}}$$

v_{ij} 为标准化后的变量值，z_{ij} 为实际变量值，m 为评价对象的个数。

（二）DEA-BBC 模型构建与效率分析

将 X_1、X_2、X_3 作为投入指标，正向化后主成分综合得分作为产出指标，构建 DEA 模型，运用 Deap 2.1 软件测度 21 个城市的高质量发展效率。表 7-16 是 DEA-BBC 模型的运行结果，显示 2017 年广东省 21 个城市的高质量发展综合技术效率、纯技术效率以及规模效率。

表7-16 广东省21个城市的高质量发展效率测算结果

市别	综合技术效率	纯技术效率	规模效率	规模报酬
广州	0.798	0.964	0.829	drs
深圳	1	1	1	-
珠海	1	1	1	-
汕头	0.549	0.551	0.997	drs
佛山	0.676	0.767	0.881	drs
韶关	0.71	0.861	0.825	irs
河源	0.53	0.618	0.858	irs
梅州	0.739	0.847	0.873	irs
惠州	0.787	0.801	0.983	drs
汕尾	0.697	0.892	0.781	irs
东莞	1	1	1	-
中山	0.992	1	0.992	irs
江门	0.75	0.753	0.997	drs
阳江	0.744	1	0.744	irs
湛江	0.553	0.554	0.999	-
茂名	0.628	0.639	0.983	irs
肇庆	0.655	0.657	0.997	irs
清远	0.826	1	0.826	irs
潮州	0.667	1	0.667	irs
揭阳	0.407	0.407	1	-
云浮	0.64	0.823	0.777	irs
平均值	0.731	0.816	0.905	

注：drs表示规模报酬递减，irs表示规模报酬递增，-表示规模报酬不变。

从综合技术效率值来看，深圳、珠海和东莞三个城市（DMU）的综合效率值等于1，处于技术效率前沿面，达到了DEA有效水平，说明这些DMU的投入得到了合理利用并获得了最大高质量产出。除此之外，其他城市的 DMU 的高质量发展效率均小于 1，为 DEA 无效，说明高质量发展效率较低，在纯技术效率、规模效率方面存在着不同程度的改进空间。

从纯技术效率来看，广东省 21 个市的平均纯技术效率为 0.816，处于较高的水平。除综合技术效率为有效的 3 个城市（深圳、珠海、东莞）以外，中山、阳江、清远和潮州的纯技术效率均等于 1，属于纯技术效率有效的城市。但是，中山、阳江、清远和潮州的规模效率小于 1，表明在现有的技术水平上，投入资源的使用是有效率的，规模效率的显著差异引致纯技术效率与地区高质量发展效率并不相同，规模效率是影响高质量发展效率不足的主要原因。纯技术效率较低的城市是汕头、湛江、揭阳以及河源，这些 DMU 的高质量发展效率较大地受限于其低技术效率水平。

从规模效率来看，广东省平均规模效率是 0.905，靠近最优规模。除综合技术效率为有效的 3 个城市（深圳、珠海、东莞）以外，揭阳的规模效率有效。汕尾、韶关、河源、梅州、中山等存在规模报酬递增的情况，表明这些 DMU 在投入一定的基础上，适当增加投入量，产出量将有更大比例的增加。广州、汕头、佛山、惠州和江门存在规模递减的情况，表明这些 DMU 在投入一定的基础上，即使增加投入量也不可能带来更大比例的产出，此时没有再增加 DMU 投入的必要。

第四节　基于投入产出技术的广东经济增长动力转换分析

广东省统计局发布的是竞争型投入产出表，所谓竞争型投入产出表，即表中对中间投入来源没有来源地的划分。对于一个开放型经济体，其经济活动是包括进口产品的，竞争型投入产出表得出的列昂惕夫逆矩阵包括国内和进口产品的直接消耗和间接消耗，但实际上进口产品的消耗并不发生在国内，也就不应该算进列昂惕夫逆矩阵，因此，竞争型投入产出表不能直接区分本地产品和进口产品对该地区经济增长的贡献。在研究过程中，我们需要通过把竞争型投入产出表中的中间投入拆成本地生产和非本地生产两部分，以此得到非竞争型投入产出表，再计算相应的列昂惕夫逆矩阵，用于模型进行分析研究。

一、非竞争型投入产出表及模型

非竞争型投入产出表可以清晰、准确地测算本地产品与进口产品分别对经济增长的贡献程度。非竞争型投入产出表尤其适合广东省这种经济总量大，进出口贸易繁荣的开放型经济强省。

1. 非竞争型投入产出表行模型

本地产品的分配使用方程组：

$$\sum_{j=1}^{n} X_{ij}^d + Y_i^d = X_i, \ i = 1,2,\cdots,n \quad (7-1)$$

或

$$\sum_{j=1}^{n} a_{ij}^d X_j + Y_i^d = X_i, \ i = 1,2,\cdots,n \quad (7-2)$$

其中，

$$Y_i^d = Y_{Di}^d + Y_{Ei}^d, \ i = 1,2,\cdots,n \quad (7-3)$$

$$a_{ij}^d = \frac{x_{ij}^d}{X_j}, i,j = 1,2,\cdots,n \quad (7-4)$$

式（7-1）至式（7-4）均反映如下平衡关系：

本地产出 = 本地生产供本地中间使用的产品 + 本地生产供本地最终使用的产品 + 本地生产用于输出的产品。

将式（7-2）转化为矩阵形式：

$$A^d X + Y^d = X \quad (7-5)$$

整理得：

$$X = (I - A^d)^{-1} Y^d \quad (7-6)$$

式（7-6）为本地产品的投入产出行模型。

外地购入产品的分配使用方程组：

$$\sum_{j=1}^{n} X_{ij}^{d} + Y_{Di}^{m} = Y_{i}^{m}, \ i = 1, 2, \cdots, n \tag{7-7}$$

或

$$\sum_{j=1}^{n} a_{ij}^{m} X_{j} + Y_{Di}^{m} = Y_{i}^{m}, \ i = 1, 2, \cdots, n \tag{7-8}$$

式 (7-7)、式 (7-8) 均反映如下关系:

i 部门外地购入的产品总量 = 外地购入的供本地中间使用的 i 产品 + 外地购入的供本地最终使用的 i 产品,

$$a_{ij}^{m} = \frac{x_{ij}^{m}}{X_{j}}, \ i, j = 1, 2, \cdots, n \tag{7-9}$$

将式 (7-8) 转化为矩阵形式为:

$$A^{m} X + Y_{D}^{m} = Y^{m} \tag{7-10}$$

2. 非竞争型投入产出表列模型

对于本地 j 部门有如下平衡关系:

$$\sum_{j=1}^{n} X_{ij}^{d} + \sum_{j=1}^{n} X_{ij}^{m} + G_{j} = X_{j}, \ j = 1, 2, \cdots, n \tag{7-11}$$

其中,

$$G_{j} = v_{j} + d_{j} + t_{j} + s_{j}, \ j = 1, 2, \cdots, n \tag{7-12}$$

v_j、d_j、t_j、s_j 分别表示本地 j 部门在生产过程中劳动者报酬、消耗的固定资本折旧、获得的生产税净额及营业盈余。

设

$$\widehat{A_C} = \begin{pmatrix} \sum_{i=1}^{n} a_{i1}^d + \sum_{i=1}^{n} a_{i1}^m & & & \\ & \sum_{i=1}^{n} a_{i2}^d + \sum_{i=1}^{n} a_{i2}^m & & \\ & & \ddots & \\ & & & \sum_{i=1}^{n} a_{in}^d + \sum_{i=1}^{n} a_{in}^m \end{pmatrix}$$

$$G = \begin{pmatrix} G_1 \\ G_2 \\ \cdots \\ G_n \end{pmatrix}$$

则式（7-12）得：

$$\widehat{A_C} X + G = X \qquad (7-13)$$

整理得：

$$X = (I - \widehat{A_C})^{-1} G \qquad (7-14)$$

式（7-14）即为基于非竞争型投入产出表列模型。

二、竞争型投入产出模型与非竞争型投入产出模型关系

投入产出分析中，竞争型投入产出表与非竞争型投入产出表中间投入数据的对应关系为：

$$x_{ij} = x_{ij}^d + x_{ij}^m, i,j = 1,2,\cdots,n \qquad (7-15)$$

$$a_{ij} = a_{ij}^d + a_{ij}^m, i,j = 1,2,\cdots,n \qquad (7-16)$$

$$A = A^d + A^m \qquad (7-17)$$

$$\widehat{A_C} = A_c \qquad (7-18)$$

投入产出分析中,竞争型投入产出表与非竞争型投入产出表最终使用数据的对应关系为:

$$Y_{Di} = Y_{Di}^d + Y_{Di}^m \qquad (7-19)$$
$$Y_{Ei} = Y_{Ei}^d + Y_{Ei}^m \qquad (7-20)$$

设:

$$Y_{mi} = Y_{Di}^m + Y_{Ei}^m \qquad (7-21)$$
$$Y_i = Y_i^d + Y_{mi} - Y_{.i}^m \qquad (7-22)$$

三、非竞争型投入产出表的编制

本节编制非竞争型投入产出表使用比率分解法,也称非调查法。广东省的竞争型投入产出表中是含有省外输入数据的,在得到竞争型投入产出表之后,计算各产业部门省外输入的比率,再将各部门中间投入按照比率进行调整,剔除省外输入产品对表中中间投入数据的影响。这样就可以将竞争型投入产出表转换为非竞争型投入产出表,从而避免了无法获取省外输入流量的情况。省外输入比率计算公式如下:

$$m_i = \frac{Y_{Mi} + Y_{Ui}}{Y_{Mi} + Y_{Ui} + X_i}, \; i = 1, 2, \cdots, n \qquad (7-23)$$

本地产品的中间投入数据:

$$x_{ij}^d = x_{ij}(1 - m_i), \; i, j = 1, 2, \cdots, n \qquad (7-24)$$

第二象限的各项数据可由下式分解竞争型投入产出表得到:

$$Y_{Di}(1 - m_i), \; i = 1, 2, \cdots, n \qquad (7-25)$$
$$Y_{Ei}(1 - m_i), \; i = 1, 2, \cdots, n \qquad (7-26)$$
$$Y_{Fi}(1 - m_i), \; i = 1, 2, \cdots, n \qquad (7-27)$$

本节采用上述方法编制了广东省 2002 年、2007 年、2012 年和 2017 年的非竞争型投入产出表。

四、结构分解法（SDA）

结构分解法（SDA）是基于经济学理论和投入产出分析理论的一种研究方法。此方法于 1953 年首次被列昂惕夫提出，发展多年来已经形成很多个不同的分解方法体系。

1. SDA 基础模型

SDA 方法是最早是由列昂惕夫提出并用于实践的，SDA 结构分解法是基于投入产出表的平衡关系得到的。已知投入产出行平衡关系推导得出的，即 $X = BY$，其中 X 表示投入产出表中的总产出，B 表示列昂惕夫逆矩阵，Y 表示最终需求。

当有 2 个因素时，设自变量为 N 和 T，因变量为 S，关系式为即 $S = NT$。则因变量 S 的变动可以表示为：

$$\Delta S = S_1 - S_0 = N_1 T_1 - N_0 T_0 \qquad (7-28)$$

即式（7-28）为 SDA 基础模型，对上式进行分解，从公式等号右边第一个因素 N 的变化开始分解，得到式（7-29）：

$$\Delta S = N_1 T_1 - N_0 T_0 = N_1 T_1 - N_0 T_1 + N_0 T_1 - N_1 T_1 = \Delta N T_1 - N_0 \Delta T$$
$$(7-29)$$

接下来，从式（7-28）等号右边第二个因素 T 的变化开始分解，得到式（7-30）：

$$\Delta S = N_1 T_1 - N_0 T_0 = N_1 T_1 - N_1 T_0 + N_1 T_0 - N_0 T_0 = N_1 \Delta T - \Delta N T_0$$
$$(7-30)$$

接下来，对式（7-28）等号右边两个因素的变化同时分解，得到式（7-31）：

$$\Delta S = N_1 T_1 - N_0 T_0 = (N_1 - N_0) T_1 + N_1 (T_1 - T_0) - (N_1 - N_0)(T1 - T_0)$$
$$= \Delta N T_1 + N_1 \Delta T + \Delta N \Delta T \qquad (7-31)$$

式（7-28）可由 SDA 分解为式（7-29）、式（7-30）和式（7-31）。其中，式（7-31）存在交互作用项，即 $\Delta N \Delta T$。一般情况下，衡量各因素对因变量变动的影响作用时，将交互项平均分配给各因素。但是，在实际操作过程中，由于交互项无法进行测度，对计算带来不便。因此，一般选择式上面两种没有交互项的分解法。

当有 3 个因素时，即 $S = NTL$，类似两因素情形，共有 6 种分解方法，见表 7-17。依次从公式等号右边第一个因素 N 开始分解，再对第二个因素 T 进行分解，最后对第三个因素 L 进行分解：

$$\Delta S = N_1 T_1 L_1 - N_0 T_0 L_0$$
$$= N_1 T_1 L_1 - N_0 T_1 L_1 + N_0 T_1 L_1 - N_0 T_0 L_1 + N_0 T_0 L_1 - N_0 T_0 L_0$$
$$= (N_1 T_1 L_1 - N_0 T_1 L_1) + (N_0 T_1 L_1 - N_0 T_0 L1) + (N_0 T_0 L_1 - N_0 T_0 L0)$$
$$= \Delta N T_1 L_1 + N_0 \Delta T L_1 + N_0 T_0 \Delta L \qquad (7-32)$$

其余五种分解方式以此类推，具体如表 7-17 所示。

表 7-17　三因素分解模型

分解方式	分解步骤	分解结果
1	$N \rightarrow T \rightarrow L$	$\Delta S = \Delta N T_1 L_1 + N_0 \Delta T L_1 + N_0 T_0 \Delta L$
2	$N \rightarrow L \rightarrow T$	$\Delta S = \Delta N T_1 L_1 + N_0 \Delta T L_0 + N_0 T_1 \Delta L$
3	$T \rightarrow N \rightarrow L$	$\Delta S = \Delta N T_0 L_1 + N_1 \Delta T L_1 + N_0 T_0 \Delta L$
4	$T \rightarrow L \rightarrow N$	$\Delta S = \Delta N T_0 L_0 + N_1 \Delta T L_1 + N_1 T_0 \Delta L$
5	$L \rightarrow N \rightarrow T$	$\Delta S = \Delta N T_1 L_0 + N_0 \Delta T L_0 + N_1 T_1 \Delta L$
6	$L \rightarrow T \rightarrow N$	$\Delta S = \Delta N T_0 L_0 + N_1 \Delta T L_0 + N_1 T_1 \Delta L$

2. 两极分解模型

两极分解模型的主要原理是根据各因变量在等式两边的顺序进行分解的，首先选取从公式等号右边第一个因素开始分解以及从最后一个因素开始分解得到的对因变量的影响值的平均值，将该值作为各因素的平均影响值，以此来衡量各因素对因变量的贡献度。两极分解法的一个重要优势就是计算上比较简便，易理解。

当有 2 个因素时，仍以 $S = NT$ 为例，存在如式（7 – 29）$\Delta S = \Delta NT_1 + N_0 \Delta T$ 和式（7 – 30）$\Delta S = N_1 \Delta T + \Delta NT_0$ 两种分解方式，对两个分解结果进行简单算术平均，得到两因素两极分解 SDA 模型：

$$\Delta S = N_1 T_1 - N_0 T_0 = \frac{1}{2}(\Delta NT_1 + N_0 \Delta T) + \frac{1}{2}(N_1 \Delta T + \Delta NT_0)$$
$$= 1/2 \Delta N(T_0 + T_1) + 1/2(N_0 + N_1)\Delta T \quad (7 - 33)$$

其中，$1/2 \Delta N(T_0 + T_1)$ 表示因素 N 变动对 S 变动的影响程度；$1/2(N_0 + N_1)\Delta T$ 表示因素 T 变动对 S 变动的影响程度。

当有 3 个因素时，分解方法与 2 个因素时的情况类似，共有 6 种分解方式。将表 7 – 17 中第一种 $\Delta S = \Delta NT_1 L_1 + N_0 \Delta TL_1 + N_0 T_0 \Delta L$ 及第六种 $\Delta S = \Delta NT_0 L_0 + N_1 \Delta TL_0 + N_1 T_1 \Delta L$ 分解方式进行简单算术平均，得到三因素两极分解 SDA 模型：

$$\Delta S = \frac{1}{2}(\Delta NT_1 L_1 + N_0 \Delta TL_1 + N_0 T_0 \Delta L) + \frac{1}{2}(\Delta NT_0 L_0 + N_1 \Delta TL_0 + N_1 T_1 \Delta L)$$
$$= \frac{1}{2}\Delta N(T_0 L_0 + T_1 L_1) + \frac{1}{2}(N_0 + N_1)\Delta T(L_0 + L_1) + \frac{1}{2}(N_0 T_0 + N_1 T_1)\Delta L$$
$$(7 - 34)$$

其中，$\frac{1}{2}\Delta N(T_0 L_0 + T_1 L_1)$ 表示因素 N 对因变量 S 变动的贡献率；$\frac{1}{2}(N_0 + N_1)\Delta T(L_0 + L_1)$ 表示因素 T 对因变量 S 变动的贡献率；$\frac{1}{2}(N_0 T_0 + N_1 T_1)\Delta L$ 表示因素 L 对因变量 S 变动的贡献率。

五、经济增长动力分解模型

在本节第三部分中，我们已经得到广东省非竞争投入产出表，为便于使用模型分析广东省经济增长动因，对各向量重新划分，得到的非竞争投入产出表模型如表 7 – 18 所示。

表 7-18 非竞争型投入产出

项目	中间使用	最终使用				国内总产出及进口
		消费	资本形成	出口	合计	
本地产品中间投入	$A^d X$	F_c^d	F_{in}^d	EX	F^d	X
外地产品中间投入	$A^m X$	F_c^m	F_{in}^m		F^m	M
增加值	V					
总投入	X					

在表 7-18 中，V 和 X 分别表示地区增加值和总产出向量，$A^d X$ 和 $A^m X$ 代表生产过程中本地产品和外地产品的直接消耗量，其中 A^d 表示本地产品的直接消耗系数矩阵，A^m 表示外地产品的直接消耗系数矩阵。F^d 和 F^m 为本地产品和外地产品的最终使用，其中本地产品的最终使用由三部分组成，分别为消费向量 F_c^d、资本形成向量 F_{in}^d 和出口向量 EX；外地产品一般不直接用于出口，因此，其最终使用的 F^m 由消费 F_c^m 和资本形成 F_{in}^m 两部分组成，M 代表外地产品列向量。

根据投入产出表的平衡关系，在水平上得到如下两组均衡方程式：

$$A^d X + F_c^d + F_{in}^d + EX = X \qquad (7-35)$$

$$A^m X + F^m = M \qquad (7-36)$$

将式（7-35）进一步转化为：

$$X = (I - A^d)^{-1} F^d = (I - A^d)^{-1} F_c^d + (I - A^d)^{-1} F_{in}^d + (I - A^d)^{-1} EX$$
$$(7-37)$$

通过式（7-36）的分解，本地总产出由三部分组成，其中 $(I - A^d)^{-1} F_c^d$ 为消费需求诱发产生的总产出，$(I - A^d)^{-1} F_{in}^d$ 为诱发产生的总产出，$(I - A^d)^{-1} EX$ 为出口需求诱发的总产出，进一步假设 A_V 为增加值系数矩阵，是用对角元素 a_{v_i} 代表 i 部门单位产出所得到的地区增加值的对角矩阵，根据投入产出理论，我们可以得到本地增加值的表达式：

$$V = A_V X = A_V (I - A^d)^{-1} F^d \qquad (7-38)$$

将 $A_V (I - A^d)^{-1}$ 记作 B_V，表示地区增加值的诱发系数矩阵，其元素 $b_{v_{ij}}$ 表示部门 j 部门单位最终需求诱发产生的 i 部门地区增加值，相应的，可以将地区增加值 V 表示为消费、资本与出口需求诱发产生的地区增加值之和：

$$V = V_c + V_{in} + V_{ex} = B_V F_c^d + B_V F_{in}^d + B_V EX \qquad (7-39)$$

式中，$B_V F_c^d$、$B_V F_{in}^d$、$B_V EX$ 分别表示由消费、投资和出口诱发产生的地区增加值。

本文为探寻广东省经济增长的动力，使用两级分解法进行如下分解：

设 B_i 为列昂惕夫逆矩阵，即 $B_i = (I - A^d)^{-1}$，则

$$V_1 - V_0 = A_{v_1} B_1 F_1^d - A_{v_0} B_0 F_0^d \qquad (7-40)$$

运用 SDA 两极分解法对式（7-40）进行分解，得到以下两种分解形式：

$$V_1 - V_0 = A_{v_1} B_1 (F_1^d - F_0^d) + A_{v_1} (B_1 - B_0) F_0^d + (A_{v_1} - A_{v_0}) B_0 F_0^d \qquad (7-41)$$

$$V_1 - V_0 = A_{v_0} B_0 (F_1^d - F_0^d) + A_{v_0} (B_1 - B_0) F_1^d + (A_{v_1} - A_{v_0}) B_1 F_1^d \qquad (7-42)$$

式（7-41）与式（7-42）相加再取平均后得：

$$V_1 - V_0 = 1/2 \{ (A_{v_0} B_0 + A_{v_1} B_1)(F_1^d - F_0^d) + [A_{v_0}(B_1 - B_0) F_1^d + A_{v_1}(B_1 - B_0) F_0^d] + (A_{v_1} - A_{v_0})(B_0 F_0^d + B_1 F_1^d) \} \qquad (7-43)$$

根据列昂惕夫逆矩阵可得式（7-44）和式（7-45）：

$$B_0^{-1} - B_1^{-1} = (1 - A_0^d) - (1 - A_1^d) = A_1^d - A_0^d \qquad (7-44)$$

$$B_1 - B_0 = (A_1^d - A_0^d) B_1 B_0 \qquad (7-45)$$

又有

$$F_1^d - F_0^d = (F_{c1}^d - F_{c0}^d) + (F_{in1}^d - F_{in0}^d) + (EX_1 - E_0) \quad (7-46)$$

$$X_i = B_i F_i^d \quad (7-47)$$

将 $A_v B$ 记作增加值诱发系数矩阵 B_v，则式（7-43）本地区增加值增长可以表示为：

$$\begin{aligned} V_1 - V_0 &= \frac{1}{2}(B_{v_0} + B_{v_1})(F_{c1} - F_{c0}) + \frac{1}{2}(B_{v_0} + B_{v_1})(F_{in1} - F_{in0}) + \\ &\quad \frac{1}{2}(B_{v_0} + B_{v_1})(EX_1 - EX_0) + \frac{1}{2}(A_{v_1} + A_{v_0})(X_0 - X_1) + \\ &\quad \frac{1}{2}[B_{v_0}(A_1^d - A_0^d)X_1 + B_{v_1}](A_1^d - A_0^d)X_0 \end{aligned} \quad (7-48)$$

式（7-48）中，等号右边第一部分为消费需求变动效应，第二部分为投资需求变动效应，第三部分为出口变动效应，第四部分为增加值率变动效应，第五部分为技术变迁效应。于是，通过结构分解将增加值的变动分解为由消费、投资、出口所直接驱动的经济增长和由于技术变迁以及增加值率变化所间接驱动的经济增长两部分，即需求结构变动驱动与产业结构变动驱动两部分。

六、广东省经济增长动力分解

不同年份的投入产出表虽然都是 42 个部门，但具体的部门划分还是稍有不同的。为便于使用模型统一分析广东省经济增长动因，并且便于进行地区间经济增长动力因素比较，依据 2002 年国家统计局制定的《国民经济行业分类标准》，统一将竞争型投入产出表由 42 个产业部门合并为 19 个产业部门，表 7-19 为 42 个部门合并为 19 个部门合并表。

表 7-19 中间部门合并

原 42 个部门	原代码	现代码	现 19 个部门
农林牧渔产品和服务	1	1	农林牧渔业
煤炭采选产品	2	2	采掘业
石油和天然气开采产品	3		
金属矿采选产品	4		
非金属矿和其他矿采选产品	5		
食品和烟草	6	3	食品饮料业
纺织品	7	4	纺织服装业
纺织、服装、鞋帽、皮革、羽绒及其制品	8		
木材加工品和家具	9	5	木材加工造纸业
造纸印刷和文教体育用品	10		
石油、炼焦产品和核燃料加工品	11	6	石油及化工业
化学产品	12		
非金属矿物制品	13	7	非金属矿物制品业
金属冶炼和压延加工品	14	8	金属冶炼及加工业
金属制品	15		
通用设备	16	9	电气机械及设备制造业
专用设备	17		
交通运输设备	18	10	交通运输设备制造业
电气机械和器材	19	9	电气机械及设备制造业
通信设备、计算机和其他电子设备	20	11	电子信息业
仪器仪表	21	9	电气机械及设备制造业
其他制造产品和废品废料	22	12	其他制造业
金属制品、机械和设备修理服务	23	19	其他服务业

续表 7-19

原 42 个部门	原代码	现代码	现 19 个部门
电力、热力的生产和供应	24	13	电力、燃气及水的生产和供应业
燃气生产和供应	25		
水的生产和供应	26		
建筑	27	14	建筑业
批发和零售	28	16	商饮业
交通运输、仓储和邮政	29	15	邮运仓储业
住宿和餐饮	30	16	商饮业
信息传输、软件和信息技术服务	31	19	其他服务业
金融	32	17	金融业
房地产	33	18	房地产业
租赁和商务服务	34	19	其他服务业
研究和试验发展	35		
综合技术服务	36		
水利、环境和公共设施管理	37		
居民服务、修理和其他服务	38		
教育	39		
卫生和社会工作	40		
文化、体育和娱乐	41		
公共管理、社会保障和社会组织	42		

资料来源：国家统计局《国民经济行业分类标准》。

将 2002—2017 年投入产出表合并为 19 个部门并转化为非竞争型投入产出表后，以 2002 年各产业的生产总值作为基期水平，对广东省 2002—2017 年投入产出表剔除价格影响因素后，可利用模型进行实证分析。表 7-20 为 2002—2017 年广东省经济增长动力的分解情况。

表 7-20　2002—2017 年广东经济增长动力分解

阶段	最终需求				技术变迁	增加值率	合计
	消费	投资	出口	合计			
2002—2017 年	1.78	0.67	2.13	4.58	0.23	-0.11	4.71
2002—2007 年	0.62	0.16	1.04	1.82	0.14	-0.07	1.89
2007—2012 年	0.57	0.33	0.41	1.31	0.08	0.12	1.51
2012—2017 年	0.60	0.18	0.68	1.45	0.01	-0.15	1.31

资料来源：广东省统计局《2002—2017 年广东省投入产出表》。

根据上表可以看出，2002—2017 年间，最终需求作为主要驱动力量整体导致广东经济增长约 4.58 倍。在 2002 年到 2017 年期间，最终需求的消费、投资和出口中，对于广东省经济增长起拉动作用最强的是出口，在此期间，出口需求的增加推动广东省经济增长 213%。其次是消费，消费需求的增加导致广东经济增长 178%。此外，投资需求的增加导致广东经济增长 67%。可以看出，出口与消费的拉动水平相差不多，投资与出口和消费的拉动水平还是存在一定差距。技术变迁和增加值率的变化对广东省经济增长的影响并没有最终需求明显，其中技术变迁导致广东省经济增长 23%，占此阶段广东省增加值增长总量的 4.3%。值得注意的是，增加值率反映投入产出的效率，2002 年至 2017 年间增加值率的下降导致广东省经济增长为 -11%，对经济增长产生了一定程度的负面影响，说明随着广东经济增长的不断发展，经济规模的不断扩大，广东省整体经济增长的效率开始降低。

进一步对 2002—2017 年各个阶段进行分析，我们发现广东省作为进出口贸易大省，除了 2007—2012 年间消费对广东省经济增长贡献度为第一，其余时间出口对于广东省经济增长的贡献度一直是第一位，其次是消费和投资，而且出口与消费各自对广东省经济贡献度的差距并不大。除了最终需求之外，技术变迁对于广东经济增长的影响也发生了一些变化。技术变迁对广东省经济增长贡献度一直在下降。在 2007 年之前，技术变迁对广东省经济的影响大于增加值率变动对广东经济增长的影响；2007—2012 年间，技术变迁与增加值率对广东经济的影响程度相当；在 2012 年之后，技术变迁对经济增长影响不断下降。

在对 2002—2017 年间广东省经济增长动因进行整体和阶段性分析后，继续深入产业层面进行分析，表 7-21 为 2002—2017 年广东省各产业增长动力分解。

表 7-21　2002—2017 年广东省各产业增长动力分解

产业	阶段	最终需求				技术变迁	增加值率	合计
		消费	投资	出口	合计			
第一产业	2002—2017 年	0.20	0.07	0.84	1.11	-0.22	0.07	0.96
	2002—2007 年	0.44	0.14	-0.19	0.39	-0.19	0.11	0.31
	2007—2012 年	0.19	0.00	-0.01	0.18	-0.01	0.004	0.18
	2012—2017 年	-0.42	-0.07	1.04	0.55	-0.03	-0.05	0.47
第二产业	2002—2017 年	0.12	0.22	1.16	1.50	0.18	-0.08	1.60
	2002—2007 年	0.04	0.06	0.60	0.70	0.18	-0.32	0.57
	2007—2012 年	0.08	0.09	0.07	0.25	0.10	0.61	0.95
	2012—2017 年	-0.001	0.07	0.48	0.55	-0.10	-0.37	0.08
第三产业	2002—2017 年	1.29	0.36	0.47	2.13	0.05	-0.02	2.15
	2002—2007 年	0.54	0.09	0.09	0.72	-0.06	0.04	0.69
	2007—2012 年	0.30	0.21	0.31	0.81	0.00	-0.07	0.74
	2012—2017 年	0.46	0.07	0.07	0.60	0.10	0.01	0.71

资料来源：广东省统计局《2002—2017 年广东省投入产出表》。

根据表 7-21 深入产业层面分析会发现三次产业在各个阶段的增长拉动作用并不完全相同。对于第一产业部门来说，2002 年至 2017 年期间由于农业的发展而导致广东省经济增长 96%，远低于第二、第三产业的拉动作用，说明第一产业对广东省经济增长的拉动作用小于第二、第三产业。并且在第一产业部门中，三驾马车发挥的作用也各不相同，其中消费需求和出口需求对广东省第一产业增长起着更为重要的影响，但技术变迁对第一产业增长产生了负面影响，在 2002—2017 年间导致第一产业增长为 -22%。与第一产业不同的是，第三产业在 2002—2017 年期间的快速发展，使广东省经济增长了 2.15 倍，说明以房地产、高科技产业和以服务业为主的第三产业是推动广东省经济增长的主要力量。第二产业在 2002—2017 年期间使广东省经济增长了 1.60 倍。推动作用虽低于第三产业，但第二产业对于广东省经济增长的推动作用也不容小觑，是广东省经济增长的中坚力量。进一步研究后可发现，第二产业和第三产业增长的主要动力来源也不相同。出口作为广东省第二产业最大的动力来源导致广东省经济增长1.16倍，投资需求的增加使第二产业增长0.22倍；第三产业增长主要的动力来源是消费，使第三产业增长1.29倍，出口和投资，分别使第三产业增长0.47倍和0.36倍，可以看出当前广东省第三产业对经济增长贡献最大，全面提升第三产业发展水平，对当前广东省经济发展具有重要意义。

由于第三产业部门在国民经济中的重要作用，深入分析广东省第三产业各产业部门经济增长动力来源具有重要的意义。表7-22为2002年至2017年广东省第三产业各部门增长动力分解。数据表明，在2002—2017年期间广东省第三产业各个产业部门都发展迅速，其中邮运仓储业的发展导致广东省经济增长24%，商饮业的发展导致广东省经济增长30%，金融业的发展导致广东省经济增长74%，房地产业导致广东省经济增长46%，其他服务业导致广东省经济增长41%。其中，邮运仓储业和商饮业的主要动力来源是出口，金融业、房地产业和其他服务业主要动力来源是消费。

表7-22 2002—2017年广东省第三产业部门增长动力分解

第三产业	阶段	最终需求				技术变迁	增加值率	合计
		消费	投资	出口	合计			
邮运仓储业	2002—2017年	0.07	0.02	0.26	0.35	0.02	-0.14	0.24
	2002—2007年	0.02	0.002	0.08	0.09	-0.02	0.01	0.09
	2007—2012年	0.03	0.01	0.12	0.16	0.03	-0.13	0.07
	2012—2017年	0.03	0.00	0.06	0.09	0.00	-0.02	0.08
商饮业	2002—2017年	0.10	0.03	0.22	0.35	0.002	-0.05	0.30
	2002—2007年	0.05	0.01	0.02	0.09	-0.00002	0.01	0.10
	2007—2012年	0.02	0.006	0.12	0.15	0.004	-0.04	0.11
	2012—2017年	0.02	0.01	0.08	0.11	-0.001	-0.02	0.09

续表 7-22

第三产业	阶段	最终需求				技术变迁	增加值率	合计
		消费	投资	出口	合计			
金融业	2002—2017 年	0.47	-0.001	-0.0004	0.47	0.10	0.17	0.74
	2002—2007 年	0.08	-0.001	0.0003	0.08	-0.08	-0.82	-0.81
	2007—2012 年	0.34	0.00	-0.0007	0.34	0.18	1.87	2.39
	2012—2017 年	0.05	0.00	0.00003	0.05	-0.01	-0.88	-0.84
房地产业	2002—2017 年	0.45	0.07	0.00	0.51	0.03	-0.08	0.46
	2002—2007 年	0.15	0.06	0.00	0.21	-0.01	0.007	0.20
	2007—2012 年	-0.02	0.15	0.00	0.13	0.01	-0.05	0.08
	2012—2017 年	0.32	-0.14	0.00	0.18	0.03	-0.03	0.18
其他服务业	2002—2017 年	0.25	0.10	0.03	0.39	-0.005	0.02	0.41
	2002—2007 年	0.12	0.015	0.005	0.14	-0.012	0.016	0.15
	2007—2012 年	0.05	0.03	0.04	0.12	0.001	-0.01	0.11
	2012—2017 年	0.08	0.06	-0.01	0.13	0.01	0.02	0.15

资料来源：广东省统计局《2002—2017 年广东省投入产出表》。

深入第三产业各部门及各个阶段可以看出，不同产业部门，其增长的驱动因素各不相同。邮运仓储业主要驱动因素为出口，其出口的发展使广东省在 2002—2017 年间经济增长 26%；对于商饮业，出口和消费是驱动广东省商饮业增长的两大主要动力来源，在 2002—2017 年间分别使广东省经济增长 22% 和 10%；房地产业和其他服务业增长的第一驱动因素为消费，消费使房地产业增长 45%，使其他服务业增长 25%。与其他产业不同的是，金融业不仅依赖于最终需求的直接驱动，同时依赖于增加值率变动引起的间接驱动。

第五节 广东经济高质量发展效率的提升路径

现阶段，中国正在经历百年未有之大变局，从外部环境来看，国际力量对比正在深刻调整变化,新冠肺炎疫情的影响也广泛而深远,全球正经历着动荡与变革;从内部环境来看,自从党的十九大召开以来,社会主要矛盾发生了根本性转变,我国经济发展由高速增长阶段转换到高质量发展阶段,经济发展水平持续稳步向好向优发展,转变发展方式、优化经济结构、转换增长动力成为我国全面建成现代化经济体系的关键步骤。广东省要想紧跟国家经济发展战略部署,保持经济发展的持续繁荣,就必须深刻认识到错综复杂的国际环境带来的新矛盾与新挑战,深刻认识到我国社会主要矛盾变化带来的新特征、新要求,深刻认识到广东经济发展面临所有的"危"都源自发展质量不高,所有的"机"都要通过高质量发展才能抓住。而要想推动广东省高质量发展,就必须利用好市场与政府的双重作用,利用好基于粤港澳大湾区和深圳中国特色社会主义先行示范区的"双区"建设发展机遇,在国内外环境和自身条件都发生重大变化的新阶段,加大对广东经济增长动力来源的优化与调整。为使广东省更好地在全面建设社会主义现代化国家新征程中继续保持全国先进水平和领先地位,继续引领全国各省创造新的辉煌,结合本章研究结论提出如下对策建议。

一、提高消费和投资在最终需求中的比重

投资、消费、出口被认为是拉动经济增长的"三驾马车",其中消费是扩大内需的着力点,投资是稳定经济增长的关键,进一步提高消费和投资在最终需求中的比重,有助于广东省经济繁荣、优质发展。相对于投资,消费更为重要。一方面,是因为投资需要以消费作为牵引力,投资或生产的目的是满足消费需求,若需求不足,那么盲目扩大投资带来的必然是由于产品积压导致的无效产能;另一方面,是因为消费需求诱发的经济增长主要在第三产业,而第三产业的增长与广东经济增长是密不可分的,因此,消费占最终需求的比重对于改善广东经济增长效率和保持经济稳定长远发展有着重要意义。

应坚持以扩大内需为战略基点不动摇,进一步刺激居民的消费需求与消费动力。第一,要借助我国强大的国内市场,充分发挥广东省"双区驱动效应",打通全省产、供、销各个流通环节,提高产品供给的质量,提升消费便利度,全力促进居民消费需求得到更好的满足,充分释放内需潜力。第二,要推动实现更加高质量的就业,促进居民收入增长,继续改善收入分配结构,缩小城乡收入差距,进一步激发和提升广东省居民的消费潜力和消费能力。第

三，要积极巩固和拓展脱贫攻坚所取得的重要成果，加速建立防止返贫的机制，健全多层次社会保障体系，防止因病致贫、因病致困的现象发生，从而激发全省居民的消费意愿，使居民放心消费。在此基础上稳步加大投资力度，进一步提高"一带一路"建设的参与深度，继续支持外资项目落户广东，充分发挥广东自贸试验区的创新引领作用，着重提升珠三角核心区的发展能级，强化沿海经济带的产业支撑作用，凸显北部生态发展区的绿色发展优势，推动形成"一核一带一区"的区域发展格局。总之，提高消费和投资在拉动经济的三驾马车中的比重，推动广东省形成消费、投资、出口协调拉动的经济增长的格局；通过优化协调内需市场，使内需市场达到稳定，来避免需求结构的扭曲，方能使广东省经济平稳健康地发展。

二、优化产业结构

产业结构涉及产业内部各生产要素、产业、时空、层次等之间相互依存相互作用的方式，持续优化产业结构对全省经济高质量发展具有重要意义。目前，我省已经初步建成了以先进制造业和现代服务业为主体的现代化产业体系，要想将我省现代化产业体系推向深入，就必须推进产业结构持续调整与优化，促进第三产业与先进第一、第二产业部门相结合。

第一，要坚持以制造业和实体经济作为经济发展的主攻方向。制造业是工业文明的见证与象征，是国民经济的主体。21世纪以来，广东省就已经成为具备全球影响力的重要制造基地，但由于近年来发达国家采取"制造业回流"措施、发展中国家也以特有成本优势加速追赶，广东省制造业"大而不强"的劣势逐渐显露。因此，若想继续巩固广东省"制造强省"的地位不动摇，一方面，要积极发展符合国家发展战略的产业部门，升级产业基础、提高产业链现代化水平，改造提升传统农业与传统工业，建设符合当前经济发展路径的产业模式，积极巩固和提升区域创新能力，建设高端化的现代产业体系，这对促进广东省经济持续快速增长具有重要意义。另一方面，要持续做优做强实体经济，将广东省打造成制造强省，稳步推进与实施广东省制造业高质量发展的"强核工程""立柱工程""强链工程""优化布局工程""品质工程""培土工程"六大工程，在制造业占比基本稳定的前提下，推动形成合理分工、优化发展的全省制造业空间布局，打造出世界级先进制造业集群。

第二，要进一步促进现代服务业优化发展，优化第三产业的内部结构，助力第三产业整体水平的提升。产业结构的合理性与前瞻性对当前世界各国的经济发展都十分重要,合理的产业结构对经济增长具有很强的促进作用,而不合理的产业结构可能会为经济发展带来各种各样的隐患。目前,广东省已经进入工业化后期阶段,第三产业对全省经济的拉动作用越来越明显,第三产业的整体水平会直接影响到广东省作为经济大省的经济实力与经济发展前景。因此,要着重提升生产性服务业的专业度,大力发展研发、设计、会计、法律、会展、物流等服务业,壮大总部经济;提升生活性服务业的精细化程度,加快发展健康、养老、育幼、文旅、体育、家政、物业等服务业。

第三,要深入推进现代服务业与先进制造业、现代农业深度融合。在推动广东省制造业高质量发展的过程中,同时要注重协调推动现代服务业稳步发展,在深度融合创新发展中迸发出新的生机活力。制造业是广东省产业之根本,不能完全将单一服务业所占比重作为经济结构优化的唯一衡量指标,应加速推动第一、第二、第三产业链供应链现代化,补齐产业链供应链短板,促进传统的第一、第二产业向高端化、智能化、绿色化方向发展,从而实现各产业在省内的有序转移。

三、大力推进制度创新和技术创新,提升增加值率

高质量发展的核心是"质量",高质量发展阶段最重要的指标是质量而不是速度,增加值率正符合当前经济发展的战略部署。增加值率是能够从整体的角度测度一个经济体投入产出活动的效率的指标,能够比较好地反映一个地区经济增长的质量。为提升综合发展实力,广东应该考虑从制度建设与技术创新角度入手,提升增加值率。

首先,地方政府要根据新时代国家发展的战略要求,因地制宜地设计符合自身发展的经济制度。从根本观念上摒弃唯 GDP 是从的传统发展追求,政商之间要统一步调,以全方位提高经济发展质量为目标,深入贯彻落实党中央倡导的"创新、协调、绿色、开放、共享"的新发展理念,发挥世界一流湾区、世界一流城市群之间的联动发展效应。

其次,要聚焦现代化,推动技术创新。科技是第一生产力,科技的先进程度如同经济高质量发展的咽喉,应鼓励广东省各企业积极创新,加大力度引进海内外人才,加强科技项目与前沿技术的研发,联合国内外顶尖专家攻关"卡脖子"技术,在新的国际化竞争中掌握数字经济发展的主动权。改革开放

以来，广东省地区生产总值常年位居全国第一，并形成了如今的开放型经济发展模式。广东省虽然一直处于中国改革开放最前沿，但在近年来由于经济危机、中美贸易战等一系列重大危机事件，对广东省进出口贸易形成了一定的冲击。广东省充分认识到，作为外向型经济大省，开放与合作必不可少，但是核心技术不是要来的、买来的、讨来的，广东省必须在保持开放合作的心态不动摇的同时，提升自主创新能力，掌握产业发展过程中的主动权。因此，随着经济结构的调整，应对需求结构的各部分进行转型优化，逐渐改善增加值率，促进增加值率的提升，才能进一步稳固广东经济增长态势。

四、坚持发挥政府与市场双重作用

要坚持政府与市场共同作用，在政府引导的同时，顺应市场经济逻辑，实现市场经济与社会主义的有机统一，推动广东经济社会更好更快地发展。

首先，要坚持和发展社会主义市场经济不动摇，持续完善社会主义市场经济体制建设。当前广东省乃至全中国都或多或少存在市场体系不健全、市场发育不完善等市场机制问题，政府是否能够真正为经济发展提供一个公平有序的市场环境，关乎广东省经济高质量发展变革的成败。由于广东省内仍然存在对民营企业知识产权保护不到位的现象、部分国有企业垄断力量扩张的现象，这些不完善的体制机制严重阻碍了省内民营企业、外资企业的发展步伐，因此，要进一步强化公平竞争审查的约束，完善广东省市场经济体制建设。

其次，要提高要素市场化的配置程度。经济发展由高速增长转换至高质量增长，离不开要素投入总量的增长转换至要素投入效率的增长，推动提升要素市场化水平，有利于进一步优化资源配置效率，助力经济高质量发展。目前，广东省商品市场化已经基本实现，但是要素市场化程度还处于较低水平，技术、资本等资源要素的价格不能完全由市场决定，在一定程度上存在价格扭曲，不利于畅通人才流动、技术流动的渠道，对此，广东省政府要通过健全要素市场定价机制、促进资本要素有效性供给、深化要素市场化配置制度的创新与变革来提高市场机制对资源配置的效用。

此外，政府部门要充分发挥政府服务和适度监管的重要力量，深入推进"放管服"，精简行政许可难度与复杂度，持续改善营商环境。广东省应总结经济发展经验，在外向型与内需型两种经济模式中找到平衡，总结适合本省情况并能够顺应未来国家经济发展战略要求的经济模式，更高效地促进经济社会发展。

第八章　基于空间错位修正的我国老龄事业高质量发展评价

本章首先介绍我国老龄事业发展的社会经济背景,分析我国老龄事业的发展现状。在文献研究的基础上,阐述我国老龄事业高质量发展的内涵,提出基于空间错位修正的老龄事业高质量发展的测算方法。利用构建的老龄事业发展质量指标体系,测算我国28个省、自治区、直辖市的老龄事业高质量发展水平。数据分析结果表明,我国老龄事业与区域经济发展存在较显著的空间错位现象。老龄事业高质量发展水平最高的五个地区分别是北京、上海、浙江、江苏、贵州;老龄事业高质量发展水平最低的五个地区分别是河南、宁夏、吉林、湖南、广西。最后,本章对如何推进我国老龄事业高质量发展提出了对策建议。

第一节　老龄事业发展文献综述

一、老龄事业概念的界定

老龄事业是旨在提高老年人生活生命质量的事业。提高老年人的生活质量,就是使老人幸福或更幸福;提高老年人的生命质量,就是使老年人实现人生价值,对社会有可持续贡献。联合国37/51号关于老龄问题的决议指出,要"尽可能地让老年人在家庭和社会中享受到成就、健康、安定和满足的生活"。虽然老龄事业基本已经作为对所有与老年人有关的事物与工作的统称,经常在政府文件中出现,但是学术界对这一专有名词的概念却至今没有做出明确的界定,而只是作为一个约定俗成的用语使用(薛蓁,2014)。

现有文献具有代表性的关于老龄事业的概念界定，主要从是什么、服务内容、服务对象、提供者、归属、营利性等多个维度进行阐释。杜鹏等（2009）认为，老龄事业是社会主义事业的重要组成部分，是对提高老年人整体福利水平的社会活动和社会服务的总称。2006年发布的《中国老龄事业发展》白皮书对老龄事业做了详细的说明，认为老龄事业是国家为实现老有所养、老有所医、老有所学、老有所为、老有所乐的目标而实行的一系列政策措施，是依靠政府力量为老年人提供的基本公共服务。从服务内容方面来说，老龄事业涉及解决老龄问题的管理和服务工作、老年人的整体福利水平、老年人的物质文化需要、生活保障提供等。陈泽鹏（2018）认为，老龄事业是政府为老年群体提供与生活保障相关的各种制度、设施、物品、服务等老龄产品的一系列具体工作计划、目标和任务，本质上属于社会公共管理的政府行为活动。对于老龄事业的提供者的界定，绝大部分学者认为政府是老龄事业的提供者，还有一些学者把提供者界定为国家机关和其他社会组织。在老龄事业的归属和营利性问题上，邬沧萍（2012）认为，老龄事业是对提高老年人整体福利水平的社会活动和社会服务的总称，是社会事业的重要组成部分。老龄事业在本质上属于社会公共管理的政府行为活动（陈鹏泽，2018）。大多数学者将老龄事业归属为社会事业、公共服务事业或社会公共管理（顾国爱等，2011；范中原等，2012；殷俊等，2015；乌丹星，2015；陈泽鹏，2018）。对于老龄事业是否应该营利的问题，田香兰（2010）认为，养老事业具有"非营利性"。在发展战略维度，国家应对人口老龄化战略研究、老龄事业发展指标体系研究课题组（2014）和杜鹏等（2009）均指出，发展老龄事业的目标是解决老龄问题，或者说是为了应对人口老龄化所产生或将要产生的经济社会问题。

从我国目前的情况来看，老龄事业发展的主要方面有六个，分别为养老保障体系、老年医疗保健、社会服务、老年文化教育、老年人参与社会发展和老年人合法权益保障。从服务层次来说，我国老龄事业包含社会福利、社会保险与社会救助三个层次。老龄事业中的最低层次为社会救助，即为老人提供最低生活保障，如为城市"三无"老人和农村"五保"老人提供的救助。中间层次为社会保险层次，社会保险层次旨在保障老年人的基本生活需要，提高他们抗风险的能力。社会保险强调权利与义务的统一，要求参保人缴费作为享受待遇的前提条件。最高层次为社会福利层次，该层次覆盖面最广，面向全体老年人，具有普惠性，旨在提高老年人的生活质量。

二、老龄事业发展评价文献评述

文献围绕我国老龄事业发展现状和趋势、与其他产业的关系、存在的问题以及推动发展的对策进行深入研究,从经济学、管理学、人口学等多学科视角着手,进行定性分析和定量研究。

定性研究方面,陈旭峰和钱民辉(2011)从老年人养老事业研究、老年人医疗保健事业研究、老年人教育事业研究、老年人社会参与事业研究、老年人文化体育事业研究五个方面,对近年来学者们关于中国老龄事业发展的相关研究进行了梳理,在梳理的基础上指出了当前研究中存在的不足之处,并从研究的重点难点及需要创新之处等几个方面对今后中国的老龄事业发展研究进行了展望。殷俊(2015)认为,我国老龄事业发展越来越强调老年福利,然而,伴随着物价水平的提高和医疗费用的增长,有很多老年人连基本生活需要都尚未得到满足,这些福利无疑也享受不到。

在发展现状和趋势研究方面,文献通过构建统计模型对老龄事业和产业发展进行综合评价,对老龄事业发展的经济效应进行分析。范中原等(2012)通过因子分析将 16 个老龄事业发展评价指标归结为老年经济和医疗保障、老年社会参与、老年活动场所和维权、养老服务机构 4 个主要公共因子,并算出了我国 31 个省、自治区、直辖市(不包括台湾地区,下同)老龄事业在这四个方面上的得分水平。结果显示,我国各省、自治区、直辖市老龄事业的发展不仅在综合发展水平上存在显著差异,而且在老龄事业发展的各个方面也存在显著差异。曾通刚和赵媛(2019)从健康、参与和保障三大维度构建中国老龄事业发展水平评价指标体系。以我国 31 个省(自治区、直辖市)为研究对象,运用数理统计、重心和空间重叠性、空间错位分析和计量经济模型等方法,分析了 2004—2016 年中国老龄事业发展水平的时序变化、空间格局、错位特征及其影响机制。研究结果认为,我国老龄事业发展水平整体快速增长,区域差异逐渐缩小,但仍处于低水平发展阶段。

与其他产业的关系研究方面,顾国爱等(2011)通过建立联立方程的研究方法,系统分析我国老龄事业发展带来的经济效应,结果表明我国老龄事业发展对农村消费、投资以及第三产业发展的影响甚微,对经济领域的影响力有待提高;认为就经济效应而言,我国的老龄事业发展水平还有待提高,尤其是老龄事业对我国的农村消费、民间投资以及产业协同发展方面的影响甚微,因此要采取多种措施完善老年社会保障体系、老龄服务体系和老龄社会管理体系建设，尤其是要大力发展老龄产业，使老龄事业体系在不断完善和发展的前提下，为我国的经济发展贡献更大力量。游诗咏（2014）通过建立多变量回归模型对老龄事业的五个方面与第三产业之间的关系进行实证考察，结果表明这五个方面对我国第三产业协同发展影响甚微，说明我国老龄事业发展仍处于较低水平。在目前的中国，提升养老保险的覆盖率能够促进第三产业的发展。这一结果与顾国爱等（2011）建立的模型结果相违背，折射出我国老龄事业和第三产业近年的发展与变化。方俊（2016）以广州市荔湾区为观察样本，研究发现影响老龄事业发展的背后主要存在政策性因素、经济性因素和社会性因素三重障碍；认为老龄事业的健康发展，亟须转变政府职能，推动由政府单一主体供给模式向政府、市场、社会多元协同供给方向转变。

对策研究方面，方俊（2016）认为，制约我国老龄事业健康发展最突出的因素是政策性因素、经济性因素和社会性因素。政策性因素的制约性主要体现在政府对于制定促进老龄事业发展配套政策的顶层设计重视不够。经济性因素的制约性主要体现在财政投入不足。社会性因素的制约性主要体现在养老机构床位较少、机构养老服务质量参差不齐、社区养老从业人员素质偏低、专业的优质医疗服务资源匮乏。

综上所述，文献代表性观点主要包括四个方面。一是我国老龄事业发展不平衡。我国各省、自治区、直辖市老龄事业的发展不仅在综合发展水平上存在显著差异，而且在老龄事业发展的各个方面也存在显著差异。二是经济发展水平在地区老龄事业发展中起到了一定的作用，但不是唯一决定性因素。三是我国老龄事业和产业的发展得益于国家对老龄问题的重视和一系列支持政策。与过去相比，当前政策设计更加精准、前瞻、创新，更加适应养老服务业发展趋势，体现供给侧改革、全面开放新实践；既有在原基础上的深化推进，也有在新的重点领域的先试先行。四是提升老龄事业发展质量的必然趋势是创新养老模式、实现产业融合发展，通过人工智能、大数据、物联网等新技术为创新老龄事业和产业发展模式提供新路径。

进一步研究的问题需要全面评价我国老龄事业发展质量。推动发展老龄事业高质量发展，首先应从多学科、系统的、动态的视角，对我国老龄事业发展的新时代背景、经济条件、政策基础、开放环境、与产业相关的新技术进行深入研究。其次，需要探索老龄事业发展质量指标体系，对发展质量进行评价。已有研究没有很好地结合质性研究与量化研究，特别是在量化研究上更显不足。进一步的研究需要做到质性研究与量化研究相结合、宏观研究与微观研究相结合，充分利用大数据技术，建立评价老龄事业发展水平的指标体系，对我国老龄事业发展状况进行动态监测。

第二节　我国老龄事业发展的社会经济背景

一、人口老龄化对老龄工作提出严峻挑战

20世纪90年代以来，我国的人口老龄化进程加快，65岁及以上老年人口从1990年的6299万增加到2000年的8811万，占总人口的比例由5.57%上升为6.96%。《中国老龄产业发展报告（2014）》指出，从2013年到21世纪末，中国人口老龄化过程可分为四个阶段。第一阶段：从2013年到2021年为快速发展阶段，同时中国人口处于轻度老龄化阶段。在此阶段，中国老年人口迎来第一个增长高峰，由2.02亿人增长到2.58亿人，老龄化水平由14.9%提高到17.9%。第二阶段：从2022年到2030年为急速发展阶段，同时中国人口进入中度老龄化阶段。在此阶段，老年人口迎来第二个增长高峰，由2.58亿人增长到3.71亿人，老龄化水平在2030年提高到25.3%。中国老年人口将超过少儿人口，标志着中国从主要抚养儿童的时代迈入主要扶养老人的时代。第三阶段：从2031年到2053年为快速发展阶段，同时中国人口进入重度老龄化的阶段。在此阶段，中国总人口进入负增长阶段，人口总量开始减少，老龄化水平将提高到2053年的34.9%。第四阶段：从2053年到2100年为高位发展阶段，此期，中国人口持续处于重度老龄化阶段。在这一阶段，老年人口增长期结束，由4.87亿人减少到3.83亿人，人口老龄化水平始终稳定在1/3上下，高位运行，形成一个稳态的重度人口老龄化平台期。

人口老龄化问题已经成为影响我国经济社会发展的全局性、战略性问题，必须高度重视人口老龄化问题，切实做好老龄工作。与西方发达国家相比较，我国还缺乏完善的养老退休与相关福利制度，在资金储备、技术储备、设施储备等方面严重不足，形势更为严峻。面临的主要挑战如下：一是对社会经济的挑战。社会经济发展与人群健康改善的关系是辩证统一的，一方面，经济发展

是人类生存与健康的物质基础；另一方面，人类的健康改善又是社会经济繁荣的先决条件，二者表现出相互促进的双向作用。老龄化对社会经济的挑战，可能动摇人类健康的经济基础。劳动生产率是一个国家或地区经济增长的有效保障，人口老龄化已经使得发达国家社会劳动生产率下降，劳动力短缺。二是对社会制度的挑战。社会制度包括政治制度、经济制度、医疗福利制度等。政治制度决定着社会财富与资源的分配，决定着不同群体的权益地位关系，对健康公平性产生重要影响。国际经验证明，某些经济发达国家的平均期望寿命等健康指标并没有处于领先位置，就是社会制度因素的影响结果。社会经济是健康的基础，社会制度导向就是健康的决定性关键因素。三是对社会环境的挑战。人口老龄化对社会环境提出的挑战，包括增加老年人衣、食、住、行、用等各种用品的生产，发展老年健康服务业、养老服务业、老年日常用品制造业、老龄人寿保险业、老年旅游娱乐业和老年教育业等。全球可供老年人享有的社会养恤金、医疗与长期照料资源有限。发达国家虽然大都有比较完善的社会保障计划，也面临着前所未有的压力；发展中国家虽然努力向更广泛的老年人提供社会保护，但进展仍然缓慢。在大多数发展中国家，尚未建立起养老服务体系和医疗保健体系，缺乏养老服务人才和老年医学人才，更是缺乏行业标准和相应经费投入，部分老年人口现有的居住场所和社区，并不适合老年人口发展。建立老有所养、老有所医、老有所为、老有所学、老有所乐的社会环境，还有很长的路要走。

二、老龄事业发展不能满足老年人日益增长的需求

随着我国老年人口数量快速增长，老龄化程度不断加深，老年人对老龄日常用品、医疗卫生保健服务、社区日常生活照料服务、老年文化娱乐服务的需求快速增加。同时，随着价值观、消费观与生活方式的不断更新，老年人消费需求正在向高层次、高质量、个性化、多元化的方向发展。但是，与老龄人口巨大的需求相比，社会化老龄服务供给却大大滞后。

我国老龄事业发展存在的主要问题表现为以下三个方面。一是老龄事业定位有偏差，普惠性不够。老龄事业作为政府为老年人提供的基本公共服务，必然具有普惠性和公平性。目前，就我国养老保险和医疗保险而言，虽然实现了制度上的全覆盖，但仍有少数老年人游离于制度之外，没有享受到应有的待遇，也没有得到政府的救助，生活处于极其贫困的状态。二是老龄事业发展公

平性不够。老龄事业发展的政策设计中较大程度向城市倾斜，城乡老年人待遇差别巨大，无论是养老还是医疗，都尚未满足农村老年人的基本需求，新农保待遇满足不了农村老人的基本生活，新型农村合作医疗也难以防止农村老年人因病致贫、因病返贫。三是政府管理部门效率低下，理念落后和缺乏法律规范。老龄事业相关政府各部门普遍存在管理效率低下、管理理念落后的问题。

三、老龄事业发展日益受到政府重视

最近几年，我国政府高度重视和解决人口老龄化问题，从中央政府、地方政府到企业，各方均意识到了养老问题的紧迫性以及养老产业的巨大空间，积极发展老龄事业，初步形成了政府主导、社会参与、全民关怀的发展老龄事业的工作格局。国家成立了全国老龄工作委员会，确定了老龄工作的目标、任务和基本政策；颁布了《中华人民共和国老年人权益保障法》，制定了《"健康中国2030"规划纲要》；出台了一系列指导意见和通知，如《"十三五"健康老龄化规划》《关于加快推进养老服务业放管服改革的通知》《促进中医药健康养老服务发展的实施意见》《关于促进健康旅游发展的指导意见》《关于做好第一批中央财政支持开展居家和社区养老服务改革试点工作的通知》《国务院关于印发划转部分国有资本充实社保基金实施方案的通知》《国务院办公厅关于加快发展商业养老保险的若干意见》《国家卫生计生委关于印发康复医疗中心、护理中心基本标准和管理规范（试行）的通知》等。

国家对养老服务业发展的政策支持力度进一步加大，出台的政策在落地和可执行方面都大有提升，同时试点的推进工作也有重大进展。可以说，2017年养老服务业已经开始进入发展的快车道，国家政策在明确养老服务业发展方向、加强和完善支付体系建设、医养结合的具体措施、养老服务行业标准、智慧养老等各种养老服务试点、多产业融合发展等方面，均出台了重量级的政策。《国务院关于印发"十三五"国家老龄事业发展和养老体系建设规划的通知》对健全养老服务体系建设提出了明确的要求，夯实居家社区养老服务基础、推动养老机构提质增效、加强农村养老服务，推进医养结合、加强老年人健康促进和疾病预防、发展老年医疗与康复护理服务。《智慧养老产业发展行动计划》提出了我国智慧养老产业的发展目标：到2020年，基本形成覆盖全生命周期的智慧健康养老产业体系。

尽管我国老龄事业和产业得到了政府的支持，但我国老龄事业整体发展水

平较低，老龄产业发展不能满足老龄人的需求。中国特色社会主义进入新时代，推进我国老龄事业高质量发展，为人民提供高质量的老龄生活保障、老龄产品和服务，是顺应新时代高质量发展的需求。

第三节 我国老龄事业发展现状分析

为应对人口老龄化问题，政府为老年群体提供了系列与生活保障相关的制度、设施、物品、服务等老龄产品和一系列具体工作计划、目标和任务，即指通常我们所说的老龄事业。近年来，我国老龄事业取得非常显著的进展与成效，但同时也面临着巨大的挑战，主要体现在老龄政策法规体系、老年人社会保障体系、老年人精神文化生活、老年人居住环境建设等方面和实践过程中所面临的一些问题。

一、老龄政策法规体系不断完善

近年来，特别是党的十八大以来，党中央、国务院高度关切人口老龄化课题，关心老龄事业改革发展，关注老年群体福祉改善，提出了一系列发展老龄事业、加强老龄工作的新思想、新理念、新战略，我国老龄事业取得了举世瞩目的成就，广大老年人的获得感、幸福感和安全感显著增强（黄瑶，2019）。

我国老龄政策理论随着时代的变迁在不断地发生变化，从20世纪50年代的成功老龄化到20世纪80年代的健康老龄化，再到21世纪初的积极老龄化，一直在实践中不断探索、调整方向，中国积极老龄化政策框架正在逐步健全中，其总体框架是围绕着老龄群体的权益保障和生活质量的提高，具体内容是围绕积极老龄化政策框架三大支柱——健康、保障、参与。在健康层面上，2016年《"健康中国2030"规划纲要》提出维护健康公平和贯穿生命周期的理念，2019年国家卫生健康委等8部门《关于建立完善老年健康服务体系的指导意见》中指出要着力构建包括健康教育、预防保健、疾病诊治、康复护理、长期照护、安宁疗护的综合连续、覆盖城乡的老年健康服务体系。在保障层面上，2013年《关于加快发展养老服务业的若干意见》的出台吹响了养老服务社会化的号角，2016年国务院办公厅《关于全面放开养老服务市场提升养老服务质量的若干意见》、2020年国家医疗保障局《关于扩大长期护理保险制度试点的指导意见》等系列文件出台，从退休制度、养老保障、低保救助、长期护理保险制度、养老服务供给体系和社会优质服务（公共文化设施免费或者优惠开放、各类老龄津贴制度）等方面给予老龄群体保障。在参与层面上，2019年，中国老年大学协会印发了《老年大学5G智慧校园建设实施方案（2019—2022）》的通知，2020年教育部印发了《高校银龄教师支援西部计划实施方案》和2020年民政部、国家发展改革委等9部门《关于加快实施老年人居家适老化改造工程的指导意见》等政策出台，从老年人宜居环境、终身学习体系、老年协会和老年娱乐活动等方面鼓励老年人群体积极参与社会活动，使得近年来广大老年人的获得感、幸福感和参与感不断增强。

截至目前，党中央、国务院及有关部门共出台各类涉老政策文件达数百件，我国的老龄政策法规体系不断完善。制定并且不断修订完善《中华人民共和国老年人权益保障法》，2019年11月，中共中央、国务院发布了《国家积极应对人口老龄化中长期规划》（以下称《规划》）并明确提出"健全以居家为基础、社区为依托、机构充分发展、医养有机结合的多层次养老服务体系，多渠道、多领域扩大适老产品和服务供给，提升产品和服务质量"。这是我国首个应对人口老龄化的"全局性、战略性、综合性"的中长期规划，明确了近期、中期、远期的战略目标：到2022年，我国积极应对人口老龄化的制度框架初步建成；到2035年，积极应对人口老龄化的制度安排更加科学有效；到2050年，与社会主义现代化强国相适应的应对人口老龄化的制度安排成熟完备。《规划》从国家战略层面为我国未来30年应对日益逼近的人口老龄化指明了方向，并给出了解决方案。另外，我国已编制、实施了包括《中国老龄工作七年发展纲要（1994—2000年）》、中国老龄事业发展"十五""十一五""十二五"规划纲要以及《"十三五"国家老龄事业发展和养老体系建设规划》《老年教育发展规划（2016—2020）》《"十三五"健康老龄化规划》在内的多个老龄事业发展规划，系列专项规划共同描绘我国老龄事业的发展蓝图。以宪法为核心，以老年人权益保障法为主体，涵盖老年福利、养老服务、老年人权益保障等领域的老龄政策法规体系日益完善，指引着我国老龄事业不断前进。

二、老年人社会保障体系建设成效显著

"老有所养、老有所医、老有所为、老有所学、老有所教、老有所乐"是解决好我国人口老龄化问题的主体思路,也是我国老龄事业发展的目标。近年来,为实现该目标,国家不断完善我国老年社会保障体系,包括社会养老保险、社会医疗保险、社会老年救助、社会老年教育等多个方面均取得了明显的进步。

(一)社会养老保险覆盖面不断扩大,逐步靠近"老有所养"目标

20世纪80年代中后期,我国相继建立了城镇职工养老保险、城镇居民养老保险、农村养老保险三大养老保险制度,开创了我国养老统筹发展新格局。20世纪90年代初,我国进一步明确了城镇职工养老保险细分为基本养老保险、企业补充养老保险和职工个人储蓄养老保险。进入21世纪以来,为统筹城乡更公平、更可持续养老保障体系的建立,我国养老制度由"三险共存"到"城乡一体",实现养老资源更高效、更合理的配置,扩大了社会保障范围,提高了保障水平(陈茉,2019)。继这之后,又推出了养老金"并轨"的系列举措,以建立全国统一、公平、可持续发展的中国特色社会主义养老制度为改革目标。

21世纪以来,我国社会养老保险体系覆盖范围不断扩大,惠及绝大多数群体。根据人力资源和社会保障部发布的《2019年度人力资源和社会保障事业发展统计公报》数据,截至2019年年末,全国参加基本养老保险人数为96753.9万人,享受高龄补贴人数达到2963万人。与2010年相比,参加基本养老保险人数增加60769.8人,年平均增长11.6%;享受高龄补贴人数增加2386.6万人,年平均增长20.0%。2005—2016年,我国养老金水平连续11年以10%左右的幅度增长;2017—2019年,养老金增幅稳定在5%左右。

自2016年起,我国开始实施长期护理保险制度试点。截至目前,首批15个试点城市已经开展卓有成效的试点工作,为探索建立适合我国国情的长期护理保险制度积累了宝贵经验。2020年9月,国家医保局、财政部发布《关于扩大长期护理保险制度试点的指导意见》,新增试点明确将北京、天津、山西、内蒙古、辽宁、福建、河南、湖南、广西、贵州、云南、陕西、甘肃、新

疆 14 个省、自治区、直辖市相关市区纳入长期护理保险制度试点。我国长期护理保险制度是实现共享发展改革成果的重大民生工程,也是健全社会保障体系的重要制度安排。近年来,我国老年社会福利水平稳步提高,逐步靠近"老有所养"目标。老龄事业取得的非凡成就,是发展由量的积累到质的飞越的结果。

(二)社会医疗保障体系进一步完善,对实现"老有所医"具有重大意义

在健康中国战略的指引下,我国大力推进老年健康服务供给侧结构性改革,由以提高老年疾病诊疗能力为主向以全生命周期健康服务为主转变,深入推进医养结合发展,推行健康文明的生活方式,营造安全舒适的健康环境。医养结合是推进健康中国建设的重要举措,其已被纳入《"健康中国 2030"规划纲要》。截至目前,全国共有 4000 余家医养结合机构,建立签约合作关系的医疗机构与养老机构超过 2 万家。"十三五"期间,国家政策支持和财政投入重点向家居和社区倾斜,重点发挥城乡医疗卫生机构作用,将医疗卫生服务延伸到社区和家庭,让老年人接受医疗服务更便捷。

随着年龄的增大,患慢性病的概率也随之增大,加强老年人的医疗保障水平也是非常有必要的。根据 2016 年发布的《第四次中国城乡老年人生活状况抽样调查报告》显示,2015 年,56.9% 的城乡老年人享受过免费体检,我国老年人预防保健服务取得积极进展;城乡享有医疗保障的老年人比例分别达到 98.9% 和 98.6%,医疗保险制度基本实现老年人全覆盖,说明"老有所医"进一步落实。

(三)社会老年救助体系不断调整、日臻完善,保障水平稳步提升

经过多年发展的老年社会救助体系,我国老年社会救助发展虽然过程曲折,但取得的成就也非常显著,主要体现在以下几个方面:首先是建立了稳定科学的资金来源机制,中央和地方按比例负担、合理管理并分级使用。其次是大部分地区设立了专门工作机构负责老年社会救助项目的运作和管理,完善职能部门设置优化救助制度的运行环境。最后是实施了一定数量的老年社会救助的配套基础项目。截至 2019 年 4 月,我国低保救助 1490 余万人次,特困供养 390 余万人次,经济困难的高龄、失能老年人补贴惠及 3571.8 余万人次。

社会老年救助主要包括五保户制度、最低生活保障制度、特殊困难户救济制度等。针对困难老年群体的救助政策不断完善，面向老年群体的福利政策陆续出台，老年福利政策正在从社会救济型向适度普惠型发展，这是中国社会福利制度转型升级的重要缩影，是社会文明进步的显著标准（陈泽鹏，2018）。20世纪90年代中国城乡最低生活保障制度建立以来，取得了很大进展，成为社会救助制度最为重要的制度安排和保障城乡困难群众生活的社会安全网（江树革，2013）。政府近年来在政策方面也做出积极的改进，如调整了分类施保问题政策；同时，逐年提高农村五保对象的供养标准，确保其达到当地村民的平均生活水平（金岭，2010）。随着社会救助制度的发展，我国老年社会救助工作也日趋完善，当然，我国老年社会救助包含社会救助制度但不局限于这一单一制度，还包括医疗补贴、法律援助和心理救助等多方面，并逐步向制度体系发展，朝着综合全面救助方向推进。此外，救助标准进一步提高，较好地保障了城乡贫困老年人的基本生活。城乡低保基本做到"应保尽保"，农村"五保"的供养得到较好落实，"分类施保"原则在老年人身上得到较好体现（尹超，2019）。

（四）老年教育覆盖面逐步扩大，推动我国构建学习型社会的发展

1996年，我国颁布的《中华人民共和国老年人权益保障法》明确规定了老年人有继续接受教育的权利，老年教育走向依法办学阶段。老年教育作为成人教育的特殊一环、终身教育的最后阶段，是积极应对人口老龄化、实现教育现代化的重要战略举措，通过老年教育的杠杆联动作用促进老龄化问题的解决已经成为社会的普遍共识。习近平总书记指出，有效应对人口老龄化，不仅能提高老年人生活和生命质量，维护老年人尊严和权利，而且能促进经济发展，增进社会和谐。党和政府一直高度重视和支持老年教育事业的发展，2006年《中国老龄事业发展"十一五"规划》要求"各级政府要继续加大对老年教育的资金投入，同时动员社会力量，因地制宜地办好老年电视大学"。2010年，中共中央、国务院发布了《国家中长期教育改革和发展规划纲要（2010—2020年）》，提出了"重视老年教育"的要求，指明了我国老年教育的发展方向，对于我国老年教育有着根本性的重要意义。2016年，国务院办公厅印发了《老年教育规划（2016—2020年）》，这是我国首部针对老年教育的专门规划，为我国老年教育的科学发展保驾护航。2017年，《国家教育事业发展"十

三五"规划》提出要丰富老年人精神生活，发展老年教育，制定老年教育机构基础能力提升计划，力争到2020年，基本形成覆盖广泛、灵活多样、特色鲜明、规范有序的老年教育新格局。系列政策的发布与实施，为老年教育工作提供了重要指导。

老年大学（学校）模式是我国老年教育中最先出现的模式，截至2018年年底，我国老年大学（学校）的数量已有6万多所，在校学员近700万人，包括远程教育在内的老龄学员有1300余万人。随着我国老龄人口的增多，老年教育模式越来越多样化，包括社区老年教育模式、远程老年教育模式、依托大学开办的老年教育、依托图书馆（或博物馆）开办的老年教育等，特别是新冠肺炎疫情期间，远程教育模式更是体现了其独特的优越性，老年教育模式多样化和覆盖面广泛化推动着我国老年教育事业的发展，多部门推动、多形式办学的老年教育格局初步形成。在推进终身教育体系和学习型社会的大背景下，老有所学、老有所教已经成为一种被广为认可的生活方式。

三、老年人精神文化生活日益丰富

《中华人民共和国老年人权益保障法》规定："国家和社会采取措施，开展适合老年人的群众性文化、体育、娱乐活动，丰富老年人的精神文化生活。"老年人精神文化生活与时俱进。老年人闲暇生活更注重品质与时尚，根据第四次中国城乡老年人生活状况抽样调查报告结果显示，2015年，88.9%的老年人经常看电视或听广播，20.9%的老年人经常读书或看报，20.7%的老年人经常种花或养宠物，13.4%的老年人经常参加棋牌活动，5.0%的老年人经常上网。而在2000年，学电脑的老年人仅占0.3%。2015年，13.1%的老年人明确表示未来一年计划外出旅游，9.1%的老年人表示有可能在未来一年外出旅游。城乡老年人的幸福感显著提升，2015年，60.8%的老年人感到生活幸福，比2000年提升了12.0个百分点。

在丰富我国老年人的精神文化生活方面，政府采取了一系列措施，在基层公共文化设施内开辟适宜老年人的文化娱乐活动场所，增加适合老年人的特色文化服务项目，推动公共文化服务设施向老年人免费或优惠开放，为老年人开展文化活动提供便利。支持企事业单位、社会组织、志愿者等社会力量开展形式多样的老年人关爱活动（吴玉韶，2020）。2003年，我国启动的老龄工作活动"银龄行动"，成为规模最大、范围最广、影响最深的老有所为的生动实践。从对口帮扶拓展到深入基层，从智力援助拓展到形式多样化的社会发展化活动，充分尊重与支持老年人参与到社会的发展中。另外，全社会敬老爱老助老的氛围愈发浓厚，自2010年起，老龄委每年都会开展"敬老月"活动，其主要内容包括走访慰问送温暖活动、老龄文化体育活动、老龄宣传活动、老年维权活动等，活动内容丰富、形式多样，为促进老年人精神文明建设进程做出贡献。

四、老年人居住环境建设日益完善

在老年人居住环境建设方面，包括硬环境的适老化改造和软环境的敬老爱老助老社会氛围。近日，民政部、住房和城乡建设部、全国老龄办等9部门联合印发《关于加快实施老年人居家适老化改造工程的指导意见》，体现了国家对老年人居家适老化改造工作的高度重视，标志着居家适老化改造从"试点探索期"进入了"广泛实践期"（周燕珉、秦岭，2020）。习近平总书记在党的十九大报告中指出：积极应对人口老龄化，构建养老、孝老、敬老政策体系和社会环境，推进医养结合，加快老龄事业和产业发展；中国共产党要永远把人民对美好生活的向往作为奋斗目标。因此，中国老年人能否实现"获得感、幸福感、安全感更加充实、更有保障、更可持续"关系到奋斗目标能否实现。

当前，我国积极老龄化的政策重点在养老服务建设方面，而在老龄产业、科技和教育等方面的政策仍不足，因此，积极老龄化政策领域有待进一步拓宽；随着时代的发展，我国大部分老年群体为活力老人，"新老年"群体正在崛起，同时，老年人参与和共享社会发展的渠道仍不通畅，增权赋能型政策仍需进一步完善；随着人类寿命的延长，失能人口逐步增加，国家、集体和个人开办的养老机构在数量上仍远不能满足老年人长期照料的需求，而在质量上，养老服务人员的专业化知识和技能有待进一步加强；随着社会发展，老年人维权案件的复杂性进一步凸显，我国现行老年人法律保障体系仍尚待进一步完善，比如缺乏老年人精神赡养相关的法律规定；从全生命周期角度出发，对老年群体的身体、心理等常见疾病预防与干预性的政策还比较缺乏，全生命周期理念不足，长期统筹规划政策体系有待完善。

第四节 老龄事业高质量发展内涵与测算方法

一、老龄事业高质量发展的内涵

我国人口老龄化的独特背景和中国特色社会主义发展经济学,为深刻理解新时代以人的全面发展为目标的高质量发展道路,进而正确界定老龄事业高质量发展内涵,提供了理论和实践依据。在梳理文献、总结发展实践的基础上,探索老龄事业高质量发展内涵质的规定性与量的测度研究。一方面关注发展内涵的拓展,另一方面注重高质量发展内涵在特定发展领域的解释,围绕老龄事业发展的实践和现实问题,系统界定老龄事业高质量发展的内涵。

(一)老龄事业高质量发展表现为高质量的老年健康服务,目的是全面保障老年人的身体健康和精神健康

高质量的老年健康服务与老年人健康和生存质量密切相关。在人口快速老龄化背景下,老年健康服务正在成为我国社会生活性公共服务的重要组成部分。老年健康服务的内涵既包括为老年人提供的医疗服务、养老服务、失能照料服务,也包括日常生活协助、社会参与支持服务、心理慰藉服务和其他支持性服务。老年健康服务发展的不均衡不仅影响老年人健康服务利用的可及性,而且造成健康服务利用的不平等,进而导致健康产出的不平等。老年健康服务能力的提升,需要持续的资金、设施和人力资源投入。

(二)老龄事业高质量发展重视"以权利为基础"的积极老龄化导向,支持老年人参与社会活动,进而优化老龄健康素养

从国际视角来看,老龄化社会理论大致经历了从"成功老龄化"到"健康老龄化",再到"积极老龄化"的演变。不同于"成功老龄化"与"健康老龄化","积极老龄化"理论不仅强调生理、心理和社会功能的健康状态,更在于将战略规划重点从"以需求为基础"转变为"以权利为基础",进而寻求老年人健康保障和社会参与的公平性,现已成为国际社会应对老龄化问题的

全新发展战略。因此，高质量的老龄事业发展应该对应高质量的老年人社会参与。老年人社会参与程度或水平越高，越有可能促进老年人的社会融合、心理健康和身体健康，代表着较高的老龄事业发展水平。

（三）从科学发展观来看，老龄事业高质量发展的核心在于老龄事业和经济社会协调可持续发展

全面协调可持续是科学发展观的基本要求。全面协调可持续是一个互相联系、互相制约、互相促进的有机整体。只有实现全面协调可持续发展，才能保证经济社会又好又快发展。老龄事业从属于国家公共事业领域。从老龄事业发展的投入要素来看，老龄事业发展需要公共财政支持，投入大量资金、人力和物资。因此，老龄事业高质量发展容易受制于经济发展水平。一般来说，经济发展水平越高的地区，越有可能给予老龄事业发展更多资金支持，其老龄事业的发展水平一般也越高。但是，老龄事业发展的实际水平，又与人口老龄化程度密切相关。人口老龄化程度越高的地区，一般越重视老年公共服务的供给，进而推动老龄事业的发展。因此，评价一个地区老龄事业高质量发展水平的高低，不仅应该看其对老龄事业的投入，还应考虑该地区老龄事业发展与经济发展的匹配度。

二、老龄事业发展质量指标体系构建

根据老龄事业高质量发展的内涵，构建老龄事业发展质量评价指标体系，包括老年健康保障和老年社会参与两个一级指标。老年健康保障一级指标下设资金保障、设施保障和人力资源保障三个二级指标。每个二级指标又下设若干具体指标。指标体系的构建过程如下。

第一步，遍选可用指标。依据对评价对象概念的界定设计出测度因素，对各测度因素涵盖的指标进行初步筛选，摒弃那些不具代表性和说服力的指标，从而为下一步测度指标的确定奠定基础。为不遗漏关键指标，本研究采用理论分析法、文献统计法、头脑风暴法结合的方式对测度指标进行理论遴选。

第二步，筛选测度指标。在理论分析的基础上，查阅各类统计年鉴、报告和统计资料，充分考虑指标的代表性、独立性、可比性和数据可获得性。由于总量指标与总体单位数和总体的范围直接相关，不宜进行比较，因此，选择结构指标、比例指标、强度指标、平均指标等作为测度指标的基本形式。

表8-1是构建的指标体系,老年健康保障包括经费保障（A1）、物质设施保障（A2）和人力资源保障（A3）3个二级指标,人均公共卫生支出（A11）等15个具体指标。老年社会参与包括老年学校入学率（B11）、老年活动中心（室、站）千人覆盖率（B12）、每万老人拥有老年协会数（B13）3个具体指标。

经费保障考虑公共卫生支出和老年人补贴两个方面,其中,公共卫生支出包括人均公共卫生支出（A11）、人均社会医疗保险支出（A12）。老年人补贴包括高龄补贴人口比重（A13）、照料补贴人口比重（A14）和养老补贴人口比重（A15）3个指标。物质设施保障反映社区照料、医疗护理服务和机构照料硬件水平,包括6个具体指标：每千老年人口社区照料床位数（A21）、每千老年人口社区服务机构数（A22）、每千老年人口老年医院床位数（A23）、每千人口医疗卫生机构床位数（A24）、每千老年人口机构养老床位数（A25）、每千老年人口养老机构数（A26）。人力资源保障反映社区和机构照料服务的人力资源状况,考虑医疗护理人力资源和日常照料人力资源两个方面。医疗护理人力资源用每万人口卫生技术人员数（A31）、注册护士占卫生技术人员比重（A32）表示。日常照料人力资源用每千老年人口社区服务机构从业人员数（A33）、每千老年人口养老服务机构从业人员数（A34）表示。

表8-1列出了具体指标的计算公式和单位。

表8-1 老龄事业发展质量指标体系

一级	二级指标	具体指标	计算公式	单位	熵权
A 老年健康保障	A1 经费保障	A11 人均公共卫生支出	（政府卫生支出+社会卫生支出）/总人口数	元/人	0.1893
		A12 人均社会医疗保险支出	（城镇基本医疗保险支出+农村"新农合"医疗支出）/参保人口数	元/人	0.2345
		A13 高龄补贴人口比重	高龄补贴人数/老年人口数	%	0.1211
		A14 照料补贴人口比重	照料补贴人数/老年人口数	%	0.1521

续表 8–1

一级	二级指标	具体指标	计算公式	单位	熵权
A 老年健康保障	A1 经费保障	A15 养老补贴人口比重	养老补贴人数/老年人口数×100	%	0.3030
	A2 物质设施保障	A21 每千老年人口社区照料床位数	社区照料床位数/老年人口数×1000	张/千人	0.1524
		A22 每千老年人口社区服务机构数	社区服务机构数/老年人口数×1000	个/千人	0.2475
		A23 每千老年人口老年医院床位数	老年医院床位数/老年人口数×1000	张/千人	0.1738
		A24 每千人口医疗卫生机构床位数	医疗卫生机构床位数/总人口数×1000	张/千人	0.1413
		A25 每千老年人口机构养老床位数	(城市养老机构床位数+农村养老机构床位数)/老年人口数×1000	张/千人	0.1321
		A26 每千老年人口养老机构数	(城市养老机构数+农村养老机构数)/老年人口数×1000	个/千人	0.1530
	A3 人力资源保障	A31 每万人口卫生技术人员数	卫生技术人员数/总人口数×10000	人/万人	0.2130
		A32 注册护士占卫生技术人员比重	注册护士数/卫生技术人员人数×100	%	0.1131
		A33 每千老年人口社区服务机构从业人员数	社区服务机构从业人数/老年人口数×1000	人/千人	0.3443
		A34 每千老年人口养老服务机构从业人员数	(城市养老机构职工人数+农村养老机构职工人数)/老年人口数×1000	人/千人	0.3296

续表 8-1

一级	二级指标	具体指标	计算公式	单位	熵权
B 老年社会参与	B11 老年学校入学率		老年学校人数/老年人口数×100	%	0.5530
	B12 老年活动中心（室、站）千人覆盖率		老年活动中心（室、站）数/老年人口数×1000	个/千人	0.2494
	B13 每万老人拥有老年协会数		老年协会数/老年人口数×10000	个/万人	0.1976

三、老龄事业高质量发展水平测算步骤

根据老龄事业高质量发展的内涵，老龄事业高质量发展测度不仅要考虑老龄事业发展规模，还应考虑老龄事业发展规模与地区经济发展相匹配的程度，从而体现老龄事业高质量发展评价的可持续发展维度。为此，本研究依据空间错位理论，通过观察我国老龄事业与区域经济的空间分布状态，对传统的老龄事业发展质量评价方法进行修正，提出测度我国老龄事业高质量发展水平的方法。

本研究测算老龄事业高质量发展水平的方法包括三个具体步骤。首先，利用构建的指标体系（见表 8-1），计算省级地区老龄事业发展质量指数。其次，用地区老龄事业发展质量指数代表老龄事业发展水平，用人均地区生产总值代表经济发展水平，计算老龄事业发展与经济发展的空间错位指数 SMI。SMI 值的大小可反映老龄事业发展质量和区域经济的空间分布相似性。SMI 的绝对值越小，说明老龄事业发展与经济发展的错位程度越低，老龄事业可持续发展程度越高。反之，SMI 的绝对值越大，说明老龄事业质量发展与经济发展的错位程度越高，老龄事业可持续发展程度越低。最后，计算老龄事业发展质量指数与 SMI 绝对值的加权平均，作为衡量我国老龄事业高质量发展水平的测度值。

第五节 老龄事业高质量发展水平测算结果分析

一、数据来源与分析方法

（一）数据来源与预处理

数据来源于《中国统计年鉴（2017）》《中国民政统计年鉴（2017）》和《中国卫生和计划生育统计年鉴（2016）》。其中，公共卫生支出的最新数据代表2014年，人均社会医疗保险支出的最新数据代表2015年，其他数据均代表2016年。由于青海、西藏、福建三省份缺失数据较多，故将它们剔除，以余下的28个省、自治区、直辖市作为研究对象。其中，海南享受照料补贴的老年人数缺失，山西享受养老补贴的老年人数缺失，海南和重庆老年医院床位数数据缺失，用相近年份数据插补。

（二）数据分析方法

（1）利用构建的老龄事业发展质量指标体系，基于熵权TOPSIS法，计算老龄事业发展质量指数（X），对我国28个省、自治区、直辖市的老龄事业发展质量进行测度。熵权TOPSIS法的介绍和过程见第二章第一节。

（2）计算空间错位指数（SMI），测算老龄事业高质量发展水平（Z）。具体公式如下：

$$SMI_i = \left(\frac{Y_i}{Y} - \frac{X_i}{X}\right) \times 100\%$$

$$Z_i = X_i \times W_1 - |SMI_i| \times W_2$$

其中，SMI_i为第i个省份的空间错位指数；X_i、Y_i分别为第i个省份的老龄事业发展质量指数和人均地区生产总值；X和Y则分别为X_i、Y_i的和；W_1和W_2为权重，两者之和等于1。空间错位理论的介绍见第二章第三节。

二、老龄事业发展质量指数测算结果

表 8-1 最后一列显示了老龄事业发展质量指标体系各具体指标的熵权。可以看出,养老补贴人口比重、每千老年人口养老服务机构从业人员数、每千老年人口社区服务机构从业人员数、老年学校入学率的变异程度较大,权重较高。

表 8-2 是我国 28 个省、自治区、直辖市老龄事业发展质量的综合评价结果。从表 8-2 可以看出,老龄事业发展质量最高的两个地区是北京和上海,它们与最优值的相对接近度超过 60%,远高于其他地区。这两个地区经济和社会发展综合实力强,老年健康保障和老年社会参与相对接近度均处于领先水平。老龄事业发展质量最低的两个地区是湖南和广西,它们与最优值的相对接近度不足 18%。这两个地区的老年健康保障和老年社会参与相对接近度均处于较落后的水平。

为更直观地反映老龄事业发展的区域不均衡性,基于老龄事业发展质量指数数值,采用 Jenks 自然断点分级法,将 28 个省、自治区、直辖市划分为高水平区、中高水平区、中低水平区和低水平区 4 种类型,分别对应的老龄事业发展质量指数数值区间为 (41.65, 61.15)、(28.62, 41.64)、(19.28, 28.61) 和 (15.12, 19.27)。

表 8-2　我国 28 个省、自治区、直辖市老龄事业发展质量指数排序

地区	A 老年健康保障		B 老年社会参与		总指数	
	相对接近度值(%)	排序	相对接近度值(%)	排序	相对接近度值(%)	排序
北京	68.51	1	49.11	4	62.15	1
上海	58.66	2	65.89	2	61.64	2
浙江	37.04	6	75.58	1	49.94	3
江苏	43.31	4	49.06	5	45.31	4
贵州	46.21	3	30.04	12	41.64	5
四川	35.73	7	33.82	11	35.16	6
广东	41.42	5	13.81	20	34.60	7

续表 8-2

地区	A 老年健康保障		B 老年社会参与		总指数	
	相对接近度值（%）	排序	相对接近度值（%）	排序	相对接近度值（%）	排序
天津	28.85	9	42.95	7	34.15	8
山东	26.14	14	39.94	9	32.61	9
山西	19.61	23	42.66	8	31.12	10
云南	14.02	28	54.28	3	30.87	11
新疆	25.80	15	34.23	10	29.38	12
江西	18.52	25	44.15	6	28.61	13
陕西	25.74	16	28.41	14	26.81	14
湖北	26.32	11	21.98	16	24.96	15
海南	30.11	8	5.51	26	24.23	16
重庆	20.98	20	28.99	13	23.79	17
河北	26.31	12	14.23	19	22.60	18
辽宁	26.26	13	12.55	21	22.50	19
内蒙古	27.82	10	2.96	27	22.23	20
甘肃	22.56	19	21.08	17	22.01	21
黑龙江	23.10	17	9.21	24	19.27	22
河南	14.92	27	23.96	15	18.61	23
吉林	22.84	18	2.35	28	18.55	24
安徽	19.10	24	16.73	18	18.34	25
宁夏	20.75	21	12.47	22	18.09	26
湖南	20.68	22	9.03	25	17.45	27
广西	16.99	26	10.68	23	15.12	28

三、老龄事业发展空间错位指数测算结果

表8-3展示了我国老龄事业发展空间错位指数测算结果。根据空间错位指数值,将28个省(自治区、直辖市)划分为五类:正向高错位地区(SMI≥1)、正向中错位地区(0.2≤SMI<1)、负向中错位地区(-1<SMI≤-0.2)和负向高错位地区(SMI≤-1)、低错位地区(0≤SMI<0.2)或(-0.2<SMI<0)。

表8-3 老龄事业发展空间错位指数测度值

地区	老龄事业发展指数(%)	人均GDP(元/人)	空间错位指数(%)	空间错位等级
贵州	41.64	33246	-3.03	负向高错位
云南	30.87	31093	-1.86	负向高错位
四川	35.16	40003	-1.85	负向高错位
山西	31.12	35532	-1.63	负向高错位
新疆	29.38	40564	-1.12	负向高错位
江西	28.61	40400	-1.04	负向高错位
甘肃	22.01	27643	-1.00	负向高错位
浙江	49.94	84916	-0.95	负向中错位
上海	61.64	116562	-0.48	负向中错位
北京	62.15	118198	-0.44	负向中错位
海南	24.23	44347	-0.27	负向中错位
陕西	26.81	51015	-0.19	低错位
河北	22.60	43062	-0.16	低错位
黑龙江	19.27	40432	0.09	低错位
安徽	18.34	39561	0.15	低错位
山东	32.61	68733	0.17	低错位
广东	34.60	74016	0.24	正向中错位

续表 8-3

地区	老龄事业发展指数（%）	人均GDP（元/人）	空间错位指数（%）	空间错位等级
河南	18.61	42575	0.29	正向中错位
湖北	24.96	55665	0.31	正向中错位
江苏	45.31	96887	0.32	正向中错位
辽宁	22.50	50791	0.32	正向中错位
广西	15.12	38027	0.44	正向中错位
重庆	23.79	58502	0.62	正向中错位
宁夏	18.09	47194	0.63	正向中错位
湖南	17.45	46382	0.66	正向中错位
吉林	18.55	53868	0.97	正向中错位
内蒙古	22.23	72064	1.61	正向高错位
天津	34.15	115053	2.74	正向高错位

一般认为，当空间错位指数的绝对值大于1时，即可判断存在较严重的空间错位现象。可见，我国老龄事业与区域经济发展存在较显著的空间错位现象。具体来说：

（1）负向高错位地区。空间错位指数为负且绝对值大于1的地区有7个，分别为贵州、云南、四川、山西、新疆、江西、甘肃，其特征为区域老龄事业发展较快，经济发展则相对滞后。

（2）正向高错位地区。空间错位指数为正且绝对值大于1的地区仅有2个，分别为天津和内蒙古，其特征为老龄事业发展水平明显滞后于区域经济发展。

（3）负向中错位地区。空间错位指数为负且绝对值介于0.2和1之间的地区有4个，分别是浙江（-0.95）、上海（-0.48）、北京（-0.44）、海南（-0.27），说明这4个区域的老龄事业发展水平较高于其经济发展水平。

（4）正向中错位地区。空间错位指数为正且绝对值介于0.2和1之间的地区有10个，分别为吉林（0.97）、湖南（0.66）、宁夏（0.63）、重庆（0.62）、广西（0.44）、辽宁（0.32）、江苏（0.32）、湖北（0.31）、河南（0.29）、广东（0.24），说明这些区域的老龄事业发展水平较低于其经济发展水平。值得注意的是，江苏、广东两省表现为正向中等错位状态，这似乎与其经济发展大省的地位相悖，但这恰恰反映出快速社会转型与人口老龄化背景下，我国老龄事业尚未与区域经济达成协调发展，老龄事业发展相对滞后的矛盾突出。

（5）低错位地区。空间错位指数绝对值介于 0 和 0.2 之间的地区有 5 个，分别为陕西、河北、黑龙江、安徽、山东，说明这些地区的老龄事业发展水平与其经济发展水平比较匹配。根据表 8-2，上述低错位地区的老龄事业发展质量处于中低水平。

四、老龄事业高质量发展水平测算结果

表 8-4 展示了两组权数设置情形下，我国老龄事业高质量发展水平测算结果。可以看出，两组权数情形下的测算结果排序比较一致。我国老龄事业高质量发展水平最高的 5 个地区分别是北京、上海、浙江、江苏、贵州，老龄事业高质量发展水平最低的 5 个地区分别是河南、宁夏、吉林、湖南、广西。

表 8-4 老龄事业高质量发展指数测度值

地区	高质量发展指数 （$W_1=0.4$，$W_2=0.6$）	排序	高质量发展指数 （$W_1=0.3$，$W_2=0.7$）	排序
北京	24.59	1	18.34	1
上海	24.37	2	18.16	2
浙江	19.40	3	14.31	3
江苏	17.93	4	13.37	4
贵州	14.84	5	10.37	5
广东	13.69	7	10.21	6
山东	12.94	6	9.66	7
四川	12.95	9	9.25	8
天津	12.02	8	8.33	9
山西	11.47	10	8.20	10

续表 8-4

地区	高质量发展指数 ($W_1=0.4$，$W_2=0.6$)	排序	高质量发展指数 ($W_1=0.3$，$W_2=0.7$)	排序
新疆	11.08	11	8.03	11
云南	11.23	12	7.96	12
陕西	10.61	13	7.91	13
江西	10.82	14	7.86	14
湖北	9.80	15	7.27	15
海南	9.53	16	7.08	16
重庆	9.14	17	6.70	17
河北	8.95	18	6.67	18
辽宁	8.81	19	6.53	19
甘肃	8.20	21	5.90	20
黑龙江	7.65	20	5.72	21
内蒙古	7.92	22	5.54	22
安徽	7.25	23	5.40	23
河南	7.27	26	5.38	24
宁夏	6.86	24	4.99	25
吉林	6.84	25	4.88	26
湖南	6.59	27	4.77	27
广西	5.78	28	4.23	28

综合考虑地区老龄事业发展质量指数、经济发展水平，以及两者的匹配程度排名，可以将我国老龄事业高质量发展排名靠前地区按以下特征归纳为三类：第一类是经济比较发达、人口老龄化程度高的地区，比如北京、上海、浙江、江苏；第二类是经济比较发达、人口老龄化程度不高的东部地区，比如广东、山东；第三类是经济欠发达、人口老龄化程度较高的西部地区，比如贵州、四川。

第六节 推动我国老龄事业高质量发展的对策建议

人口老龄化是全球人口发展的整体趋势与基本特征。积极应对人口老龄化，事关国家发展全局和人民群众福祉。推动老龄事业高质量发展，构建可持续老年服务和社会保障体系，有利于提升老年人生命和生活质量，有助于实现健康老龄化，是应对人口老龄化的重要内容。

一、加强老龄事业发展规划顶层设计，完善老龄保障和法制制度

推动老龄事业高质量发展，首先需要加强老龄事业发展规划的顶层设计。从目前的趋势来看，未来我国老龄化速度会以较快速度上升，"十四五"期间我国或进入中度老龄化社会，2030年之后65岁及以上人口占总人口的比重或将超过20%，届时我国将进入重度老龄化社会。因此，要深刻认识到积极应对人口老龄化的重大作用，准确把握习近平总书记关于老龄工作的重要指示，集思广益、群策群力，科学研判老龄工作的形势和任务。加大政策创新力度，完善老龄政策制度供给，倡导积极老龄观，加强人口老龄化政策研究，推进破解养老难等问题。

第一，加强党对老龄工作的领导。深入贯彻习近平总书记提出的"党委领导、政府负责、社会参与、全民行动"老龄工作方针，坚持老龄工作党政一把手亲自抓、负总责。各级党委政府对老龄事业做到"五纳入、三同步、四个到位"（李志宏，2020）。将人口老龄化国情教育纳入各级党校（行政学院）的教学计划和各级党政领导干部的培训计划。注重发挥基层党组织、城乡基层群众性自治组织以及工会、共青团、妇联、残联等群团组织参与老龄工作的优势和作用，培育壮大以基层老年协会为主导的老年群众组织，形成全社会参与的老龄工作格局（李志宏，2020）。

第二，进一步完善养老保障制度、基本医疗保险制度、长期护理保险制度。当前，我国多支柱养老保险体系尚未形成。第一支柱的基本养老保险占比过高，第二支柱的职业年金、企业年金和第三支柱的商业保险对养老的支撑作

用严重不足。城乡居民养老保险参保者的保障程度过低。长期护理保险制度仍处于试点阶段，尚未建立全国制度。推动老龄事业高质量发展，需要统筹城乡可持续的基本养老保险制度、基本医疗保险制度，稳定提高保障水平。建立基本养老保险全国统筹，统筹完善社会救助、社会福利、慈善事业、优抚安置等制度，完善覆盖全民的社会保障体系。构建全国性长期护理保险制度，为失能老人提供长期护理的制度保障（牟方志，2020）。

第三，推进老龄法治建设，着力健全法律法规和体制机制，推进老龄社会治理的法治化进程。2018年，经十三届全国人民代表大会常务委员会第七次会议修正的《中华人民共和国老年人权益保障法》旨在保障老年人的合法权益，发展老龄事业，弘扬中华民族敬老、养老、助老的美德。目前已经过4次修改，保障内容不断完善。进入新时代，面对老龄社会带来的新问题、新挑战，老年人权益保障范围也在不断增大，除了不断健全老年人权益保障的法律法规外，其他相关领域的配套法律法规，如法治管理、法治监督等也需要进一步完善，织密老龄社会治理的法治网络，提高运用法治思维和法治方式化解矛盾和风险的能力，切实走出一条老龄化问题治理的法治化道路。新时代老龄工作体制机制的健全，要始终以时代化、创新性、统筹发展为原则，在老龄化进程日益加剧的实践中，积极适应、主动应对，不断提升治理效能（江大伟、梁晨，2020）。

第四，倡导积极老龄观，健全适应老龄社会的核心价值体系，厚植老龄社会的文化自信。习近平总书记强调，要积极看待老龄社会，积极看待老年人和老年生活。这"三个积极看待"是中国特色积极老龄观的基本内涵。倡导积极老龄观就是要将"三个积极看待"为核心的积极老龄观融入国民教育、精神文明创建、文化产品创作生产全过程。树立导向正确的舆论引导机制，改进和创新对老年人正面形象和价值的宣传，消除社会大众对老年人和老年生活的负面刻板印象。同时，也要引导老年人树立终身发展理念，保持自尊、自爱、自信、自强的精神状态，展现有作为、有进步、有快乐的新时代老年人风采（李志宏，2020）。要以习近平新时代中国特色社会主义思想为指导，坚持创新、协调、绿色、开放、共享理念，遵循老龄社会发展的基本规律，树立适应老龄社会的客观要求、建构理想老龄社会的新观念、新理论，转变人们的思想观念、思维方式，为实施积极应对人口老龄化国家战略做好思想观念和理论准备（党俊武，2020）。"十四五"时期，应强化"大卫生、大健康"理念，从以治病为中心切实转变为以人民健康为中心，着力推进健康老龄化（李志宏，

2020)。

第五，鼓励老年人社会参与，为平稳度过人口老龄化高峰期创造良好条件。"老年人社会参与"是解决人口老龄化问题的重要战略，既可以提高老年群众的生活质量，也可以为经济社会发展做出积极贡献。将老年群体视为党和国家的宝贵财富、社会发展的重要资源，凝聚社会各界的普遍共识，将"老年人社会参与"作为实现五个"老有"目标的重要举措，把老龄工作、老干部工作、"老年人社会参与"工作纳入党政领导的重要议事日程。根据老年人的年龄分布、从业履历、职业特长、个人诉求、家庭及社会需要等特点，遵循组织安排与自愿参与相结合、协议返聘与志愿奉献相结合、个人爱好与发挥特长相结合、组织建设与活动开展相结合、国情教育与文体娱乐相结合、家务承担与社区服务相结合等原则，广泛搭建多层次、多样化的老年人社会参与平台。

二、完善养老服务体系，强化社区平台和枢纽功能，发展整合性服务，推动老龄服务业高质量发展

最近3年的政府报告多次提到要大力发展养老，特别是社区养老服务业，要积极应对人口老龄化，发展居家、社区和互助式养老，推进医养结合，要积极拓宽为老服务模式，不断满足新时代背景下老年人日益增长的对更好的养老服务的需求。为老年人创造良好的生活养老环境是全面建成小康社会、推动老龄事业发展、加强国家治理体系和治理能力的应有之义。

第一，完善基本养老服务体系。从系统角度来看，建立养老服务体系的本质就是要构建起一个能够有效连接家庭、社区、政府、医疗机构、社会组织等单位的为老服务网络，老年人能从中获得全方位的支持服务。我国对特殊人群的养老服务兜底保障主要针对特困人员和有经济困难的高龄老年人，不能全面涵盖国家对庞大老年人群体的服务保障。

第二，推进医养结合服务发展，统筹重点推进"健康服务、养老服务"两大服务体系建设。当前，我国有超过4000万的失能和部分失能老年人，其中完全失能老年人群体达到了1200万的规模，且有近1.8亿老年人患有慢性病，老年健康服务供给不足也将会逐步呈现愈加严重的局面。因此，要积极把握我国老龄事业的形势和任务，强化社区平台和枢纽功能，发展整合性服务。要提高老龄服务的供给质量和效率，减少服务部门之间的内耗和摩擦。加强医

疗资源和养老资源的有效整合，优化健康养老服务的系统配置。

第三，推进资源统筹协调。促进机构、社区、居家养老服务融合发展，推动养老服务产业、事业和慈善的协调发展，推进城乡区域养老服务的联动和统筹发展，完善不同行政区域间的养老服务资源调配、补偿机制，使养老服务供给更具弹性和包容性。

第四，推进养老服务精准供给。通过制定评估标准、信息化摸底调查、建档立卡、动态调整等措施，对养老服务需求进行精准化识别。通过因人施策、确定供给主体、明确供给责任等举措，实施精准化供给。通过部门联动、全程监管、精准考核等措施进行精细化管理。通过建立规范统一、互联互通的智慧养老服务信息平台，推广养老服务顾问制度，促进养老服务供需双方实时精准对接。

第五，推进养老服务提质增效。进一步健全养老服务质量标准、认证体系和社会信用体系建设，构建以信用为基础的新型监管体制，加强质量监管，防止"劣币驱逐良币"。抓住降低成本这个关键，通过更多创新举措降低养老服务业的税费成本和制度性交易成本，着力破解多年来困扰养老服务业的"运营难、融资难、盈利难、招人难"等老大难问题。

三、促进养老服务市场主体的发展，推动老龄事业和老龄产业融合发展

近年来，在政策和市场的双向发力下，中国老龄产业快速发展，需求推动作用不断显现，市场环境持续发育，市场主体不断增加。老龄产业对促消费、稳投资的带动作用非常明显（李璐等，2020）。随着养老服务受关注度的提高和创新要素的融入，养老服务的产业形态也在不断变化，新兴业态不断涌现，新的技术也被加快应用。社会资本在健康养老领域投资的热潮不断兴起，金融、地产、保险、互联网等资本不断进入健康养老、老年地产、养老养生、养老旅游等跨界融合的行业，养老服务业被催生为朝阳产业，受到社会资本的热捧。积极推进老龄事业和产业协调发展，对于解决老龄事业的短板发挥着重要作用。

以专业化智库为支撑，提升我国老龄事业与产业高质量融合发展的科学性、前瞻性。近几年来，我国老龄服务业的相关政策、规划密集出台，与老龄相关的决策咨询的需求量越来越大。同时，作为一项民生补短板的重要工作，

第八章 基于空间错位修正的我国老龄事业高质量发展评价

老龄事业也需要建立一个能制度化运作的老龄科学研究专业智库,助力、助跑我国老龄事业与产业高质量融合发展。为此,我们可以从以下几方面着手打造老龄科学研究专业智库的专业性、前瞻性和科学性:第一,做基础性研究与调研,着重于建设数据库,动态了解掌握我国老龄人群结构、服务需求,老龄事业与产业发展相关数据;第二,做应用型学术研究,通过课题、项目攻关、学术、行业交流等途径,不断提炼阻碍我国老龄事业与产业高质量融合发展的突出难题,为寻找破解之道提出科学的智力支持;第三,产学研结合,推动产品研发、人才培养、国内外先进经验模式的引进与转化。

充分发挥人口老龄化基本国情对下一阶段培育强大国内市场的积极作用,将人口老龄化势能转化为经济发展的持续动能。从"十四五"时期开始,中国人口老龄化将进入快速上升期。老龄社会将充分释放出对康养服务业、老年产品、科技创新等的巨大需求。但是,老龄社会并不会天然形成强大市场,强大市场的形成尚需市场规则、市场基础设施、要素市场、内外融通等方面的建设和配合。只有形成公平公正的市场规则,完善服务各类市场主体的基础设施,扫清要素市场的各种掣肘和壁垒,推动国内国外两个市场互相融通,才能真正在人口老龄化趋势下培育出强大市场,推动中国人口与经济协调发展。

充分发挥老龄事业对保障亿万老年人基本权益的重要作用,持续推进老龄事业改革发展,制定基本养老服务制度,加强农村等困难地区养老服务体系建设。建立涵盖传统福利对象和事实需要帮扶老年人的基本养老服务制度。全面落实养老服务领域的"补强提"。重点落实中西部农村地区、民族边境等落后地区的养老服务体系建设补短板工作。从健全服务网络、拓宽基金渠道、建立协作机制三方面进行部署。鼓励各地建设农村幸福院等自助式、互助式养老服务设施。加强农村敬老院的建设和改造。持续推动老龄事业的改革和发展,深入推进养老领域放管服改革,在全国范围内逐步实现公办养老机构改革。鼓励社会力量通过独资、合资、合作、联营、参股、租赁等方式,参与公办养老机构改革,提高运营效率和社会主体积极性。

充分发挥养老企业对扩大养老服务供给的推动作用,构建政府、企业、社会合理分工、通力合作的中国特色养老服务体系。具体要点如下:①创新公平环境。企业多次呼吁希望享有与民办非企业机构在财政补贴、项目申请等方面的同等待遇。建立新型的社会企业制度,既具有社会公益性质,又按照企业模式运营与管理,创造养老产业良性的市场化运营环境。②创新要素环境。鼓励各地创新性地推出土地、金融、人才等支持性要素供给,与企业实现联动,为企业减负助力。通过创新信贷融资，应用债券融资，优化基金支持，完善政府购买，为养老服务企业提供多渠道的资金支撑。鼓励将养老服务从业人员和产业人才纳入人才支持目录，从育才、引才、用才等多角度壮大从业队伍。③创新监管环境。动员基层政府客观认识、积极服务养老服务企业。服务城市老旧小区的养老服务企业多会面临设施不到位、消防不达标、经营范围受质疑等问题，建议街道和区县卫健、民政、市场监管等条块政府加强统筹协作，积极疏通企业经营堵点，更好地发挥便民利民作用。

充分发挥科技创新对老龄社会供需双方的支撑作用，积极开发并应用康复辅助器具技术、智能照护机器人技术、生物工程技术、新型材料技术。将老龄产品研发制造纳入制造强国发展战略，实现老龄产业的长链条、高标准发展。在未来，科技创新将快速迭代现有的体系和模式。老年智能产品的快速普及能够极大地规避人工成本提高的影响，从而降低老龄社会支出总费用；科技产品也将改变老龄社会的生活环境和社会交往模式，建设有温度的老年友好型社会将是科技创新的基本宗旨。"十四五"时期，推动养老服务与智能产品相结合，实现老龄产业链条增长、科技元素增加，搭建起一个虚实结合、智慧共享的应对人口老龄化的综合立体架构。

四、坚持老龄事业与健康中国建设融合发展，形成政府、企业、社会老龄事业健康发展联动机制

需要把应对人口老龄化与创新驱动发展、乡村振兴、可持续发展等国家战略和重大举措深度融合，与社会各界力量团结一致，实现在发展中积极应对老龄化，促进老龄市场的发展。

以提升老龄服务机构管理能力和服务品质为导向，增强老龄服务机构支持政策的效果。随着老龄服务市场竞争压力的增大，老年人以及家属对老龄服务机构的要求也越来越高。这一方面需要老龄服务机构以提升自身经营管理与服务能力为导向，切实提高老龄服务机构的服务品质；另一方面，也需要切实增强老龄服务机构支持政策的效果。为此，我们建议：一是建立专项培训基金和平台，集聚老龄服务培训的优秀师资和案例，为国内有发展潜力的各类民营和公办老龄服务机构提供常态化、制度化的培训、学习机会，组织优秀机构负责人定期赴境外、国外考察、参访；二是建立专业的行业评估制度，规范老龄服务市场的竞争秩序；三是鼓励和支持有条件的国有企业投入发展老龄服务产

业，发挥国有企业的特有优势，整合国有企业资源，弘扬国有企业的社会企业精神，探索老龄服务产业发展的国有企业模式；四是发挥老龄产业发展基金的引导和撬动作用，鼓励和支持完全面向市场的各类老龄服务机构创新、创业；五是以老龄产业反哺老龄事业为导向，持续支持老龄服务机构提高管理能力和服务质量。在各类奖补老龄机构的政策中，重点支持发展民营机构，将支持重点放在以奖代补上，对有供养社会福利对象的机构，对开展了较多社会公益活动的机构，给予政府颁发的荣誉，在竞标购买服务项目等方面都给予加分鼓励。以上措施所遵循的原则可解释为实现养老服务供给端的转型升级，即打造"居家为基础、社区为依托、机构为补充"的养老模式，形成"低端有保障、中端有市场、高端有选择"的养老服务格局，实现供给侧与需求侧的协调平衡和良性互动，不断提高"全要素生产率"，从而达到提高养老服务质量与效率的目的。

以龙头企业培育和品牌建设为手段，着力提升老龄服务企业实力和产业规模。龙头企业培育和品牌建设是推动老龄事业与产业高质量融合发展的有力支撑。由此，我们提出以下建议。首先，应重点培育发展一批资本雄厚、竞争力强、品牌影响大、管理运营高效的服务性和生产性老龄服务龙头企业。其次，鼓励社会资本通过资本重组、品牌输出、股票上市等形式做大做强，实现跨区联合、资源共享、集团化、规模化、连锁化发展；鼓励民营企业以资本为纽带、以项目为载体、以技术为平台、以上下游企业为链条，组建老龄产业联盟，并通过联盟成员之间的资源整合和相互协作，提升民营企业的核心竞争力。再次，引导老龄服务企业，创新服务模式，提升专业化水平，增强可持续发展能力，培育一批老龄服务龙头企业；引导老年用品生产企业与国内外一些高等院校、科研单位等进行密切合作，建立"产学研"一体化基地，重点对康辅器具、保健产品、家居用品等进行专项研究，形成集设计、制造、销售于一体的完整产业链，通过技术创新，形成核心竞争力，在制造业基础较好的地区，打造区域特色明显的老年用品制造中心，培育一批老年用品生产性龙头企业。最后，制定品牌发展战略，建立品牌激励机制，找准定位，"量身定制"，推动全国培育建设一批老龄产业优秀品牌和知名品牌；成立省域老龄产业品牌联盟，推动品牌企业资源整合、协同发展，在全国筛选一批具有较强示范带动效应和特色的老龄服务品牌给予重点扶持。

以老龄服务机构为人才培养和人力资源供给基地，鼓励老龄服务机构将服务延伸到居家和社区。在全国老龄服务社会化的发展进程中，老龄服务机构一直是主力。我国政府有关部门至今在支持公办和民办各类老龄服务机构方面，还给予了较多资金和政策支持。社区居家养老是未来大多数人选择的老龄服务方式，也是未来较长一段时间国家老龄相关政策投放的重点。考虑到现有的专业化社会组织提供的居家社区养老服务质量不高的问题，而养老机构相对而言更具专业性，可以将养老机构作为解决居家养老服务问题的一个重要助力。在不断提升养老机构服务质量的前提下，鼓励和支持有资质、有能力、有经验的养老机构到社区去拓展市场，承接政府购买的社区居家养老服务项目。此外，还可考虑以海峡两岸老龄服务产业交流合作为特色，着力提升大陆老龄服务产业发展的后发优势。

参考文献

[1] 安淑新. 促进经济高质量发展的路径研究: 一个文献综述 [J]. 当代经济管理, 2018, 6 (5): 1 – 10.

[2] 白玫. 抓住新矛盾着力解决发展不平衡不充分难题: "十九大"报告学习体会之新矛盾篇 [J]. 价格理论与实践, 2017 (11): 11 – 14.

[3] 蔡长虹. 新时代出版产业发展不平衡不充分问题探析 [J]. 出版广角, 2017 (22): 28 – 30.

[4] 蔡国梁, 廖为鲲, 涂文涛. 区域经济发展评价指标体系的建立 [J]. 统计与决策, 2005 (19): 45 – 46.

[5] 蔡丽娟. 广东区域经济发展差异分析与对策研究 [D]. 广州: 广东外语外贸大学, 2008.

[6] 蔡之兵. 更平衡、更充分、更中国特色社会主义: 十九大的区域协调发展战略内涵与时代意义 [J]. 先锋, 2017 (12): 7 – 9.

[7] 曹前满. 论中国经济的充分发展与转型逻辑 [J]. 华南农业大学学报 (社会科学版), 2019, 18 (5): 83 – 95.

[8] 曹文炼, 方正. 我国经济社会发展不平衡不充分的主要表现 [J]. 中国产经, 2018 (2): 56 – 59.

[9] 曹新. 深刻把握社会主要矛盾推动更平衡更充分发展 [N]. 中国审计报, 2017 – 11 – 15 (005).

[10] 陈茉. 新中国 70 年养老制度的成就与发展 [J]. 学习与探索, 2019 (10): 38 – 43.

[11] 陈旭峰, 钱民辉. 中国老龄事业发展研究: 回顾与展望 [J]. 东南学术, 2011 (3): 158 – 165.

[12] 陈泽鹏. 我国老龄事业发展成就与对策的研究综述 [J]. 当代经济, 2018 (2): 4 – 5.

[13] 陈志勇, 夏晶. 中国经济内外失衡的测度与分析: 基于经济失衡度指标

体系的构建［J］. 当代财经, 2012（7）: 5-13.

[14] 陈子季, 马陆亭. 着力解决好教育发展不平衡不充分问题［J］. 人民教育, 2017（21）: 18-21.

[15] 程恩富, 王中保. 论马克思主义与可持续发展［J］. 马克思主义研究, 2008（12）: 51-58.

[16] 程恩富. 坚持协调发展新理念［N］. 中国社会科学报, 2015-11-20（4）.

[17] 程宁龄. 新近有关平衡和不平衡增长理论的争论情况［J］. 现代外国哲学社会科学文摘, 1965（7）: 31-36.

[18] 崔晓, 程丹, 李富忠. 对城乡发展一体化指标体系的构建［J］. 山西农业大学学报（社会科学版）, 2015, 14（7）: 668-673.

[19] 党俊武. 十个关键词解读"实施积极应对人口老龄化国家战略"［J］. 老龄科学研究, 2020, 8（11）: 3-10, 38.

[20] 邓纯东. 我国发展不平衡不充分体现在哪些方面［J］. 人民论坛, 2019（20）: 58-61.

[21] 邓玲, 王彬彬. 统筹城乡发展评价指标体系研究: 基于成都市温江区的实证应用［J］. 西南民族大学学报（人文社科版）, 2008（4）: 80-84.

[22] 段炼, 王迪. 习近平的经济平衡充分发展思想［J］. 学理论, 2018（6）: 7-9.

[23] 范斐, 孙才志, 王雪妮. 社会、经济与资源环境复合系统协同进化模型的构建及应用: 以大连市为例［J］. 系统工程理论与实践, 2013（2）: 413-419.

[24] 范中原, 王松岭. 我国各省市老龄事业发展现状的比较研究［J］. 当代经济管理, 2012, 34（11）: 44-48.

[25] 方创琳, 鲍超. 黑河流域水—生态—经济发展耦合模型及应用［J］. 地理学报, 2004, 59（5）: 781-790.

[26] 方俊. 试析制约老龄事业健康发展的三重因素: 以广州荔湾区为例［J］. 中共宁波市委党校学报, 2016, 38（4）: 118-123.

[27] 冯俊新. 产业充分发展与区域平衡发展关系辨析［J］. 中央社会主义学院学报, 2018（1）: 63-67.

[28] 甘犁. 来自中国家庭金融调查的收入差距研究［J］. 经济资料译丛, 2013（4）: 41-57.

[29] 江树革. 中国低保制度的变迁发展和模式塑造：21世纪以来中国城乡低保制度的社会变迁[J]. 社会保障研究, 2013 (6): 71-79.

[30] 辜胜阻, 李睿, 何峥. 五大发展理念是"十三五"科学航标[J]. 政策, 2016 (1): 23-25.

[31] 顾国爱, 江贻送, 田大洲. 我国老龄事业发展的经济效应分析[J]. 中国人力资源开发, 2011 (10): 94-97.

[32] 关玲永. 我国城市治理中公民参与研究[M]. 长春: 吉林大学出版社, 2010.

[33] 郭春丽, 王蕴, 易信, 等. 正确认识和有效推动高质量发展[J]. 宏观经济管理, 2018 (4): 18-25.

[34] 郭亚军. 综合评价理论、方法及应用[M]. 北京: 科学出版社, 2008.

[35] 国家人口和计划生育委员会人口服务管理司. 中国流动人口发展报告2011[M]. 北京: 中国人口出版社, 2011.

[36] 哈肯. 信息与自组织: 复杂系统中的宏观方法[M]. 郭治安, 宁存政, 王鸿谟, 等, 译. 成都: 四川教育出版社, 1988.

[37] 贺丹. 坚持走出一条中国特色积极应对人口老龄化道路[J]. 中国政协, 2019 (24): 34-35.

[38] 胡鞍钢, 鄢一龙. 我国发展的不平衡不充分体现在何处[J]. 人民论坛, 2017 (S2): 72-73.

[39] 胡坚. 全面地认识"四个全面"战略布局[J]. 江苏社会科学, 2015 (5): 12-16.

[40] 胡蕾. 安徽不平衡不充分发展问题研究：基于区域经济视角[J]. 理论建设, 2019 (3): 61-66.

[41] 胡银根, 廖成泉, 章晓曼, 等. 基于数据包络分析的统筹城乡发展效率评价[J]. 城市规划, 2016, 40 (2): 46-50.

[42] 黄娟, 崔龙燕. 论新时代生态环境的充分发展平衡发展[J]. 理论与评论, 2019 (5): 56-66.

[43] 黄匡时. 流动人口社会融合指数：欧盟实践和中国建构[J]. 南京人口管理干部学院学报, 2011, 27 (1): 26-31.

[44] 黄瑶. 强引领夯根基聚合力积极应对人口老龄化：近年来我国老龄事业发展成就综述[J]. 中国社会工作, 2019 (32): 6-7.

[45] 江大伟, 梁晨. 新时代应对人口老龄化重在制度建设[J]. 中国社会工

作，2020（23）：39.

[46] 江林. 基于生态可持续发展的我国对外贸易研究［D］. 福州：福建师范大学，2015.

[47] 江维国，李立清. 城市农民工发展不充分与美好生活需要矛盾述要［J］. 社会科学动态，2020（2）：34-40.

[48] 姜欣欣. 以平衡之道促进经济可持续发展［N］. 金融时报，2013-06-17（11）.

[49] 蒋永穆，周宇晗. 着力破解经济发展不平衡不充分的问题［J］. 四川大学学报（哲学社会科学版），2018（1）：20-28.

[50] 金碚. 关于"高质量发展"的经济学研究［J］. 中国工业经济，2018（4）：5-18.

[51] 金菊良，杨晓华，丁晶. 标准遗传算法的改进方案：加速遗传算法系统工程理论与实践，2001，21（4）：8-13.

[52] 金岭. 上海老龄事业发展的现状与特点［J］. 知识经济，2010（1）：64-65.

[53] 李宝瑜. 中国宏观经济失衡指数研究［J］. 统计研究，2009，26（10）：10-14.

[54] 李答民. 区域经济发展评价指标体系与评价方法［J］. 西安财经学院学报，2008（5）：28-32.

[55] 李刚，张辽，姜林. 中国区域经济科学发展指标体系构建及应用［J］. 当代经济，2010（3）：82-85.

[56] 李璐，赵玉峰，纪竞垚. 人口老龄化背景下的老龄事业和产业协同发展研究［J］. 经济研究参考，2020（22）：120-128.

[57] 李天星. 国内外可持续发展指标体系研究进展［J］. 生态环境学报，2013，22（6）：1085-1092.

[58] 李志宏. 智慧养老要由"云端"落到"地上"［N］. 中国社会报，2020-07-23（4）.

[59] 梁君，王蒙. 广西不平衡不充分发展的体现与应对策略［J］. 广西社会科学，2017（11）：39-44.

[60] 林彦虎. 新时代需要状况的变化与不平衡不充分的发展［J］. 思想理论教育，2018（6）：17-23.

[61] 刘红岩. 国内外社会参与程度与参与形式研究述评［J］. 中国行政管

理, 2012 (7): 121-125.

[62] 刘威, 舒琪, 金山. 基于 G20 评估体系的中国宏观经济失衡测度: 兼论中国外部失衡治理的影响因素 [J]. 世界经济研究, 2015 (10): 54-60, 128.

[63] 刘伟, 李绍荣. 中国的地区经济结构与平衡发展 [J]. 中国工业经济, 2005 (4): 61-68, 85.

[64] 刘伟丽. 全球经济失衡与再平衡问题研究 [J]. 经济学动态, 2011 (4): 84-87.

[65] 刘艺, 范世明. 公共产品理论指引下构建农村养老服务供给主体支持体系研究: 基于不平衡不充分的视角 [J]. 湖南社会科学, 2018 (3): 130-137.

[66] 龙云安, 陈国庆, 王辉艳. 中国农业产业发展不充分与农业科技创新补齐机制研究 [J]. 农业经济, 2018 (7): 14-16.

[67] 楼东玮. 资源错配视角下的产业结构失衡研究: 关于错配指数的测度与分解 [J]. 云南财经大学学报, 2013, 29 (4): 52-60.

[68] 马力, 史锦凤. 15 个副省级城市区域经济发展水平的实证分析 [J]. 科技进步与对策, 2006 (12): 88-90.

[69] 牟方志. 重视家庭在应对人口老龄化中的作用 [N]. 中国社会科学报, 2020-07-15 (5).

[70] 牛文元. 2015 世界可持续发展年度报告 [M]. 北京: 科学出版社, 2015.

[71] 牛文元. 可持续发展导论 [M]. 北京: 科学出版社, 1997.

[72] 彭冰冰. 论"五大发展理念"的内在逻辑结构 [J]. 观察与思考, 2016 (4): 44-49.

[73] 饶冠俊. 基于供给侧结构性改革视角下的老年教育现代化研究 [J]. 继续教育研究, 2021 (2): 34-37.

[74] 任保平, 文丰安. 新时代中国高质量发展的判断标准、决定因素与实现途径 [J]. 改革, 2018 (4): 5-16.

[75] 任保平. 新时代中国经济从高速增长转向高质量发展: 理论阐释与实践取向 [J]. 学术月刊, 2018, 50 (3): 66-74, 86.

[76] 任晓红. 区域发展不平衡不充分的测度与分解 [M]. 成都: 西南交通大学出版社, 2019.

[77] 申怡, 夏建国. 论我国高等教育的"不平衡不充分"及其破解路径 [J]. 中国高等教育, 2018 (1): 10-12.

[78] 盛朝迅. 理解高质量发展的五个维度 [J]. 领导科学, 2018 (15): 21.

[79] 师博, 任保平. 中国省际经济高质量发展的测度与分析 [J]. 经济问题, 2018 (4): 1-6.

[80] 史丹, 李鹏. 我国经济高质量发展测度与国际比较 [J]. 东南学术, 2019 (5): 169-180.

[81] 苏方林, 徐建华, 包惠. 中国省际区域经济发展差异的实证分析 [J]. 北方经济, 2004 (11): 45-47.

[82] 苏为华. 我国多指标综合评价技术与应用研究的回顾与认识 [J]. 统计研究, 2012, 29 (8): 98-107.

[83] 苏屹, 安晓丽, 孙莹, 等. 区域创新系统耦合度测度模型构建与实证研究 [J]. 系统工程学报, 2018, 33 (3): 112-125.

[84] 孙祥. 新时代着力解决发展中不平衡不充分的问题 [J]. 知与行, 2017 (12): 5-9.

[85] 覃成林, 张华, 毛超. 区域经济协调发展: 概念辨析、判断标准与评价方法 [J]. 经济体制改革, 2011 (4): 34-38.

[86] 唐鑫. 论包容性发展与中国特色社会主义道路的内在联系 [J]. 科学社会主义, 2015 (4): 56-61.

[87] 田甜. 浅论我国老年社会救助制度的构建 [D]. 济南: 山东大学, 2012.

[88] 田宪臣. 用"五大发展理念"引领中国经济社会发展 [J]. 黄河科技大学学报, 2016, 18 (3): 20-26.

[89] 田香兰. 养老事业与养老产业的比较研究: 以日本养老事业与养老产业为例 [J]. 天津大学学报 (社会科学版), 2010, 12 (1): 29-35.

[90] 万忠, 方师乐. 乡村振兴战略视角下广东省不平衡不充分问题研究 [J]. 农业经济问题, 2019 (2): 117-124.

[91] 汪潘义, 汪文忠. 区域经济差异模糊评价指标体系的构建 [J]. 绍兴文理学院学报 (自然科学), 2015, 35 (1): 64-70.

[92] 王国龙. 司法治理的不平衡不充分发展及其对策研究 [J]. 河北法学, 2018, 36 (4): 23-33.

[93] 王猛, 毛寿龙. 社会共享与治理变革: 逻辑、方向及政策意蕴 [J]. 社

会科学研究，2016（4）：75-82.

[94] 王嵩，范斐，王雪利. 人民美好生活需要与平衡充分发展：基于区域、城乡和产业维度的分析［J］. 山西财经大学学报，2020，42（7）：1-16.

[95] 王阳，岳正华. 城乡统筹协调发展的实证研究：2000—2008：以四川省为例［J］. 农村经济，2010（2）：39-43.

[96] 王中华，王娟，贾颖. 我国老年教育的回顾、反思与展望［J］. 现代教育管理，2020（12）：42-48.

[97] 卫兴华：分清共同富裕的几个不同层次［N］. 北京日报. 2013-01-21（17）.

[98] 魏后凯，高春亮. 中国区域协调发展态势与政策调整思路［J］. 河南社会科学，2012，20（1）：73-81.

[99] 乌丹星. 养老服务三大新趋势［J］. 家庭服务，2015（2）：35-36.

[100] 邬沧萍. 为构建和谐的老龄社会打好基础［N］. 光明日报，2012-10-31（12）.

[101] 吴玉韶. 努力走出一条中国特色应对人口老龄化道路［N］. 中国老年报，2020-09-16（4）.

[102] 项俊波. 中国经济结构失衡的测度与分析［J］. 管理世界，2008（9）：1-11.

[103] 肖琳琪，李滔，毛宗福. 卫生事业最大的不平衡不充分在农村［J］. 中国卫生，2017（12）：71.

[104] 谢洪礼. 关于可持续发展指标体系的述评（三）：中国可持续发展指标体系研究情况简介［J］. 统计研究，1999（2）：61-64.

[105] 辛鸣. 正确认识我国社会主要矛盾的变化［N］. 兵团日报，2017-11-09（6）.

[106] 熊德斌，石聪. 中国不平衡不充分发展的时空差异分析：基于2000—2016年两类县域面板数据的实证研究［J］. 经济论坛，2019（9）：43-52.

[107] 徐健. 基于数据挖掘的区域发展指标分析［J］. 渤海大学学报（哲学社会科学版），2014，36（5）：59-62.

[108] 徐新，相丽君. 中国区域经济发展水平实证分析［J］. 统计与决策，2008（17）：110-113.

[109] 徐勇，樊杰. 区域发展差距测度指标体系探讨［J］. 地理科学进展，2014，33（9）：1159-1166.

[110] 许广月. 论张培刚发展经济学解决中国发展不平衡不充分问题的新时代使命 [J]. 经济学家, 2019 (4): 30-40.

[111] 许宪春, 任雪, 汤美微. 关于中国平衡发展指数指标体系的构建 [J]. 统计研究, 2020, 37 (2): 3-14.

[112] 薛蒌. 上海人口老龄化现状下的老龄事业发展研究 [D]. 长春: 吉林大学, 2014.

[113] 亚当·斯密. 国民财富的性质和原因的研究 [M]. 北京: 商务印书馆, 1972.

[114] 杨继瑞, 康文峰. 中国经济不平衡不充分发展的表现、原因及对策 [J]. 贵州师范大学学报 (社会科学版), 2018 (3): 71-84.

[115] 杨家庆. 全面建成小康社会的五大发展理念: 理论内涵与贯彻重点 [J]. 中共南宁市委党校学报, 2016 (2): 1-6.

[116] 杨嘉懿. 以新发展理念破解经济发展的不平衡不充分 [J]. 理论月刊, 2019 (2): 132-137.

[117] 杨文杰, 秦加加. 流动人口社会融合度测量指标体系完善研究 [J]. 河北大学学报 (哲学社会科学版), 2016, 41 (3): 128-135.

[118] 姚耀军. 金融发展、城市化与城乡收入差距: 协整分析及其 Granger 因果检验 [J]. 中国农村观察, 2005 (2): 2-8, 80.

[119] 姚云云, 刘金良. 我国社会福利制度转型的逻辑动因及路径探索: 基于"包容性发展"价值取向 [J]. 求实, 2015 (8): 54-60.

[120] 殷俊. 大数据背景下我国地方政府社会管理创新研究 [D]. 长沙: 湖南大学, 2015.

[121] 殷醒民. 高质量发展指标体系的五个维度 [N]. 文汇报, 2018-02-06 (12).

[122] 尹超. 我国老年人权益法律保障研究 [D]. 青岛: 青岛大学, 2019.

[123] 游诗咏. 老龄事业对第三产业影响的实证研究 [J]. 中国集体经济, 2014 (28): 23-24.

[124] 余永定. 美国经济再平衡视角下中国面临的挑战 [J]. 国际金融研究, 2010 (1): 23-26, 35.

[125] 喻平, 严卉靓. 金融创新与经济增长的耦合关系: 基于湖北省数据的例证 [J]. 武汉理工大学学报, 2016, 29 (6): 114-1156.

[126] 袁乃全. 湖南省经济平衡性增长影响因素及其实现路径研究 [D]. 长

沙：湖南师范大学，2014.

[127] 曾福生，吴雄周. 城乡发展协调度动态评价：以湖南省为例［J］. 农业技术经济，2011（1）：86-92.

[128] 曾建，张一方. 社会协同学［M］. 北京：科学出版社，2000

[129] 曾通刚，赵媛. 中国老龄事业发展水平时空演化及其与经济发展水平的空间匹配［J］. 地理研究，2019，38（6）：1497-1511.

[130] 张海鹏，朱钢. 中国城乡发展一体化实现程度、存在问题及政策启示：以2020年全面建成小康社会为目标［J］. 开发研究，2017（2）：10-16.

[131] 张劲松. 乡愁生根：发展不平衡不充分背景下中西部乡村振兴的实现［J］. 江苏社会科学，2018（2）：6-16.

[132] 张丽伟，田应奎. 经济高质量发展的多维评价指标体系构建［J］. 中国统计，2019（6）：7-9.

[133] 张维维，贺建军. 我国经济发展与社会发展的因果关系研究：基于1987—2011年时间序列数据的Granger检验［J］. 经济问题探索，2014（10）：52-57.

[134] 张维维. 我国经济社会协调发展的动态监测、影响机理及实现路径研究［D］. 杭州：浙江大学，2014.

[135] 张欣莉. 区域经济发展水平分析的投影寻踪方法［J］. 统计与决策，2006（21）：33-34.

[136] 张艳红. 新时代发展不平衡不充分的成因、表现及应对策略［J］. 党政干部学刊，2020（1）：25-31.

[137] 赵昌文. 推动我国经济实现高质量发展［N］. 学习时报，2017-12-25（1）.

[138] 中国科学院可持续发展研究组. 中国可持续发展战略报告［M］. 北京：科学出版社，1999—2012.

[139] 周江燕，白永秀. 中国城乡发展一体化水平的时序变化与地区差异分析［J］. 中国工业经济，2014（2）：5-17.

[140] 周连义. 大连市土地利用中的不平衡不充分问题浅析［J］. 国土资源，2018（4）：52-53.

[141] 周燕珉，秦岭. 居家适老化改造：由"试点探索期"进入"广泛实践期"［J］. 中国社会工作，2020（29）：28.

[142] 朱启贵. 可持续发展评估［M］. 上海：上海财经大学出版社，1999.

[143] 邹克, 郑石明. 高等教育不平衡不充分发展统计测度研究 [J]. 清华大学教育研究, 2020, 41 (1): 55–65.

[144] AFRED M A. Principles of economics [M]. London: Macmillan, 1920: 124–127.

[145] ANSELIN L, FLORAX M. Small sample properties of tests for spatial dependence in regression models: some further results [M]. Berlin: Springer, 1995: 21–74.

[146] ANSELIN L. Exploratory spatial data analysis and geographic information systems [J]. New Tools for Spatial Analysis, 1994, 17: 45–54.

[147] ANSELIN L. Spatial econometrics: methods and models [M]. Dordrecht, Kluwer Academic, 1988.

[148] Asian Development Bank. Asian development outlook 2007, growth-aimed change [R]. Hong Kong, China, 2007.

[149] BALASSA B. Trade liberalisation and revealed comparative advantage [M]. Newhaven: Yale University, 1965.

[150] CHARNES A, COOPER W W, Rhodes E. Measuring the efficiency of decision making units [J]. European Journal of Operational Research, 1978, 2: 429–444.

[151] CLIFF A D, ORD J K. Spatial processes: models and applications [M]. London, Pion, 1981.

[152] Commission of the European Communities. Draft joint report on social Inclusion [R]. Brussels, 2001.

[153] Commission of the European Communities. Joint report on social protection and social inclusion 2006 [R]. Brussels, 2006.

[154] DALAL-CLAYTON B, Bass S. Sustainable development strategies: a resource book [R]. New York, Organisation for Economic Cooperation and Development, Paris and United Nations Development Programme, 2002.

[155] ESTY D C, LEVY M A, Srebotnjak T, et al. Pilot environmental performance Index [M]. New Haven: Yale Center for Environmental Law & Policy, 2006

[156] GETIS A, ORD J K. The analysis of spatial association [J]. Geographical Analysis, 1992, 24: 189–206.

[157] GIDEON. Rural-urban balance and models of economic development, Social Structure and Mobility in Economic Development [C]. New York, Routledge, 2005.

[158] JOYEETA G, COURTNEY V. Sustainable development goals and inclusive development [J]. Int Environ Agreements, 2016, 16: 433.

[159] JOYEETA G, NICKY P, Mirjam A F. Towards an elaborated theory of inclusive development [J]. European Journal of Development Research, 2015, 27: 541-559.

[160] KROTSCHECK C, NARODOSLAWSKY M. The sustainable process index a new dimension in ecological evaluation [J]. Ecological Engineering, 1996, 6 (4): 241-258.

[161] MARE R, MARTTI R. Structural changes in estonian economy [J]. The Business Review, 2006, 12 (2): 199.

[162] MOSHER J S, TRUBEK D M. Alternative approaches to governance in the EU: EU social policy and the European employment strategy [J]. Journal of Common Market Studies, 2003, 41: 63-88.

[163] NICKY P, JOYEETA G. Inclusive development: a multi-disciplinary approach [J]. Current Opinion in Environmental Sustainability, 2016, 24: 104-108.

[164] ORD J K, GETIS A. Local spatial autocorrelation statistics: distributional issues and an application [J]. Geographical Analysis, 1995, 27 (4): 286-306.

[165] REIN M, SCHÖN D. Frame-critical policy analysis and frame-reflective policy practice [J]. Knowledge and Policy, 1996, 9: 85-104.

[166] ROBERT A M. The appropriate use of monetary and fiscal policy for internal and external stability [J]. Staff Papers-International Monetary Fund, 1962, 9 (1): 70-79.

[167] World Bank. The growth report: strategies for sustained growth and Inclusive development [R]. Washington: World Bank, 2008.